古今の名将に学ぶ

経営戦略

グローバル・ビジネス戦争を勝ち抜くための七つの処方箋

デービッド・ロジャーズ
［著］

松野 弘
［訳］

ミネルヴァ書房

古今の名将に学ぶ経営戦略——グローバル・ビジネス戦争を勝ち抜くための七つの処方箋

目次

目次

＊本書は一九八九年十一月二十四日に、ＴＢＳブリタニカから刊行された版を大幅に修正・加筆したものである。

序論

古今の名将から学ぶ「ビジネス戦争」への教訓

君主にとって、抱くべき目標と思想、学ぶべき学問はただ一つ、戦いのみである。

——マキャベリ

ビジネスの世界で働く人なら、すでに軍の指導者と同じような経験を積んでいるに違いない。たとえば、以下のようなことである。

権限の分権化

イギリスの将軍、サー・ウィリアム・スリムはこう書いている。「密林の戦いや敗走中の軍隊では責任回避ほど楽なことはない。進軍する勇気のない者は、ただこそこそと草むらのなかにひそみ……あとから隊に戻って、最後の最後までもちこたえたと言いはるのだ」と。仕事をしたことのある人間なら誰でも一度や二度は、オフィスや店や工場から逃げだして一種の草むらのなかに身を隠した経験があるはずだ――たとえば、午後からゴルフコースに出かけるといった具合に。そして、分権化された組織で働いている経営者なら誰でもふと手を休めては、どれくらいの人数が戦線離脱しているのだろうと考えたことがあるはずだ。

相談役

古代中国では、学者は国から国へと巡歴して君主に助言を与えていた。しかし、現在の相談役に比べると、彼らは助言をする際にずっと慎重だったに違いない。なぜなら、助言が有効に働いた場合にはたっぷりと褒美にあずかる代わり、うまくいかなかったら、鋸引きや釜茹でや二台の戦車による股引きの刑が待っていたからである。

業務交替制

アメリカの経営者は、日本人がそもそもアメリカ人から学んだという、いわゆる日本式経営をもう一度、学び直す必要がある。すなわち、短期的な業務と部門別の職を増やすことによって従業員に企業文化を重視するように方向転換させる。〝業務交替制〟という発想はわれわれの手柄のように考えがちだが、実は古代ローマの軍団ですでに用いられていた。古代ローマの戦士は昇格すると、軍団の歩兵隊の一隊から十隊まで交替で勤務し、位が上がるにつれて同じことが繰り返される。こうして、百人隊の隊長になるころには、歩兵隊のすべてを指揮するという経験を積み、隊員一人一人と個人的な知り合いになっている。また、古代ローマの戦士たちは、「浪費を避けるため」に給料の半分を貯えておくよう義務づけられていた。言わば、古代の給料天引き貯金である。

非　難　呼びつけられて叱責され、なんとかその苦境を乗り越えたことがある人なら、こう書いた時のウィンストン・チャーチルの気持ちが理解できるだろう。「あれこれ言われても平気でやり過ごした時ほど嬉しいものはない」と。

組織内の対立　あまりにもありふれていて、改めてコメントする必要もないが、戦争とビジネスに共通する不幸にして腹立たしい事実は、「二分された味方同士の対立は、敵に対するよりも激しい」ということである。

服　装　草創期のＩＢＭや金融機関の服装規定、さらに服装を通じて人間関係を成功させることを教える学校の考え方は、十八世紀フランス人の考え方とまさしく一致する。「きちんと服装を整えた軍人はより多くの尊敬を得ることができる。さらに、敵にとってはより強力な人間に見え、圧迫感を与える。だから、すぐれた外見はそれだけで一つの力となる」。

訓練と開発　人材開発のＩＢＭのスペシャリストであれば、従業員に仕事をさせる前にまず、十分な訓練をほどこすべきだ、という説に異議を唱える人はいないはずだ。つまり「……戦士は位の上下に関係なく、戦場に出た場合、まったくはじめての経験にぶつかって驚いたり、当惑するようなことがあっては困る。以前にたった一度だけでも経験していれば、半分は知っていることになるのだ」。

生産性　個人的な経験や調査から見ると、従業員の生産性は二千四百年前の孫子の観察と大して変わらない。「早朝には士気は昂揚しているが、日中はだらけてしまう。そして、夜になると気持ちは家に向かう」。

戦略の開発　企業の決定に関する最新、かつ、厳密な調査においてすら、将来のために作成されたと称する戦略はたいがい後向きであり、過去に依拠し、かつての戦いに根拠をおいていると言う。「将軍たちが常に備えとしているのは、常にこの前の戦争である」と書いたのはヘンリー・トムリンソン少佐だ。

戦争での経験は、多くの点でビジネスにおける経験によく似ている。しかし、戦争の歴史、それに偉大な名将の見識と行動は、もっとはっきりしている。人をどのように管理したらいいのか、競争上の優位をいかにして保つか、といった問題について、明快な教訓を与えてくれるのだ。たとえば、聖書に出てくるギデオンの物語だ。戦士になるつもりだったら、それにふさわしい名前が必要だろう。ギデオンがまさにそうだった――「殺す男」である。

ギデオンのリーダーとしての任務はミデアン人を「殺す」ことだった。ミデアン人はエスドラエロン平原の谷に陣を張っており、「いなごのように」数が多かった。七年間というもの、これらの強力な圧政者はイスラエルを力ずくで支配し、土地を掠奪し、家畜を盗み、ギデオンの仲間たちを貧しい暮らしに追いやっていた。

恐れも知らず反抗的な態度にでたギデオンは、ミデアン人の神バールの祭壇を打ちこわし、そのまわりの神聖な樹木の茂みを刈り取った。それから国内に使いを送って兵士を募った。報告によれば、三万二千人が集まったそうである。一人で統率するには多すぎる人数だと思ったギデオンは、「性格」による選抜テストを行なった。少しでも恐れおののく者は誰でも家へ帰るように、と言ったのだ。二万二千人がこの助言に従い、一万人が後に残った。

次に、ギデオンはもう一つ別の選抜テストをした。今度は、兵士の「機転」を試すものである。ギデオンは一万人の兵士を川辺に連れていき、水を飲ませた。川はミデアン人の陣に近い危険な場所であり、彼らの天幕から目を離して水を飲むのは向こう見ずな行為だった。経験を積んだ頭のよい男なら、ちょっとした用心を怠らないはずだ。九千七百人は膝をついて水を飲み、テストに失格した。わずか三百人だけが、頭を上げたまま、手で水をすくって口までもっていった。こうしてギデオンの兵士三百人が選ばれたのである。

賢明にもギデオンは夜襲を企てた。夜陰に乗じて、ギデオンは敵陣の話し声が聞こえるところまで忍び寄り、ミデアン人の歩哨が自分の見た夢をもう一人の歩哨に話しているのを耳にした。その夢では、ミデアン人の陣中に大麦のパンがころがってきて、天幕はひっくりかえり、地面の上でぺしゃんこになるのだった。相手の歩哨が説明するところによると、その夢は大麦のパン――ギデオンの剣――が天幕を打ち倒すことを意味しているのだ、という。敵の士気が低下してきていることを示すこの会話に勇気づけられ、ギデオンは味方の陣地に戻り、兵を集結させた。

ギデオンは兵を三つに分け、一人一人にラッパと、空の壺のなかに灯火を入れたものをもたせた。彼は「わたしを見て、わたしのするようにしなさい」と言い、それから、一斉に大声でこう叫ぶよう命じた。「主のための剣、ギデオンのための剣」と。

真夜中近く、三隊に分かれた一行は天幕に忍び寄り、ギデオンは合図した。三百人が一斉にラッパを吹き鳴らし、壺を打ち砕いてなかに入っていた灯火をあらわにすると、大声で叫びはじめた。ミデアン人の陣地は大混乱に陥った。大軍勢に襲われたと思い込み、暗やみで相手が見えないこともあって、混乱をきたしたミデアン人は同士打ちをはじめ、ぶざまによろめきながら蜘蛛の子を散らすように逃げだした。

すぐにギデオンはイスラエルの部族に向けて使者を送り、バラバラになった残党の追跡と討伐を要請した。こうして、ミデアン人はあっという間に駆逐されたのだった。

旧約聖書の士師記にごく簡略な記述があるだけとは言え、ギデオンの勝利はこれまで多くの傑出した指揮官にとって指針となってきた。その上、この物語には、今日の企業経営者にとって有益な教訓が数多く含まれている。つまり、次のような教えである。

・リーダーの人格、自信、明確な目的意識は部下の心と気持ちを勝利に導くのに役立つ。
・リーダーはドラマティックな行為を成し遂げることによって、彼自身（場合によっては、彼女自身）の伝説を生むことができる。部下たちは心のなかで自分たちもそのようなドラマティックな行為をしたいと願っているのだが、その勇気も想像力も欠いている。
・リーダーは部下を知るべきである――技術的な能力と性格の強さの両方を理解しなければならない。
・予め計画しておくことの利点は大きい。細かい点や部分を見逃さず、恩賞にも気を配ること。
・自分たちの力量に最もふさわしい戦いをせよ。敵を力で圧倒できない場合は、計略の裏をかくこと。結果は同じなのだから。
・人数は過大視された要素である。統率のとれていない大人数よりは、少数精鋭の方がよい。
・勝とうとする意思、すなわち、士気の状態については、味方の軍勢ばかりでなく、敵方にも注意を怠らないことだ。味方の士気を高め、敵方には意気消沈させること。こちらを恐れるようになったら、敵はすでに弱体化している。
・ふさわしい武器を準備し、適切な時に正しく使えるようにする。全員がラッパを必要とするのなら、一人一人に確実に行き渡らせることだ。
・とくに重大な行動の前には、自ら偵察を行なうこと。本陣から出て、自分の目で見ること。
・奇襲は敵を混乱させる。人は見えないもの、理解できないものを恐れる。
・部下の全員に計画を十分知らしめ、リーダーが部下と行動をともにするつもりだ、と周知徹底しておく。要《かなめ》となる人物とその考えをよく知らせておくことである。
・いざ競争となったら、ぎりぎりの限界まで力をふりしぼる。全力を尽くすのだ。
・大きな組織は小さく分割し、協力関係を密にすべきである。
・計画は余分なものは排除して、できるだけ簡略にする。込入った計画は混乱のもとである。簡単なものほど実行しやすい。

❖歴史上の名将から学ぶ

敵が戦いの定石をしっかり守っている間は攻撃を控えよ。しかし、少しでも隙があれば、ためらいなく攻撃せよ。

——フリードリッヒ大王

ナポレオンの戦法は多くの敵対者にとってまったくの謎だった。彼らの見たところ、ナポレオンの軍隊はヨーロッパのあちらからこちらへと限りない進軍を続け、論理的、かつ、妥当な計画など一切、無縁のようだった。この男の行動には納得のいく系統だったパターンがないように見えた。ナポレオンを支えた将軍の一人で参謀長を務めた、アントワーヌ・アンリ・ジョミニ（一七七九—一八六九年）は、ナポレオンに対する見方がまったく逆である、と論じた最初の人である。ジョミニによると、ナポレオンの会戦や戦闘をつぶさに見れば、謎めいて非論理的としか思えないパターンから理路整然たる戦争哲学が発見できるはずだ、と言う。ある時、ナポレオンはたまたまジョミニの書いた本を目にし、興味をひかれて著者を呼びよせた。ナポレオンは、作戦を最終的な書類にする前に長い間、細部をあれこれと考えるタイプの指揮官だった。一八〇六年、ジョミニが出頭したその日、ナポレオンはイエナの会戦のことで頭が一杯だった。会見が終わると、ジョミニは四日後にバンベルク市でもう一度お目にかかれるでしょうか、と申し出た。

ナポレオンはぎょっとした。バンベルクこそ目的地であり、なんとしても四日以内に到達したいと考えていたのだが、そのことは誰も知らないはずだった。

「私がバンベルクへ行くつもりだと誰が教えたのかね?」

「ドイツの地図でございます、陛下」と、ジョミニは答えた。「それに、マレンゴとウルムの会戦です」と。

ジョミニは、ナポレオンが勝利を収めた戦闘では一定の原則にもとづいた戦略、および、戦術が高度に洗練された形で応用されている、と説明した。それらはナポレオンが考案したものではないが、歴史を通じて有効な戦略・戦術であることが証明され、その後も繰返し応用されたものである。ジョミニはこう書いている。「いつでも、戦争においてよい結果をもたらす基本的な法則というものがある……これらの法則は変わることなく、武器の種類に関わりなく、歴史的な時間や場所にも関係しない」と。さらに続けて、リーダーがこれらいくつかの原則を無視したら危機に瀕するだろう、と言った。一方、歴史が証明する通り、それらの原則を守れば、リーダーは「ほとんどいつでも勝利を手にする」のである。

続いてナポレオン自身が、自分は時の試練を経た戦争の原則があることを知っているし、その重要性にも気づいている、と打ち明けた。ハンニバル、アレキサンダー、シーザー、スキピオ、グスタブス・アドルフス、フリードリッヒ大王といった偉大な軍人が勝利を勝ち得たのは、彼らが原則を重んじたからなのだ。ジョミニはこう書いている。「偉大な名将がすべて偉大な業績を成し遂げたのは、戦いの技術において法則を守り、自然の原則を尊重したがためである……彼らの着想がいかに大胆であろうとも、法則を守ることによってのみ、成功は得られるのだ……」と。戦いの天才がほとんど例外なしにそうだったように、ナポレオンも先人の著作を貪欲に研究し、戦いを勝ちぬく一定のスタイルを学んだ。だいたいにおいて勝利を手にするのは、博学な将軍のもと、すぐれた記憶力によって、百年、あるいは、千年も前に使われた戦略、ないし、戦術を応用した場合だった。「歴史上の実例はすべてを明快にする」とクラウゼヴィッツは書いている。「それはとりわけ、戦争の技術において真実である」と。

今日では、戦争に勝利を収めるのにいくつかの法則があるということ、また、いつの時代であれ、戦争の起こる場所がどこであれ、それらの法則が普遍的に有効である、という事実は広く認められており、ほとんど疑いを挟む余地がないほどである。戦争論は、いつ誰が書いたかに関わりなく、勝利の法則について驚くほどの一致を見せている。それらの法則は過去に勝利をもたらした。そして、将来にも勝利をもたらすだろう。

人類学者のハリー・ホルバート・ターニー・ハイは、これらの法則が存在することから戦争を科学と考えてもよい、という持論だった。彼に言わせると、チームワークに頼るものであるがゆえに、戦争は一種の社会科学だ、ということになる。それは真に科学的と言える最初の社会科学だ。なぜならば、「社会的な慣習としては、時と場所に関係なく普遍性をもつようないくつかの単純な法則に分類できるはじめてのもの」だからである。ターニー・ハイにとっては、戦争の状態が科学的な社会科学の第一歩であるというのが火を見るより明らかだったので、彼以前の人々がそのような意見をもたなかったのは奇妙なことに思えたほどである。

ビジネス戦争への教訓

一般に認められている説によると、戦争には八つの法則がある。伝統的に、それらは次のような簡潔な単語に要約され、言わば、法則のチェックリストのようにになっている。

目的（戦略的目的）
集結（あるいは、集中の法則とも呼ばれる）
攻撃態勢
機動力（あるいは、戦術的運動とも言う）
奇襲
防衛
戦力の経済性
協力（指揮の統合ということもある）

本書では、このように簡単な単語で法則を言い表す伝統的なやり方はとらなかった。あまりにも抽象的すぎるからだ。たとえば、「集結」という一語では、教訓の多くを伝えることができない。処方箋3のタイトルとした「決定的なポイントに主要な戦力を集中させる」は、「集中」の教訓に含まれる内容を伝えたものであり、処方箋3のなかの記述はさらにこの内容をよく表している――ある一つの決定的なポイントで競争相手よりも大きな力を集めれば、その力を握った者は競争において優位に立つ。「目的」という言葉だけでは、忙しいビジネスマンにとってもの足りないだろうし、この場合は処方箋2のタイトルに掲げたように「目的を維持し、プランを調整する」の方が多くを語っている。

本書の処方箋は、今日の企業社会で働く人々にとって応用の効く教訓――実際の話、数多くの教え――を物語っている。とりわけ、すぐれた名将の魂が法則の一つ一つに答えを出し、それを実際に行動に移していく過程がそこに見られるはずだ。全体的に見て、戦いの天才たちの見識は今日の企業にも適用できる。企業の例としては、規模もさまざまな、多岐にわたる産業を取り上げている。それらの企業は、ハンニバルやフリードリッヒ大王やその他の人々が戦争で用いたのと同じ法則とアプローチをとり、会社の経営者はそれを応用することで同じように勝利を勝ち取ったのだ。

多くの場合、名将がずっと昔から知っていたことを今日の企業がようやく学びつつあるのは明らかだ。たとえば、「個別的な差別化（マイクロ・スペシャリゼーション）」は一九八〇年代後半から、一九九〇年代の小売業者にとって戦略的な用語になるはずである。それは、商品の選択から広告、店舗デザインまで、はっきりと差異のある顧客にターゲットを絞るという考えである。そのコンセプトは、うまくいけばシアーズをはじめとする小売業者に競争上の勝利をもたらすはずだが、とは言え、それは決して新しい概念ではない。アレキサンダー大王がチェーン店を経営していたはずはない。だが、彼は二千年も昔にギリギリのところで優秀な戦力を集結させることにより、戦いに勝利を収めるという実例を示したのである。

企業ビジネスを研究する人々は、「企業文化」を明確に定義する必要があるとやかましく言いたてている。二千三百年前、スパルタのある将軍はこう書いている。「大規模な軍隊を最も安全に保つ道は、全軍に共通する一つの精神で活気づけることだ」と。一方、多くの会社は、小規模で半自治的なグループが生産性を高めるということを学びはじめている。古代ローマ人は数千年も昔にそのことを書き残しているのだ。経営の技術が達成するより先に、軍隊の名将が競争優位についての考え方をすでに体得していたことは驚くにあたらない。今日のようなビジネス経営のための研究所が実際に行なわれるようになったのは、やっと二十世紀に入ってからだが、戦いの天才が組織や管理について真剣に考えはじめたのは紀元前一四三九年、古代エジプトの国王、トゥトモス三世がシリア兵を破るために特別の陣形を考案したころにさかのぼるのである。

インディアナ大学のバスケットボール・チームのコーチ、ボビー・ナイトはシーズンがはじまる前に毎年、孫子の『兵法書』を読む。すべてのビジネス戦争のなかでも最も攻撃的な存在だと思われるペプシは、経営幹部をサムライ魂のある商売人に変えようとし、彼らに空手を教えている。ペプシはトレーニング・ジムを建てるためだけに八百万ドルを費やしたのである。

別の分野から最高の知恵を借りてきて、それをビジネスに応用するというのは珍しいことではない。往々にして、会社の経営陣は一般の人よりも度量が広い。それというのも、成功するかどうかは、役に立つことなら何でも取り入れようという態度に大きく関わっているからだ。たとえば、企業組織を高度に改良してきた「システム」的アプローチがそもそもどこで発展したかというと、生物学の分野だったのだ。ペプシやボビー・ナイトの例からは、軍事上の知恵が戦争以外の目的にも応用できることがわかる。それらの目的に共通しているのは競争である。戦争の法則と教訓は、これまで考えられていた以上に普遍的なのだ。それは戦略・戦術、及び、リーダーシップの法則と教訓であり、どんな種類のものであれ、激しい戦争には同じように適用でき、そのなかには市場と利潤をめぐる企業間の競争も含まれる。

実例をあげよう。処方箋3で指摘しておいたように、リーダーが決定的なポイントを的確に判断し、そこで敵方よりも大きな、あるいは、優秀な戦力を集結できるほど有能であれば、彼の軍隊は勝利を収めることが可能なのだ。アメリカでは毎日新しい会社が千七百も生まれているが、成功しようと思ったら同じような形で戦力を集結するように努力するだろう。処方箋4で示しているのは、ビジネス戦争においては「純然たる」戦争、すなわち、軍事衝突におけるのと同様に、ある時点で攻撃に出なければ勝利を勝ち取れないということだ。これは超大企業にはあてはまらない、という人々もいる。大企業はもっぱら防御にまわり、過去の栄光と成功に頼っていられるというのだ。だが、それは神話であり、あまりに単純すぎる。防御は敗北を招く第一歩である。競争で優位に立つための道具には決してならない。アメリカ合衆国で、また、最近は日本で、あの巨大なプロクター&ギャンブルが敗北を喫した時ですら、ほとんど例外なしに失敗の理由は「攻撃側に立ち、機動力を維持する」といった一つの教訓を守れなかったことなのだ。

以上にあげたのは、戦争の教訓が企業の競争に応用できる実例のいくつかにすぎない。本書はさらに多くの事例をあげている。軍事戦争と企業間の競争の違いは明らかだ。戦争の犠牲になるのは人間だが、ビジネス戦争の場合は売上げと利益であり、時によっては仕事や出世が犠牲になることがある。だが、その他の部分に関してはだいたいにおいて、将軍の手腕について正しいところは、賢明な企業経営についても真実なのである。その場合、企業の規模が大中小のいずれであろうと変わりはない。

競争のなかの競争

本書全体を通して、ビジネス戦争には「競争のなかの競争」がある、という指摘がされている。ここでは、それについて述べよう。

ビジネスには競争がつきものだと言われているが、それはまさに正しい――ＧＭはクライスラーやフォードその他の自動車会社と競争している。また、ベビーフード業界ではビーチナッツ社がガーバー社と競争している。そして、ＩＢＭは、最大の敵であるＤＥＣ社をはじめ、その他の大きなコンピュータ会社と競争し、おまけにとらえどころがなく敏速な動きをする〝三流メーカー〟までが競争相手だ。それは正しいが、それですべてとは言えない。「競争のなかの競争」という概念は、企業間の激しい競争のなかには現実に多くの競争が含まれており、戦争の法則――激しい競争の法則とも言える――の一つ一つにしたがって、個別の競い合いが数多く行なわれていることを意味している。日曜日の午後、ＮＦＬのうんざりするほど長いフットボール・ゲームが終わった後、戦ったチームの片方は、「われわれのチームが勝った」と言っている。それは「チーム」としての競争である。だが、実際には、勝利者は多くの競争に勝利を収めたのだ。たとえば、負けたチームよりも試合運びがうまかったとか、オフェンスが強かったとか、ディフェンスがよかったとか、チームワークがまさっていたとかである。さらに、コーチやクォーターバックが優秀で的確な指示が出せた、ということもある。

ビジネス戦争の法則は、会社に競争上の勝利をもたらすこともあるし、敗北を招くこともある。それぞれの法則、教訓の一つ一つは、企業の優越性を構築していくための要素となる。ビジネス戦争における総合的な勝利は、個別の勝利が数多く積み重なった結果なのである。リーダーシップが競争相手よりもすぐれていたこと、会社がキーポイントに戦力を集結できること、攻撃力が他にまさっていたことなどである。「競争のなかの競争」という考えは、会社のどこがとくに強いかを理解し、どこを改良すべきかを確認する上で、はっきりした指針となってくれる。

教訓の要約

ビジネスや戦争において、何よりもはっきりしているのは、一方は必ず負けるということである。あらゆる戦争――マーケット・シェア、セールス活動、投資の回収、利潤をめぐる企業間の戦いも含めて――に共通する真理は、ライバル、つまり、競争相手が現れないと思っていてはならず、必ず競争相手が現れると考えて、敵との出会いに備えておくことだ。敵が攻撃してこないだろうという仮定を立ててはならず、敵がどんな行為に出ても損害を受けないようにしなければならない。歴史を通じて、どんな名将も一つの基本的な問題と格闘してきた。それは今日の良心的な会社経営者が抱いているものと同じだ。「どうしたら勝てるか?」という問いである。戦争もビジネスも気まぐれということはない。「どうしたら勝てるか?」に対しては、正しい答えがあるのだ。とりわけ、競争相手と戦いを行なっている企業にはハンニバルが採用した戦争の法則がある。この名将の答えは本書の教訓に含まれている。それらは以下のように要約できる。

処方箋1　リーダーシップを発揮せよ

ビジネス戦争の競争のなかで何よりも重要なのは、会社の指導者の質が競争相手よりもまさっているかどうか、という点である。すぐれたリーダーシップは、競争の優位を得る上で何よりも優先すべき事柄なのだ。軍隊の言い習わしでは、「強い将軍のもとに弱い兵隊はいない」と言う。リーダーシップは戦争の法則として項目にはなっていないが、それでも各法則に浸透している要素なのだ。ビジネス戦争は人間同士の戦いである。戦略上、ないし、戦術上の作戦を実行するのは、さまざまな規模をもつ会社――最大はＧＭから、最小はコンピュータ用品の店まで――の人々であり、そこには会社の指導者の精神や個性が必ず反映している。

最近、あるエコノミストが、アメリカの企業人は「競争の習慣」を失っている、と言った。ビジネス戦争の天才たちはそうではない。「競争とは行動力だ」といったのはＧＥの会長、ジョン・Ｆ・ウェルチである。行動と競争に対するこのような意欲は、ビジネス戦争に才能を発揮する人に備わった基本的な性格である。リーダーの決断力もまた、もう一つ別の要素だ。クエーカー・オーツ社の会長、ウィリアム・スミスバーグは積極果敢な攻撃計画を立て、会社に一か、八かの冒険をさせた――不安に直面した時の大胆さこそ、ビジネス戦争の天才が他の凡庸なリーダーと一線を画するところなのだ。だが、現実的な可能性を見極めた上で大胆な行動に出るべきなのである。すぐれたリーダーはこのように行動する。思慮深さもすぐれたリーダーシップの証《しるし》なのだ。「個性」――自分の望むものがわかっていて、それを得るための決断力と勇気をもっている――は、ビジネス戦争に特別な才を発揮する人のもう一つの要素である。危機に瀕して立派な態度をとることだ。ＧＭの会長、ロジャー・スミスのように、プレッシャーに負けず悠然としていることである。強い意思の力、革新的な態度、社員の士気に対する心配り、さらに、不動産王のドナルド・トランプのように「状況を見抜く」戦略的なセンスも必要だ。

処方箋2　目的を維持し、/プランを調整せよ

勝者はただ一つのことだけを見ている――それが大きな目的である。成功した会社と、よく似てはいても成功しなかった会社を比較研究してみると、成果をあげている会社はすべて、目的の維持という戦争の法則にしたがっていることがわかる。彼らは一つ、または、二つの決定的な目的に向かって、全力をふりしぼり、断固として進んでいる。ベル＆ハウエルの経営者は会社の「魂」について語っている――それは、全従業員を活気づける目的、すなわち、「全体の目的」である。

同時に、競争で優位に立っている会社は目的をあくまでも追うという態度を変えないが、計画については変更を受け入れる――その計画が非現実的だとわかったならば……。三千人の社長を対象にしたブーズ・アレンの調査によると、約九十パーセントが現在のプランニング・テクニックを不適切だと感じているという。戦争では「敵に遭遇したら計画はないと思え！」と言うが、ビジネス戦争では「市場の現実にぶつかったら計画はないと思え！」ということになる。他の要素がおおよそ同等だったら、競争相手よりも適応力にすぐれ機動力に富んだ会社の方が成功する。六十億ドル企業のコングロマリットであるＴＲＷは、クレジット・データ・ビジネスに参入した時も目的を維持しながら、計画を変更して現実に適用していることで成功を勝ち取った大会社の一例である。ＧＥは非常に苦労して適応と変化を学んだ。キッチン・エイドはそれを学ばなかった。その結果、キッチン・エイドは数年の間にマーケット・シェアの半分を失うことになった。ＴＲＷが学んだ単純な戦争哲学は他にもある。「敵の方が強い時は、会戦を避けよ！」である。もっと強烈な言い方をすれば、「スカンクを相手に放屁合戦を挑もうなどと考えるな！」ということだ。

処方箋3　決定的なポイントに主要な戦力を集中させよ

競争に積極的な会社は、有能な軍隊と同様に、戦略、および、戦術の基盤を何らかの形の集中においている。会社が有利に立つような時点で、競争者にまさる戦力を集めるのだ。ベビーフード業界において年商七十億ドルを上げているビーチナッツ、八十億ドルのキャンディ市場におけるハーシー、保険業のステート・ファーム、インク・マガジン、コルゲートパーモリーブ、ガルフ＆ウェスタン社などは、集中によって利益を上げている会社の例である。一般に戦争の法則では集結の項が最も重要なものと考えられている。最良の戦力を集めた側が勝つという教訓は、ビジネス戦争で毎日のように見られる。ナポレオンは戦闘の際に戦力を集結させる名人だった。おそらくビジネス戦争において戦力の集中に最もすぐれた腕を発揮するのはＧＭのアルフレッド・Ｐ・スローンであろう。

この〝競争のなかの競争〟において成功する会社は、決定的なポイントを見極め、そこにすぐれた戦力を集中させる。失敗する者は戦力をまったく集中させなかったり、間違ったポイントを選んだり、あるいは、正しいポイントに集中させたとしても量が十分でなかったりするのだ。勝利者は競争相手の弱みに対して、自分の力を最大限に発揮するような形で競争し、最もふさわしい市場に最適の商品を送り込むのだ。市場を分化し、適所を見つけ、サービスや製品を差異化させるというのも、ビジネス戦争における集中の一例である。ビジネス戦争では、集中の法則にしたがって戦うのに二種類の手段――自社の核心となる強さを打ち出すか、競争相手の弱みをつくか、のいずれかだ。ＩＢＭは第一の手段をとっている。タンブランズ、キンバリー・クラーク、ナビスコ、キーブラー、ペプシ傘下のフリト・レイなどは、攻撃力のほとんどを競争相手の弱みにぶつけている。集中がさまざまな産業のなかで次々に成功を収めていくのは現実に見られる通りだが、それでも集中は往々にして最も乱暴な法則でもある。それはなぜか？

なぜなら、ある機会に戦力を集中させるというのは、他の機会には集中させないという思い切った賭けだからだ。それをするのに必要なのは、組織の中枢が明晰であること、大きな勇気をもっていることである。

処方箋4　攻撃側に立ち、機動力を維持せよ

本書の処方箋4では、戦争の法則のなかで緊密に結びついている二つの教訓を、どのようにしてビジネスに応用するかが述べられている――つまり、攻撃力に関する法則、および、機動力に関する法則である。前者は、たとえ会社が防御にまわることで破滅から遠ざけられるとしても、防御によって勝利を得ることはできない。ビジネス戦争では、イニシアティブをとり、競争相手を自分の土俵にひっぱりこんではじめて勝利をつかめるのだ。モトローラ社の立場は、日本の競争相手に対して積極的に攻撃を仕掛けるようになったとたん急速に改良された――モトローラ社の会長が言うように、オーディオ機器、ラジオ部品、データ・コミュニケーション、コンピュータの分野で「鼻をあかした」のだ。

会社はある時点で攻撃をしかけなければ、勝利を収めることはできない――新たな市場を開き、新製品や新機軸を導入し、価格戦略を繰り広げ、あるいは、商売敵の顧客を奪う、等々。市場で最終的に大きなシェアを獲得するには、必ずしも新製品を真っ先に導入する必要はない。コカ・コーラやペプシ、IBM、DEC、ヒューレットパッカードがよい例だ。だが、競争のなかで自己の道を切り開くためには、必ず攻撃に転じなければならない時がくる。「機動力」とは、行動、および、戦略を果断、かつ、迅速に推進していくことである。ビジネス戦争においては、すばやく行動に移さない限り、競争力はほとんど役に立たない。

IBMは「中枢に入り込む」という攻撃的作戦にでて、アップルを王者の座からひきずりおろしたが、ジレットは「側面を包囲する」という作戦をうまく展開し、ブラシ＋シェービング・クリームの自動販

売機で成功した。このような攻撃的作戦と、その他四つの基本的な戦略は、今日では、会計事務所と軽工業といったまったく異質の業界でも採用されている。その最良の戦略では、競争を成功させるための二つの特徴を明らかにしている――彼らの攻撃は、密接に入組んだ一連の小さな攻撃からなっており、うまくいきそうな戦略にはより一層の力を注ぎこんで攻撃を続けるのだ。

処方箋5　抵抗が最も少ない方策に従え

歴史を見てもわかる通り、軍事的天才の多くは、待ち伏せしている敵を避けるためなら、たいていのものは犠牲にするのが常だった。首尾一貫して、彼らは最も安全、かつ、有望そうな道、つまり、敵の抵抗がなるべく少ないコースを探したのだ。ゼネラル・フーズ（GF）はベビーフードの分野から撤退を余儀なくされたが、それは競合するガーバーにかなわなかったからだ。それに反して、シュワブ社のような割引仲買業者は、よけいなサービスを止めることで成功した。ジュワブ社は委託のセールスマンを雇わず、顧客へのアドバイスも止めた。よけいなものは排除したのだ。GFは競争相手の抵抗が大きい分野をめざし、シュワブ社は抵抗の少ない分野をめざしたのだ。GFは負け、シュワブ社は勝った。企業の市場戦略が失敗するのは往々にして、こうした法則を無視し、強大な力をもった競争相手に戦いを挑んだ結果であることが多い。処方箋5では、戦争の法則のうちの〝奇襲〟から学んだ教訓が語られているが、それはただの奇襲よりもずっと広範にわたった内容である。

敵の抵抗が最も少ない場所で戦うものの代表と言えば、ゲリラ戦である。ゲリラ戦士、ないし、ゲリラ・スタイルで競争する会社は、一貫して抵抗の少ない場所を攻撃するという戦略、および、戦術に頼っている。うまく統率されたゲリラ的会社は、どんなに規模が小さくても、打ち負かすのがきわめてむずかしい。ある名将が言ったように、「利点はほとんどゲリラの側にある」のだ。というのも、ゲリラはまったくルールに縛られないからだ。ウォルマートは、アーカンソー州ニューポートでゲリラ的な会社としてスタートしたが、最近では九万人以上の従業員を抱えている。設立者のサム・ウォルトンは今、アメリカで一番の金持ちである。マクドナルドもゲリラ商法をとっているし、アメリカで成功しそうな会社はみなゲリラなのだ。

どんな分野でも、ゲリラ会社が大会社になろうとするなら、彼らはゲリラ戦争につきものの五つの段階を通過しなければならないのである。

処方箋6　防御を固めよ

競争相手が積極的になって、目につくほどの動きが見られるようになったら、競争がはじまったと考えられる。競争相手にとって有利なところが目に見えていながら、彼らがその機会に乗じないとしたら、そこには何らかの問題があると思ってよい。それが「目印」である。防御の法則は、その問題を読み取って正しく解釈し、わかったことを自分たちに有利になるように利用せよ、ということだ。

ビジネス戦争に見られる「競争のなかの競争」の一つは情報に関するものである――競争相手、そのリーダー、消費者について、正確、かつ、有益な知識を得ることだ。「戦争で勝利を収めるには、敵の行動を予測し、自軍の計画から敵の目をそらすことである」。競争相手の強さと弱みを分析し、リーダーの性格と反応を読み取ることは、堅実な会社に必須の条件である。さらに、消費者についての情報も必要だ。消費者について知らない会社は決してうまくいかない。プロクター&ギャンブル、フリト・レイ、それに前述した通り、ゲリラ戦法をとる二つの会社、マクドナルドとウォルマートは、優秀な将軍が心得ていたと同じことを理解しているのだ。行動する領域については、他人の説明だけで満足せず、自ら偵察すべきである。

防御を固めるという教訓全体のなかで、とくに重要なのが、〝攻撃は最大の防御だ〟と言うことである。経営陣が安閑と座し、オフィスのなかに閉じこもっているような会社は、みすみす敗北を招いているようなものだ。ロイヤル・クラウン――コカ・コーラやペプシコのような競争相手と張り合う小さな会社――ですら、競争においては防御から攻撃に転じることが必要な一段階であることを示している。

処方箋7　全員に任務を全うさせよ

組織再編成に取り組むガルフ＆ウェスタンの会長マーティン・S・デービスはこう言っている。「ビジネスは強さの証《しるし》ではない。実際のところ、その反対というのが正しい」。そして、十八世紀のフランスの名将、モーリス・ド・サックスが言う。「戦闘に勝つのは大きな軍隊ではなく、優秀な軍隊だ」と。

戦力の経済性という戦争の法則が教える基本的な内容は、まったく常識的なことである。会社（あるいは、より小さな組織であってもいい）は、組織全体がすばやく足なみをそろえて主要な問題――達成すべき大目標、ないし、解決すべき問題――と取り組めるよう、できるだけ大きな影響を与えるべきである。デービスもド・サックスも正しかった。規模の大きさだけで、すべてを説明できるわけではない。ある会社が十万人の従業員を雇っていて、別の会社では一万人が働いていたとする。だが、小さい方では、五千人が製品の製造と販売にあたり、他方、大きい会社では、それと競合する製品のために二千人しか働いていないとしたら、結果は小さい会社の方が大きい会社より二倍以上も大きいということになる。ナポレオンの軍勢は数の上では負けていることが多かったが、兵隊を巧みに動かすことによって、敵よりも大勢の兵隊を戦場に送り込むことができたのである。コーニング・ガラス、モンサント、CNA保険、IBMなどは、ナポレオンの言う「戦争の偉大な技術」を実行に移そうと努力した企業のほんの一例にすぎない。その「戦争の偉大な技術」とは、達成すべき目標や排除すべき障害に対して人員を配分する技術である。

人々の立場に応じて個々の役割を明確にすることのなかには、経営における人員管理の側面も含まれている。軍隊と同じく、会社が伸びる限界は社員一人一人の意思によって決まり、それ以上は一インチたりとも前進しない。じっと停滞して身動きできない理由を見つけようとする人々もいる。優秀な軍隊や有能な社員は常に活動したがるものだ。彼らは人間ならではの性質をもった人々であり、その性質を本書では「攻撃と移動の習性」と呼んでいる。イーストマン・コダック、フォード、ベル&ハウエル、シェナンドア生命保険は攻撃と移動のチーム――攻撃隊――をつくることで、その習性を高めるような工夫をしている。

❖人間こそ重要な要素だ

……すぐれた理論と偉大な個性が組み合わさったら……立派な名将ができる。

――アントワーヌ・H・ジョミニ

私がコンサルタントをしているある会社の経営陣に会うため、私はジムを連れて出かけた。ジムは頭がよく、高等教育をうけて、組織心理学の博士号をもっており、世界でもトップクラスの専門家とともに士気と生産性について研究をしてきた男である。相談相手の経営者と会い、その会社の問題について話しあっている間私は興奮を感じていた――もちろん、相手が問題を抱えているからではない。その経歴からして、ジムが彼らの問題に解決策を見つけられるだろうと思ったからだ。まさに、ジムの独壇場だ。しかし、そうはいかなかった。

会見のあとオフィスに戻り、なまぬるいコーヒーを喉に流し込みながら、私は期待を込めてジムに聞いた。「それで、あの会社はどうしたらいいだろう」。ジムにはわからないのだ。聞かされた事実を繰り返えすことはできるが、会社に対して何もしてやれない。学んだことを実地に応用する力がないのである。

本書で論じられている法則は役に立つ。それらは歴史の上でも、常に有効だったことが証明されている。過ちの許されない状況に置かれた男たちが細心の注意をはらって修正と変更を重ね、鍛え上げ、叩き直して現在の形にしたのだ。戦場では、どんな過ちも人間の生命をもって贖わなければならない。失敗を犯す余地はない。

だが、法則を知ること――たとえば、暗唱すること――だけでは、大した意味がない。そもそも、法則とは抽象概念である。確かにこれらの法則は企業間の競争を理解する上で参考になるし、どちらの会社が勝つかを予測したり、負けた会社のどこが悪かったのかを考える時には役に立つ。さらに、これらの教訓や法則は、競争の場で起こったことを分析する時に、格好のキーワードを提供する。この法則をよく知っておけば、教訓や軍事用語を知らないままビジネス記事を読んだり、会議に出たりすることはしないだろう。

ただし、本書に書かれている知識は、現実に応用された時にはじめて生きるのだ。人類学者のターニー・ハイが言うことは正しいのかもしれない。確かに、戦争は「科学」かもしれない。だが、人間がこの科学を応用すると、それは「芸術《アート》」になる。すぐれた将軍と有能な経営者はすばらしいパラドックスを示す。効果的な作戦プランを概念化できると同時に、それを実行に移すこともできるのだ。非常に実際的である反面、彼らは例外なく思いにふけるところがあり、ほとんど学究的でさえある。積極的に将来に目を向けながら、時として歴史的な先例を振り返り、そこから多くのものを得る。驚くほど革新的で独創性に富んでいるかと思うと、目につく限りのところからたえず思考やアプローチの手段を借用する。常に、創造的なことを考えていても、それ以上のイマジネーションが出てくることはめったにない。大きな絵が頭にありながら、彼らの興味は往々にして細部に隅々にまで広がっていくからだ。そして、何にもまして、彼らは紙に書かれたただの言葉を行動に移すことができる――それは経営に携わる者にとって、とくに大切なことの一つである。すぐれた競争者はいずれトップに立つだろうが、なすべきことを知り、その手段を知っている経営者がいなければ勝利はおぼつかないだろう。

処方箋1

リーダーシップを発揮せよ

百万の軍勢に対して、責任を負うのは一人の男である。この男が全軍の魂を左右する。

——フー・イェンシー

カルタゴ人のハンニバル（紀元前二四七―一八三年）は、まぎれもなく戦いの天才だった。ハンニバルについて、ナポレオンは戦いのあらゆる側面において卓越した人物とみなし、ウェリントンは歴史上最も偉大な名将と評した。今日に至るまで、紀元前二一六年にカンネーの地でヴァロの率いるローマ軍を破ったハンニバルの勝利は、数多い戦いのなかでも最も完璧な戦術だった、と言われている。カンネーで五万のハンニバル軍と会戦したローマ軍七万六千は、わずか六千人を残してすべて戦場の露と消えたのである。

数においてこれほど劣勢だった軍隊が、大軍をここまで決定的に破ったのはどういうわけだろうか？歴史家のポリュビウスは重要な答えを出している。ポリュビウスによれば、カルタゴ軍がローマ軍を打ち負かしたのは、兵力や戦闘態勢がすぐれていたからではなく、ハンニバルの個人的な技術のおかげだという。その後、ポリュビウスが事務的に語っているもののなかに、競争の優位を争っている会社にとってきわめて含みのある言葉がある。「ローマ軍がハンニバルに匹敵する将軍を見つけていたら、たちまちハンニバルを打ち破っただろう」と。

要するに、カルタゴとローマ軍の間にあった「競争のなかの競争」は、リーダー同士の争いだったのだ。より有能なリーダーが勝利を収め、能力の劣るリーダーは負ける。カンネーの会戦には十二万五千人以上の兵士が参加し、各人が対戦相手とそれぞれの能力を競いあった。とは言え、その日の大勢を決したのは、わずか二人の人間――ヴァロとハンニバル――の優劣の差だったのだ。軍の指揮官の精神は一万人の部下に伝わる、と言う。同じように、組織理論家であり、ニュージャージー・ベル電話会社の会長でもある、チェスター・バーナードの話によると、仮に電話会社の社長が二本の電信柱を道の反対側に移すように命じた場合、百人の人間が十五の違った部署で一万回の決定をすることになる、という。

ナポレオンも指揮に立つ人間の重要さについて指摘し、こう書いている。「ヨーロッパで屈指の三大強国から七年の間プロイセンを守ったのは、プロイセン軍ではなく、フリードリッヒ大王である」と。同じことは序論でも見てきた。イスラエル人はミデアン人を打ち破る力をずっともっていたのだが、適切なリーダーが登場し、具体的な命令を下して初めてそれが実現したのだ。

ビジネス戦争でも事態はまったく同じである。多くの会社は競争力を獲得する可能性をもっているが、それを現実のものとするには、ふさわしいリーダーが正しい戦略と作戦、すぐれた洞察力をもって人員を指揮する責任を負い、状況を変えていかなければならない。われわれは、企業間の競争について議論するのに慣れすぎて、会社がひとりでに動いているようなつもりになってしまいがちだが、それではいけない。社員が会社を動かしているのだ。さらに忘れてならないのは、この本に出てくる企業の名前――GE、プロクター&ギャンブル、IBM、マクドナルド、トヨタ、GMなど――の裏側には、そして、本書でこれから論じるさまざまな戦略行為や作戦の背後には人間がいる、ということである。企業のリーダーは経営だけが仕事ではなく、リーダーとしての力量を競争相手のリーダーと競い合わなければならないのだ。フランス人の大佐、アルダン・デュ・ピック（一八二一―一八七〇年）は、戦いに勝利を導く指導力の要素についてきわめて詳細、かつ、綿密な研究をまとめている。何よりも基本的な結論として、彼はこう述べている。「戦場で勝利をもたらすのは気力である。気力は常に戦いに勝利を招くだろう。世界の歴史を見ても、戦いを勝たせるのは常に気力だった」と。

最高経営責任者（CEO）は、自分たちの会社の健全な経営にはすぐれたリーダーシップが必要不可欠の要素だ、ということをよく理解しているようだ。最近、世界各地のCEO三百人に対して、後継者に何を期待するかという質問がされたが、その結果、「個性的なリーダーシップ」が最も求められている資質だ、という答えが出た。「競争に果敢に取り組む態度」が第二位であり、「企業家としての勘」が第三位だった。おそらく会社の中身よりも、リーダーの中身が問題なのだろう。たとえば、アメリカン・カン・カンパニーの前会長、ウィリアム・ウッドサイドはジェリー・ツァイを採用した時、こう言ったものである。「私は会社よりも人間に大きな期待をかけている。私が必要としているのは、新しい分野で五億ドルを運用し、大きな影響力をつくりだせる人間だ」と。ツァイが指揮する投資サービス会社はいま、アメリカン・カンの収益金の六十パーセントを扱っている。一九八六年、ツァイはアメリカン・カンの経営陣に加わった。ある人はこう評している。「会社の経営者なんてものは、ほとんどが気取っていて口がうまいというのが相場だが、ジェリー・ツァイの率直さは本物だ」と。

「成功するビジネスはすべて一人の男、つまり、一人のリーダーの反映だ」と言ったのは、オキシデンタル石油のアーマンド・ハマーである。孫子（紀元前四〇〇―三二〇年）は『兵法書』のなかで、この問題をごく簡単に扱っている。どんな指揮官も二、三の基本的な質問に照らすことによって、どちらが勝つかについて、予測をつけられるというのだ。その質問の一つは、「二人の指揮官のうちどちらがより有能か？」である。

ビジネス戦争の天才

「この世のいかなる職業でも、成功するためには物事を理解する特殊な能力と魂が必要だ」と、クラウゼヴィッツは書いている。それらの「特殊な能力」が高度な段階にあり、「非凡な業績」となって現れる時、その能力をもっている人間はまさにその職業における天才と呼ぶことができる。戦争の天才とは、どんな能力をもった人間を言うのだろうか？

イギリスの陸軍元帥、サー・A・P・ウェーベル（一八八三―一九五〇年）は、リーダーにとって一番大事な能力は「戦争のショックに耐える力、逞しさ」だ、と主張した。ナポレオンも同じことを言っている。「指揮官にまず必要とされるのは、冷静な頭だ。冷静であれば、見方を歪めずに正しい判断ができる。指揮官は吉報や凶報に感情を乱してはいけない」と。ウェリントン公爵には確かに、苦境にあっても悠然としているという能力があった。トゥルーズでの決戦が完全な敗北を喫したという報告を受けた時、公爵は平然として「それでは、別の手を講じなければなるまい」と言ったものである。そして、その通りにして勝利を手にした。ウェーベルがリーダーの精神的な資質として重要だとしているもう一つの要素は、自分が何を望んでいるかを自覚し、それを得ようと決意することである。たとえ、どうしようもないほど大きな障害が勝利を阻んでいるとしても、リーダーは心に炎を燃やして競争心を保ち、勝とうとする意欲をもたなければならない。

ナポレオンは言う。「戦争の技術がただ単に危険を犯さないということなら、大した才能のない者でも勝利を得るだろう」と。戦いの才能をもった人間は、必要なチャンスを積極的に把える。ある軍人が言ったように、「賭博師のようなところが多少ともある」のだ。南軍の将軍、ロバート・E・リーが軍事行動について語ったことは、会社や部門の経営にもあてはまる――行動には常に危険がつきものだが、静止中のロスを行動のリスクと比較してみる必要がある。たいていは静止中のロスの方が大きいのだ。

さらに、戦いの天才たるべき人物は常識の持ち主でなければならない。状況、競争力、味方の戦力などをしっかりと把握しながら、実践的で適切、かつ、実行可能な行動を選ぶ感覚である。

自分自身への問いかけ――「戦争の天才とはどのような人間か？」――に答えるために、クラウゼヴィッツがとった方法は、企業経営の分野で「状況的リーダーシップ」と呼ばれている。彼はまず、戦争のたえず動いていく状況に目をつけ、次にそれらの状況の要因を人間の個性に対応させたのである。

クラウゼヴィッツによれば、戦争には常に四つの要因がある、という。危険、肉体労働、不確実性、機会である。こうした状況のすべてにおいて最高の機能を発揮するリーダー――天才――は、こうした要因を処理するのに必要な精神的資質を備えているのだ。戦争の天才は攻撃的で、肉体的にも精力にあふれ、大胆、かつ、堅実だ。一時的な状況に動揺しないだけのしっかりとした性格と冷静さをもっている。戦争の天才と呼ばれる人物と同じような精神的資質をもった名将は大勢いる。とは言え、多くの名将は自らの思いを紙の上に書き残さず、その代わりに行動によってそれを証明したのである。

❖戦雲の只中でも競争の意欲をもち続けよ！

スパルタ人は敵の人数を聞かず、敵がいる場所だけ尋ねるものだ。

――スパルタ王アギス二世、紀元前四五年

ベストセラーになった本、『エクセレント・カンパニー』で、著者のトム・ピーターズとロバート・H・ウォーターマン・ジュニアは、彼らが調査したなかでも最もすぐれていて革新的な会社を特徴づける資質を八項目あげている。彼らが最初にあげているのは「行動の重視」、すなわち、何でも実行に移そうとすることである。「それらの会社はたとえ決定を下す時のアプローチが分析的であっても、その事実によって活動が鈍ることはない（他の多くの会社とは違って）。それらの会社の多くに共通する基本的な経営方針は〈実行し、応用し、試みよ〉である」。

同じように行動を重んじる態度は、軍人に特有なものである。「行動の重視」というより、この資質は「戦おうとする意欲」といった方がいいかもしれない。あるいは、ビジネス戦争の場合、「競い合おうとする意欲」というのが適切かもしれない。つまり、ライバル会社に交じって激しく競争しようという態度である。

戦闘において偉大な戦術的勝利が成し遂げられる場合、指揮に立つ人物は必ずそれ——戦おうとする意欲——をあからさまにした。何にもかえがたいのは機先を制することであり、また、敵方の失敗や無知や不信感につけこもうという決心にまさるものはない。あるいは、まったく予測もつかない形で訪れたチャンスを逃さずにすばやく捕まえること、また、戦いの時間と場所を希望通りに導き、そこに敵を引っ張り込むことである。ストーンウォール・ジャクソン（一八二四—一八六三年）はこう言っている。「戦争とは争いだ……兵隊の仕事は戦うことだ……敵を発見し、打ち破ることだ。敵の国を蹂躙し、できるだけ短時間で、できるだけ大きなダメージを敵に与えることだ」と。マーケットや競争の優位をめぐる争いも含めたあらゆる戦争において、受け身の立場にいたら絶対に勝利は望めない。攻撃が報いをもたらすのだ。

ゼネラル・エレクトリックはビジネス戦争の果敢な闘士である。そのトップからして攻撃的なのだ。GEの元経営幹部は会長のジョン・F・ウェルチ・ジュニアがRCAを六十三億ドルで買収する交渉をしていたところ、彼についてこう評したのである。「同業者が四軒並んだ街角のガソリン・スタンドでジョンが店長になったら、他のスタンドが店仕舞いするまでジョンは決して寝ないだろう」。ウェルチに言わせれば、「競争とは、行動にでること」なのだ。

私はおよそ三十年前にアーネスト・ガロに会っているが、その時貿易見本市を見物に行ったまだ若い私に、ガロは上等なワインの品質について懇切丁寧に説明してくれたものだ。現在のガロもやはり攻撃的な会社であり、やる気のある人材を求めている。採用されるのは、独創的で、競争力があり、「危機感」をもつMBA取得者である。ガロは迅速な行動力をもっているが、部下にもこうしたことを期待している。

企業リーダーの競争意欲は別の要素もある。それは、情報が十分でないことを承知しながら、競争に乗り出そうとすることだ。必要な情報がすべて入手できたら、決定したり、行動したりするのは楽だろう。しかし、ビジネス戦争では、たとえたまにはあるにしても、情報がすべて手に入ることなどめったにない。クラウゼヴィッツが言うように、決定を下す際の要因の四分の三は「戦雲のなか」でぼやけているのだ。シカゴのファースト・ナショナル・バンクの元チーフ・エコノミストだったロイ・E・ムーアの見たところ、企業間の戦いにたなびく戦雲も同じくらい暗い、という。ムーアによれば、会社のマーケットにおける成功や株価といったものに影響を及ぼす要因のうちざっと六十五パーセントは、完全にコントロールの外にある、という。経済学者のジョン・メイナード・ケインズの指摘によると、多くのビジネスでは決定や行動は冷静な計算にもとづいてなされるのではなく、信念や楽天主義によってなされる、という。さらに続けて、企業家が数学的な方程式だけに頼っていたら、ビジネスは完全に消えてしまうだろう、と言っている。「完全な脳」の研究によると、人間の脳の左半分は理性を司り、右半分は直観と創造性の領域だ、という。名将は両方の脳をうまく働かせる。広告代理店のフート・コーン＆ベルディング・コミュニケーション社のＣＥＯ、ノーマン・Ｗ・ブラウンも同様である。より創造的な広告をつくるため、「左脳」のアカウント・エグゼクティブと「右脳」のクリエイティブなアート・スタッフを組み合わせてチームにしたのだ。

リーダーは戦雲のなかでも行動を起こさなければならず、常に偶然に頼る部分が残ることは避けがたい。南北戦争の将軍ウィリアム・テカムシ・シャーマンはこう言っている。「何かをしようとする時、伍長や軍曹に相談して歩くわけにはいかない。自分自身の心のなかで決めなければならない」と。凡庸なスタッフには導きが必要だ。それよりすぐれた人々には指示するだけでよい。だが、命令は誰もがはっきりと理解できる明快なものでなければならない。ＡＴ＆Ｔのある経営幹部はそれをうまく言い表している。「われわれに必要なのはときの声をあげてくれる人物――地面に杭を打ち込んで、これがわれわれのなすべきことだと教えてくれる人物だ」。C・ロバート・パウエルはリッチホールド・ケミカル社をハイテク専門の化学会社に転換しようとした。パウエルは包囲された将軍のような心持ちだった、と語っている。兵隊たちが「何をすればよいのですか?」と尋ねる。それにはたった一つの答えしかない、とパウエルは言う。「攻撃せよ!」である。

すべての準備が整って完全に計画を立てた上でしか、経営者や将軍が行動にでないというのは、もっぱら理論上のことである。現実には、ビジネス戦争の戦雲がさめやらぬうちに、有能な人々は事態をうまく進めてしまう。そのような人々は、重要な問題については、おおよそ満足のいく行動をたった今進めることの方が、もっとあとにより完璧な行動をとるよりもましだということを知っているようだ。パットン、シーザー、ナポレオンらは、兵站線が出来上がる前に進軍することで有名だった。ナポレオンいわく、「私はまず、行動にでてから、何をするかを知る」と。こうした傾向を企業の行動に即して考えたとしたら、こんな助言になるだろう。ある程度の準備ができたら前進せよ、ということだ。完璧な準備——百パーセント——を整えようなどと望んではいけない。それを待っていたら、機会はすでに去ってしまうだろう。巨大企業はこうした考えに重きをおいており、競争で大きな勝利を獲得する。たとえば、本書の処方箋4では、マーケットにのんびりと参入して大掛かりなマーケティング・テストを繰り返している巨大なプロクター&ギャンブル(P&G)に対して、戦いを挑むのはキンバリー・クラーク一社だけではない、という状況を説明している。P&Gが自社の製品が十分に満足のいくものかどうかを調べている間に、他の会社がどっとなだれこんでおり、やがて他社の製品がP&Gの半分の時間でマーケットに行きわたり、大きな利益を奪っていくだろう。

任務を果たすことによって、局面の活動が活発になってくる。そこから新たな活動が生まれてくるのである。味方の戦力をよく見極めることである。人々が困惑し、不活発になって停滞していたら、それは参加の意識が希薄になり、曖昧になっているせいだ。

❖リーダーの決定力

羊のままで百年を生きるより、ライオンとして一日を生きた方がよい。

——イタリアのことわざ

弱体化した、あるいは、消極的なリーダーは、やがて決断力の減退を招き、最後には敗北をもたらす。強力で確固たるリーダーはその逆である。それこそ戦いにおけるリーダーの基本的な教えなのだ。

マケドニア王フィリッポスは言っている。「ライオンに率いられた鹿の軍隊の方が、鹿に率いられたライオンの軍隊よりも脅威だ」と。その信念にしたがって、彼は息子を育てた——それがアレキサンダー大王である。カルタゴの将軍のハミルカルは三人の息子、ハンニバル、ハスドルバル、マゴを三頭のライオンの子のように特別に訓練して、ローマ人を食い殺させた、と自慢した。

ライオンである必要はない。ブルドッグでも十分だ。ユリシーズ・S・グラントの半生はみじめな失敗続きだった。母親ですら、彼を「役立たずのグラント」と呼んだほどだ。あれこれと職を変えたあげく、彼はついに戦争に天職を見い出した。グラントのリーダーシップのスタイルは見せかけではなかった。アブラハム・リンカーンはこう評している。「彼の偉大なところは、目的をあくまでも冷静に追求することだ。簡単に興奮することなく、ブルドッグのようなしつこさももっている。一度咬みついたら何があっても決して放さない」と。

われわれは毛沢東の政治的な見解を必ずしも文字通り受け取る必要はない。しかし、彼が卓越した将軍であり、指導者だと認めるにやぶさかではない。毛沢東によれば、「歴史上、完全無欠な将軍などない」という。そして、指導者が犯しやすい五つの過ちをあげている。それらはみなビジネス戦争にもあてはまり、すべて優柔不断なリーダーシップから生まれるものなのだ。それは次のような内容である。

(1)「断片的な援軍」—戦いを軽く見た結果である。
(2)「主な攻撃目標の喪失」—集中力のなさ、すなわち、焦点ぼけである。
(3)「兵力の戦略的な協同関係が欠けている」。
(4)「戦略的な機会をつかみ損ねる」。
(5)「有利な状況を十分に利用できない」。

❖大胆さ

「安全第一」は戦争においては破滅への道である。

——ウィンストン・チャーチル

シャーマン将軍は〈大胆さ〉を定義して、「ある冒険に予期される危険を察知し、それを進んで引き受けようとする精神」だと言っている。「ためらいと妥協は戦いに敗北をもたらす」とナポレオンは言う。マキャベリは君主に対して、「用心深いよりは血気にはやっていた方がよい」と助言し、ドワイト・D・アイゼンハワー元帥は市民生活に戻った後も、「危険のなかで暮らす」ことの価値を説き続けた。

戦争を勝ち抜くのに二つの基本的なスタイルがあることは明らかだ。一つは、ゆっくりとした規則正しいスタイルである。もう一つは大胆なやり方だ。歴史の秤はどうやら後者に有利なように傾いている。二つの会社の社長が同じ提案を検討していたとする。一人はこう尋ねる。「コストはどれくらいかかる？」もう一人は「どれだけ利益が上がるかね？」と聞く。軍事技術の偉大な天才はたいていあとの質問をするものだ。

アウステルリッツの会戦（一八〇五年）でナポレオンが見せた陽動的な作戦と行動は、彼の偉業のなかでもとくに抜きんでており、しばしばナポレオンの最大の勝利とみなされている。戦況がかんばしくない――敵の領域に深く入り込んで、味方の情報ラインが脅かされ、かつての敗北に復讐を誓う強力なオーストリア・ロシア連合軍と対峙している――ことを知った時、ナポレオンがとった行動はまさに目覚ましく、大胆不敵だった。最も安全な策をとって退却する代わりに、彼は裏をかいて敵の戦力の一番強い地点、すなわち、オルムッツの隊を攻撃して勝利を収めたのだ。巧妙な作戦を用いて、本当の計画から敵の目をそらせたのである。

大胆さは勝利に備えてとっておくものではない。ナポレオンによれば、とくに事態がうまくいかない時にこそ大胆さが役に立つ、という。『軍事語録』でナポレオンはこう言っている。並みの将軍だったら、より優勢な敵軍に奇襲されて形勢不利になった時、「安全策をとって退却する」はずだ。だが、偉大な将軍は「最大の決断力を発揮して、敵と遭遇するまで進軍するだろう。そのような動きによって、敵の目をくらますのだ。そして、敵方の進軍が優柔不断であることがわかれば、有能な将軍には相手の不決断の瞬間がまたとない好機となり、まだ勝てる見込みはあるということになる……」と。

製薬メーカーであるアボット・ラボラトリー社にとって幸いだったのは、同社のＣＥＯが普通以上に有能な将軍の素質をもっていたことだ。苦境にあって一層、大胆さを発揮したのだ。ロバート・A・ショールホーンの率いるこのメーカーの売上高は三十四億程度だが、競合相手に対してははっきりと差をつけている。一九七五年から一九八五年までの期間、同社は株主に平均百十二パーセントの利益還元を行なったが、これは製薬会社十八社のうちトップの成績である。その収益率は二桁の成長率を示す一方で、同業他社は生き延びるだけで汲々としている。アボットの成功の鍵は診断の分野に戦略を集中させたことである。一九七三年にショールホーンが同社に参画して以来、こうした方針をとったのだ。当初、診断の分野でほとんどマーケット・シェアをもっていないに等しかったアボットだが、最近では世界のリーダーになっている。五十億ドル産業の製薬業界のなかで、アボットの売上げは第二位の会社の約百五十パーセントに達している。

一九七三年、ショールホーンは診断の分野における年間成長率が十五から二十パーセントになるだろう、と楽天的な予測をした。だが、一九七六年と一九七八年という二度の大きな不況に見舞われると投資を切り詰めて損害を最小に押さえようという風潮が大勢を占めるようになった。「そんな時、ボブはすばやく立場を決め、踏みとどまった」と、競合相手たちは言う。「心に大きな確信をもっていたのだ」と。売上げが落ちている時に、研究開発費を削減する——ごく普通の経営者ならそうするところだが——代わりに、ショールホーンはより多くの金を投じたのだ。ナポレオンは、部下の将軍たちに賭博師的な資質を多少はもっていてほしいと望んだ。ショールホーンにはその資質があった。

ショールホーンとアボットは、エイズ用血液検査の開発という激しい競争でも、賭博師の資質を有効に使って勝利を得た。アボットがその研究を始めた時、競争相手はまる三ヶ月も先行していた。それなのに、八ヶ月後、そのテストを市場に最初に送り込むことに成功したのはアボットだった。そのプロジェクトに関わった三十人のチームはこんな指示を与えられていたのだ。「障害はすべて排除せよ!」と。

チャンセラービルの戦い（一八六三年）で、ロバート・E・リー将軍の指揮する南軍がストーンウォール・ジャクソン（歴史上、屈指の戦闘部隊に数えられる）の支援を受けて、〝ファイティング・ジョー〟こと、ジョセフ・フッカー陸軍少将の指揮する北軍を破ったのは、数においてまさっていたからではない。数は、南軍の六千に対して、北軍は二万と圧倒的に多かった。決定的なファクターは、まさに大胆な攻撃を仕掛けようとするリー将軍の意思のみであった。リー将軍は、ジャクソンに敵の正面から戦いを挑むように命じた。一方のフッカーは自信過剰と優柔不断の泥沼に足をとられてしまった。フッカーは決断力に欠けていたばかりではない。リーダーとして最も強力な武器を失っていた――部下の信頼を失い、心が離れていたのだ。フッカーは部下から少しも尊敬されていなかった。傲慢だし、酒や女に溺れていると思われていた。指揮官に対する反感を示すように、兵隊たちは軍隊の後を追ってくる売春婦の一団を「フッカーズ」と名づけ、それが通称になった。

ここで当然、ビジネス戦争において勝利をもたらす「大胆さ」とは何か、という問題が出てくるだろう。リージョン社は、競合相手が発展せず、あるいは、完全に姿を消したなかで、小さな会社から多角経営の大企業に成長した一例である。勝利者はリスクを進んで負い、敗北者はリスクを負うのを恐れるというパターンは変わらない。テキサス・インスツルメンツ社は、会社の草創期には勇気と大胆さで明らかに競争上、優位に立っていた。規模は小さかったにもかかわらず、半導体業界でRCA、ベル研究所、GEといった巨人たちと張り合うことができた。それというのも、同社は製品をすばやく実験室から出して市場に送り込んだからだ――打って出て、何かをしようとしたのだ。それと同じような大胆さを発揮して規模を拡大した会社のもう一つの例はクローズタイム社である。これは急成長の婦人服小売業だ。この会社は、デパートが若者向けの服からキャリアウーマン向けの服に方向転換をはじめた時格好のチャンスをつかんだ。クローズタイム社は機を逃さずに動いたので、ある時など、一日に二十一の小売店を開店して会社の規模を十パーセントも拡大したほどである。

シャーマンは、「大きなリスクを犯さずに、大きな成功を勝ち取ることはできない」と言った。商業用不動産の開発業者であるトランメル・クロウは、企業家としての経歴を通して、シャーマンの言葉が真実であることを証明する。クロウは小さな事業からスタートし、大きなリスクを犯してきたが、いまではアメリカ最大の不動産王になり、彼の所有するオフィス・ビル、倉庫、アパート、ホテル、モーテル、ショッピング・センターは全国に及んでいる。つい最近、トランメル・クロウ社はアメリカの優良企業十社のなかに数えられた。

R・ジョゼフ・モンセンが『ビジネス・ホライゾン』誌で説明している調査によれば、同じ業界でもオーナーが指揮にあたる会社と、経営専門の人間が指揮にあたる会社では、経営方針と行動に違いが見られる、という。オーナーが経営にあたる会社では、投資の還元率が高い。オーナーが指揮する会社の効率がより高い理由の一つは、「動機の問題」であろう、と考えられている。オーナーの方がたんなる経営者よりも金銭上の動機が強く、そのためにはあえてリスクも犯すというわけだ。

目標を達成した経営者に報償を与えるという経営方針をとる会社は、経営者がリスクを犯せるような状況をつくる。だが、目標に達しなかったことで経営者を罰する会社は、安全第一という考えを蔓延させる。戦士であれ、経営者であれ、何よりも自己保身を尊ぶ人間はチャンスを前にして迷いを見せるものだ。多くの会社では、一つの失敗が失職や降格といった結果につながる。当然のことながら、それらの会社の経営者は自分の身を守るため、一連の決定の最後になって、リスクも少ない代わりに報いも小さいという方向に傾きがちになる。少なくとも多少は危険な生き方をすることが大事だ、と経営陣に語っている社長の一人が、クェーカー・オーツ社のウィリアムズ・スミスバーグである。スミスバーグは、広告関連のアカウント・エグゼクティブをしていた間にマーケティングの技術を学んだ。停滞していたインスタント・シリアル業界にてこ入れすべく、クェーカー・オーツに雇われたスミスバーグは大胆なマーケティング戦略を実行していちはやく名をあげた。今、クェーカー・オーツの会長になったスミスバーグは、全社により大胆な態度をもたせようと働きかけている。クェーカーの社長、フランク・モーガンはこう語っている。「会長が会社にもたらしたのは、正当な理由に応じてリスクを負うという考えだ。社員が仕事に対して責任を負うこと、そして、積極的な態度でチャンスをつかむことを望んでいるのだ」と。

「年齢」は一つの要因だろうか？「大胆さ」は若さの賜物であり、経営者や兵士や会社が年齢を重ねると失われてしまうものなのだろうか？　草創期にあれほど大胆だったテキサス・インスツルメンツは年とともに大胆さを失ってきている。その変化はマーケットの減少と歩みをともにしている。随分前、ジレット社の創始者である、キング・C・ジレットは大きなチャンスをつかんだ。助言者の言葉に耳をかさず、かみそりに代えてかみそりの刃を大々的に販売することにしたのである。今日の多くの論評者によれば、ジレットはリスクを負いたがらなくなったため、それ以上に成功していない、という。フリードリッヒ大王は老いるにつれて戦いの意欲を失った。アメリカの自動車製造業はあまりにも用心深くなっていて、日本が新しい小型車のデザインをもって乗りこんできた時、それに対応できるメーカーがないほどだった。

マキャベリの言葉によれば、君主は若い指揮官を選ぶべきだ、という。若者はそれほど用心深くないし、力強く、大胆だからだ。ナポレオン傘下の元帥たちは驚くほど若かった。四十を越えていたのはわずか二人である。ナポレオンは、戦闘では若い大佐ほど大胆になり、経験のある年上の将軍ほど安全な道を選ぶ、と信じていたのだ。はっきりとこう言いきる人もいる。「ナポレオンがワーテルローの戦いでもっと若い大佐を使っていたら、おそらく勝っていただろう」と。アレキサンダー大王は十八歳ですでに大変有能な軍事指揮官だった。二年後、彼は王の座についた。今で言えば、普通の銀行の若手幹部になるくらいの二十六歳という年齢で、アレキサンダーは西洋文明にもかつてなかったほど強大な帝国を築いたのである。さらに、三十歳の時（銀行だったら日本流で言えば部長といったところだ）、彼は当時知られていた限りの全世界を手中に収めた。ほとんどそのままで――武器、戦略や戦術、リーダーシップなど何も変えないまま――アレキサンダーはおそらく、銃器が戦争を支配するようになるまでの千八百年間、地球上のいかなる軍隊をも蹴散らすことができただろう。

成熟すると大胆さを減じることはできるが、必ずしもそうする必要はない。場合によるのだ。バイタリティを失わないベテラン――会社であれ、経営者であれ――がいることは周知のことである。ナポレオンはテュレーヌ（一六一一―一六七五年）を「フランスで最も偉大な将軍」と評している。「年とともに大胆になっていった」唯一の人間、と。テュレーヌは最初はごく平凡な指揮官だったが、勝利と敗北の要因を熱心に学び、自分なりの戦闘のスタイル――綿密な準備と大胆ですばやい作戦――を慎重に組み立てていくことによって、偉大な指揮官になった。テュレーヌと対戦する時はたった一つのミスが危険につながるから注意せよという評判が敵陣に広まったほどだ。自力で叩きあげたこの人物のキャリアは興味深い。それはまるで、平均的な社員が独学して有能、かつ、大胆なエグゼクティブになり、やがて社長になる、といったどんな会社にもよくある出世話に似通っている。

❖思慮深さ

名将は勝利への道を知っているだけではない。どんな時に勝てないかも知っている。

――ポリュビウス、紀元前一二五年

さすがのナポレオンも、リーダーを破滅させる病に冒された――自惚れである。敵を凡庸で劣ったものとあなどり、自分自身を無敵と信じて、大軍を指揮するにふさわしい将軍は世界で自分ただ一人だと思ってしまったのだ。そして、重大な判断ミスを犯し、ウェリントンを他の者と変わらない慎重すぎる将軍の一人だと思ってしまった。そして、ワーテルローの戦いでウェリントンに敗北を喫するのである。ウェリントンが慎重になるのは状況が要求する時のみだということ、そして、優勢になるウェリントンは荒々しい稲妻のように攻撃をしかけることを知らず、ナポレオンは自分にとって乗り越えられない障害などない、という誤った確信を抱いた。その結果、愚かにも彼は大した意味のない行動を採ってしまった。自惚れに溺れさえしなければ、ナポレオンは死が待ち受けているロシアの地に進軍するようなことはなかっただろう。

ナポレオンの軍事顧問だったアントワーヌ・アンリ・ド・ジョミニは、こう書いている。「ナポレオンの勝利が教えるのは、行動と大胆さと技術によって何がなされるかである。その悲運は、思慮深さが欠けた時に何が起こるかを教えている」と。ビジネス戦争においても、同じような自信過剰はあちこちで見られる。

ミシガン州立大学の経営管理学教授、ユージン・エマーソン・ジェニングズ博士は、企業のエグゼクティブにとっての成功する資質と失敗する資質について研究した。その研究によると、「失敗しがちな」エグゼクティブには、目立った特徴が二つある、という。一つは悪い運命から「免れるという幻想」であり、もう一つは人生の出来事を「知りつくしているという幻想」である。予期せぬ打撃を受けると、失敗しがちなエグゼクティブは普段、幻想の世界に住んでいるため、現実のショックに触れてバランスを崩してしまうようだ。すべからく成功するエグゼクティブは自分を欺かない。事態が思惑に外れて進むことも事前に予測しており、それに対応できる。偉大な指揮官はほとんど例外なしに、期待外れを計算に入れ、自分自身にも部下たちにも心の準備をさせておく。失敗しがちなエグゼクティブとはそこが違うのだ。カンネーの会戦では、ハンニバル軍の中心が突破された。凡庸な人間にとっては致命傷ともなることだが、ハンニバルとその軍隊はびくともしなかった。戦闘の前に、ハンニバルは兵隊たちに自分の作戦を説明し、中心が突破されるかもしれないが、それも作戦の一部なのだから心配することはないと言っておいたのだ。

『ミスマーケティング――マーケティング失敗のケース・スタディ』の著者である、トマス・L・バーグによると、予想外の事態に直面した時に楽観主義に頼りすぎることはマーケティングの成功にとって大きな敵だ、という。「行きすぎた楽観主義は、失敗を恐れる気持ちが薄れたところから生まれる。それは虚しく非現実的な空威張りであり、マーケティングの世界をバラ色のガラスを通して眺めるようなものだ」。

大胆さは確率のギリギリの範囲内で止まる――あるいは、止めておくべきだ。孫子曰く、「いつ戦い、いつ戦うべきでないかを知っている者が勝つ」と。さらに、ポリュビウスはその著作『歴史』のなかでこう書いている。「名将は勝利への道を知っているだけではない。どんな時に勝てないかも知っている」と。一番よいリスクは計算されたリスクである。ビジネス戦争の天才は大胆であるかどうかにかかわらず、とるべきでない道を知っており、攻撃すべきでない会社や争うべきでないマーケットを知っている。クラウゼヴィッツもこう述べている。「すぐれた知性に率いられた大胆さは英雄の証である。この大胆さには物事の法則にあえて真っ向から対立するような行為は含まれないし、確率の法則を無視するようなことはない……」と。

成功の動機づけという意味で高水準にある人々を対象に大々的な調査をしたことがある。これらの人々は何かを達成したいと強く望んでおり、何かをしたいと思っている。全体に、彼らは他の人よりも金をたくさん稼ぎたいと考え、仮に失業しているとしても、人より早く仕事を見つけ、仕事についた場合でも、人よりも早く出世する傾向がある。国民のなかにそのような人がたくさんいる国は、その数が少ない国よりもＧＮＰが高いということになる。ヘレナ・ルビンシュタイン社の社長兼ＣＥＯであると同時にコルゲートパーモリーブ社の役員でもある、ピーター・エンジェルが言うには、すべての企業が重視すべきことは、成功の動機づけに恵まれた人々を雇って育てることだ、という。困難な仕事を成し遂げたそれらの非凡な人々がきっと大きなリスクを負ったに違いないと人は考えがちだが、そんなことはない。だいたいにおいて、彼らが選ぶ目標は克服できる見込みがあるものだ。ざっと五分五分か、少なくとも三分くらいは達成の見込みがなければならない。彼らはチャンスをつかまえるが、それはクラウゼヴィッツが言うような、確率の法則を無視するようなチャンスではない。ここには、思慮深さに関する戦争の真実が二つ見られる。

・優勢に立ったら前進せよ。優勢でなかったら、その位置に止まるべし。
・深刻な苦境から脱出するために、また、競争に方を付けなければ自らの破滅を招くという場合には、戦うことをためらってはいけない。戦略の基本は常識である。そして、常識は自分の生命を守るために戦え、と教えている。

❖キャラクター（個性）

人は「キャラクター（個性）」をもっていなければいけない。それは、自分の望むものがわかっていて、それを得るための決断力と勇気をもっていることだ。

——サー・A・P・ウェーベル

ギリシアの哲学者ヘラクレイトス曰く、「人間の個性は、彼の運命である」と。その言葉はこうも言いかえられる。「企業リーダーの個性は、その会社、ないし、組織の運命である」。ビジネス戦争で、卑劣漢や卑怯者に最後まで信頼を寄せられるだろうか。戦争は有能なリーダーについて、次のような教訓を与えてくれる。

偉大なリーダーはきわめて独立心にとんでいる。競争する企業のリーダーには共通した、ある資質が見られる——たとえば、競争の意欲やリーダーの決断力である。だが、これらの資質ははっきりと比較できるようなものではない。ブレンハイムの戦い（一七〇四年）でフランスを破り、その不敗神話を打ち破ったマールボロ公爵（一六五〇—一七二二年）は、落ち着いた温和な性格で部下に愛された。シャーマンも同じく名将だった。しかし、彼は身近にいたほとんどすべての人から、不思議の国のアリスに出てくる「帽子屋」みたいに頭がおかしいと思われ、ぼうっとしている、と言われていた。それでも、いったん戦場にでると特異な性格が消えてしまうように見えた。将軍の頭は明晰になり、鋭くなるのだった。ゼネラル・モーターズのアルフレッド・P・スローンは、「組織人」の典型だと言われてきた。だが、皮肉なことに、個人的な世界では彼はほとんど友人もいない孤独な人間なのである。

経営者としての才能について調べたエドウィン・Ｅ・ジセリの研究によると、一般に企業における経営態度できわだった独自性を発揮する人ほど、最良の経営者だ、という。リー・アイアコッカは国民的な英雄だ。彼は大衆の目にさらされるのを楽しんでいる。一方、ベンディックス・コーポレーションの売上げをわずか五年で二倍に増やして三十億ドルを達成した男――Ｗ・マイケル・ブルメンソール――はまるで正反対だ。彼は目立つことを嫌って、黙々と働いて現在の会社、バロウズを築いたが、その会社はＩＢＭにも匹敵する競争力の基盤をもっている。一九八六年、バロウズがスペリー社を四十八億ドルで買い取ってユニシス社を結成した際に機動力となり、このユニシス社をアメリカのコンピュータ企業のなかでＩＢＭにつぐ第二位の地位に押し上げたのもブルメンソールである。ウィリアム・Ｆ・ファーレーは二万五千ドルの借金を元手に商売をはじめてからまる九年という短期間で、十四億ドル規模のコングロマリット、ノースウエスト・インダストリーズを手中に収めることになった。ビジネスの歴史の上でも最大のてこ入れに数えられるだろう。闘志にあふれたファーリーは常軌を逸したところが一切なく、それでもきわめて独自な個性をもっている。フィットネスの信奉者である彼は、経営会議の前に、まず一時間のエアロビクスをする。そして、経営陣には歌を歌わせてファイトを起こさせるのだ。

まさに同じ業種を経営する場合ですら、二つの会社のリーダーが対極的な個性を見せることがある。たとえば、アメリカでもその顔と名前がとくに有名なチャールズ・シュワブは、外向的で派手好きだ。彼が率いる割引仲買業のシュワブ社は、サンフランシスコに新しくそびえたつ、すばらしいスカイスクレーパー、チャールズ・シュワブ・ビルディングのなかにある。何もかも超一流なのだ。その一方で、シュワブの最大の競争相手であるクイック＆グループ・インコーポレーテッドを率いるのは、レスリー・Ｃ・クイック・ジュニアだ。彼の名前を知っている人はほとんどいないが、それでも最近の、『ビジネス・ウィーク』誌によれば、クイックは「おそらくウォール・ストリートで一番金持ちのＣＥＯ」

だという。十二億ドルの価値がある会社を経営しているにもかかわらず、クイックは非常にコストを気にする。クイックの「世界本部」は十五人からなるが、その全員のオフィスには中古の家具が据え付けられており、クイック自身も中古家具しか買わない、という。

同じ企業ですら、まったく対照的な個性をもったリーダーのもとで動くことがある。コントロール・データ社のCEOである、ロバート・M・プライスは数学を専攻した人物であり、数に信頼をおいていた。だが、彼の前任者で二十四年間も社長の座にあったウィリアム・C・ノリスは直観を信じていた。AT&Tでは、会長が代わる時には前任者とまったく対照的な人物が選ばれることになっているそうである。

キャラクター（個性）に関する戦争の真理を、他にいくつかあげておく。

・主なリーダーが目標として掲げる計画が間違っていて、敗北につながるものなら、その計画には反対すべきである。
・優秀なリーダーは自分自身を客観的に見る。自らの限界を理解するだけの性格の強さをもっている。
・弱い者いじめとサディストは部下の気持ちを腐らせる。
・スケープゴートは、弱体化して決断力の鈍ったリーダーシップの前兆である。砂漠の狐、エルウィン・ロンメルはこう言っている。考えられるすべてのミスに見せしめの処罰が必要だとしたら、「その多くは最高指揮官に何らかの間違いがある証拠だ。そんなことでは下級指揮官の決断力が殺されてしまう」と。
・一時期の不都合な事態を避けると、長期にわたってその代償を支払わなければならない。その場に耐える強さをもった方がよい。

・キャラクター（個性）の優劣は、その人間が重大な決定を下すたびにあらわになる。
・人のキャラクター（個性）は信念の強さによって測られる。
・ビジネス戦争に深く関われば関わるほど、疑念は一層、強まり、自己不信に陥って、作戦を変えたいと、いう誘惑に駆られるだろう。
・恐怖に直面した時にも勇気をもっていられるということは、優秀なリーダーのキャラクター（個性）として欠かせない要素である。マイケル・マコビーは経営者とエンジニアの感情的な問題点を取り上げた研究のなかで、こんな発見をしている。面接した人の半数は不安を感じていると言い、およそ三分の一は「わけのわからない恐怖」が問題だ、と語っている。態度が悪い、売上げが伸びない、締切に間に合わない、失敗する、みっともないことをする、解雇される、うろたえてしまう――これらを恐れる気持ちは、ビジネスの上で経験する恐怖の一例にすぎない。クラウゼヴィッツは勇気を二種類に分類している。（1）肉体的な勇気――自分自身、その地位、あるいは、キャリアが脅かされた時。（2）精神的な勇気――自らの責任に敢然と立ち向かう勇気。この両方の勇気があるなら、「完全な」勇気の持ち主だ、とクラウゼヴィッツは言う。
・上司がキャラクター（個性）の強さを示すと、部下にも強さが生まれる。会社が苦境にある時にはなおさらである。ＩＢＭの若手エグゼクティブがリスクを冒してそれが悪く働き、会社に一千万ドルの損害を負わせた時、ＩＢＭ会長のトム・ワトソン・シニアはその男を自分のオフィスに呼んだ。若い男は、「当然、辞職をお望みでしょうね」と言った。すると、ワトソンは言った。「そう深刻にならなくてもいいよ。きみの教育費に一千万ドルかけたってわけだ！」と。
・途中でプレッシャーから逃げだす経営者やエグゼクティブは、最後までプレッシャーをもちこたえるだけのキャラクター（個性）をもった人々と同等の立場にたつことはできない。後者のタイプの軍人で典型的なのは、ユリシーズ・S・グラントである。グラント・タイプの経営者は――事態がどんなに悪化しようとおかまいなく――あくまでもその場に止まり、戦い続ける。

・男であれ、女であれ、すぐれたキャラクター（個性）をもった人間は、事態が思わぬ方向に展開した批判を受け入れる心構えができている。部下たち――少なくとも正直な男女――に正直な気持ちを聞かせてほしいと思わないようなエグゼクティブはとても見込みがない。

・部下に対して、個人的に誠実、かつ、信頼をもって公正に接することは、正しいリーダーシップにとって不可欠の要素である。人の信念を誠実さが支えるのは正しいことだ。また、自分がこれこれの仕事をするつもりだと信頼性をアピールするのは必要なことだ。公正に接すること、すなわち、賞罰の扱いを片寄らせず、公平にすること。マキャベリは書いている。「君主は、自分が勲功を好むことをはっきり示すべし」と。

❖危機の瞬間における偉大さ

彼が何にもまして偉大だったのは危機の瞬間である。

――ナポレオン、「フリードリッヒ大王」について

大衆とリーダーとが異なるのは、重大な問題に選択を迫られる決定的な瞬間に、「勝利の雲をたなびかせて」あらわれるその才能である。孫子曰く「肝心な瞬間において、軍の指揮官がとる行動は、いわば高い場所に登ってから、かかっていた梯子を蹴倒すようなものである」と。

リーダーシップを高める確かな道は、大きな苦境を乗り切ることだ。リー・アイアコッカのクライス

ラー再建に見られるように、世間の評判だけにかかずらわっていては、大きな問題を抱えこむか、乗り越えがたい危機を招くしかないだろう。マキャベリによれば、運命の女神は新しい君主を偉大な存在にしようと思う時はいつも、彼に対抗する敵を呼び起こし、その軍勢と戦わせる、という。敵の軍勢を撃ち破ることによって、君主は偉大な存在へと成長するのだ。

ジェームズ・マグレガー・バーンズは、ピューリッツァー賞を得た『リーダーシップ』という著作のなかでも同じ立場に立っている。彼はさまざまなタイプのリーダーについて書いたが、そのなかには「英雄的な」リーダーも含まれている。それらのリーダーが信頼される基盤になっているのは彼らの能力や実績や信条ではなく、「ひたすら人間性だけ」なのだ。彼らが〝彼らであるがゆえ〟に信頼されるのだ。さらにバーンズによると、「英雄的なリーダー」は、たんに人気があるだけのリーダーに比べると、一般に大きな危機に見舞われた時に登場することが多い、という。マキャベリの助言によれば、賢明な君主は、敵がもはやいなくなった場合、敵をつくりだすことも考えるべきだ、という——敵をつくり、敵に打ち勝ち、それによって偉大になるのだ。

カスター将軍は危機の瞬間をもちこたえられなかった。リトル・ビッグ・ホーンにも危機の一瞬があり、そして、その一瞬に敗北した。よくあることだ。南軍にさんざん痛めつけられながら、肝心な時に馬に逃げられ、リンカーン大統領の勝利のパレードに参加できなかった、という男もいる。

会社や組織を運営している時に、危機的な瞬間は必ず訪れる。とくに前任の経営者がスタッフに評判がよかったとなれば必定だ。一七九二年八月、フランスの将軍シャルル・デュムーリエはまさにそんな立場にあった。着任するとすぐに、デュムーリエは自分が指揮することになった軍隊を呼び集めた。普通なら歓迎の声があがるところ、彼を迎えたのは不満そうな一団だった。列のなかから一人の兵隊が叫んだ。「あいつが宣戦布告をした奴か？」と。

デュムーリエは怒鳴り返した。「戦わずに自由が勝ち取れると思っているのか?」と。すると、別の兵隊が叫んだ。「ひっこめ!」と。デュムーリエは剣を抜き、戦いを挑んだ。その男が尻ごみしたのを見て、将軍は自分の型破りな自己紹介が部下を圧倒したと思った。兵隊たちは彼を尊敬し、信頼した。

企業のリーダーのなかにも、重要なことを強調するために、デュムーリエのようなドラマティックなやり方をする人がいる。たとえば、一九八五年六月のある朝早く、テキサス・インスツルメンツの社長兼CEOのジェリー・ジュンキンスは嵐の真っ只中、自社の工場を訪ねて社用飛行機から降り立った。テキサス・インスツルメンツが困難を乗りきって生き延びるということを身をもって示したのである。

オーガスト・ブッシュ三世(セントルイスでは「リトル・オージー」と呼ばれている)は、父の跡を継いで一九七〇年代半ばにアンハウザー・ブッシュ社の社長になったが、会社は非常に危機的な状況を迎えつつあった。「迎えつつあった」という言い方をしたのは、彼が偉大なリーダーになって放漫経営をきちんと立て直し、酒造業界でも次第に力のある地位を築いていったにもかかわらず、ブッシュの背景には将来の大物を思わせるようなところがほとんど見られなかったからだ。『ビジネス・ウィーク』誌の記事によれば、若い頃の彼は「定見のないプレイボーイだった」と。平凡な若者から偉大なリーダーに突然変身するなどというのは、普通ならまったく考えられないことだ。デービッド・ドーキンの場合、ニーマン・マーカス社の社長になるずっと前に、ある種の宗教的な啓示を受けて自分は偉くなるはずだと思い込み、フロリダでトラックから降りたのである。彼は会社の指揮をとる自分の姿を心に描いていた。そして仕事を辞め、飛行機に乗ってニューヨークへ行った。これらのエピソードから示されるのは、人間を判断する時に、その人の過去だけを基準にしてはいけない、ということだ。

私が本書のこの処方箋を執筆している最中に、傾きかけて士気も減退している、ある会社の会長がたまたま電話をかけてきた。そこで、私はこう言った。「何をするにしても、危機の時こそ立派な態度をとらなければいけない。必要なことを今すぐ行動に移すんだ」と。これまで従業員の意見が一切聞き入れられなかったことを知って、彼は会社の大ホールに全従業員を集め、グループごとに、CEOに望む資質のリストを書き出させた。すると、献身、意見を聞こうとする態度、柔軟性、熱意、信頼などの項目があがった。リストが完成すると、彼はそのリストを眺めてこう言った。「みんな、わかったな！」全員が拍手と歓声で答えた、という。

しばしば新任のCEOは、大胆な目標を掲げて指揮の変化を知らせることがあるが、いつのまにか普段通りの仕事に戻ってしまうというのが通例だ。どれほど大々的に吹聴されようとも、めざすべき唯一のゴールは、労働者にとって現実的だと思えるものでなければならない。

「平衡はすぐに破られ、じわじわとバランスが崩れる」と書いたクラウゼヴィッツは、一方が優勢になるとすぐに戦争がはじまる、と指摘している。いったん優勢に立つと、たいていはそれが保たれる。「確かに、一方の側に有利な展開が起こった後でも、もう一方の立場を考えて戦いを止めるという例はある。しかし、それはめったにないことであり、一般的ではない」と、クラウゼヴィッツは言う。そんなわけで、大きな行動にでた直後はきわめて大事な一瞬になる。

もう一つ、キーポイントとなる瞬間は、競争相手と初めてぶつかった直後にくる。勝負は引き分けになるかもしれないが、普通はそうではない。たいてい一方の側が勝ち、一方が負ける。国防総省の契約を自社がとるか、あるいは、競争相手の手に落ちるか。あるいは、自社の製品がまだ設計段階なのに、競争相手の会社が同じタイプの製品を市場に出してしまうといった具合だ。勝った側は自信をもち、勝利の直後は意気揚々としているだろう。その時——まさしく勝利の瞬間に——勝った側は危機的な瞬間を迎える。戦争技術の追求に関する二次的な法則（処方箋4を参照のこと）によれば、勝利を完全なものにするためには戦いをさらに押し進め、敵により大きな損害を与えなければならない。ばかばかしいと思われるのか、それを実行する会社はめったにない。いったん手にした優位をあくまで追求する態度は、コンピュータ戦争におけるIBMの勝利を説明する一つの鍵なのだ。だが、IBMはいわば例外である。追求は往々にして、戦いを最も有利に運ぶための強力な法則となる。こうした瞬間に組織のリーダーがなすべき務めは、部下に拍車をかけてより一層前進させることである。

勝った側が意気軒昂なのにくらべて、最初の一戦で負けた側は自信を失うはずだ。どんな時でも、士気に及ぼす影響力は勝った側よりも負けた側にとってより深刻だ。スタッフは自己不信に陥る――「われわれより敵の方がすぐれていたのだろうか?」競争に負けることはしばしばリーダーの自信喪失につながる――「打ち負かされたという思いが……今や全社員の間に広がり、一兵卒までが……指導者への不信感に悩んでいる」。アルダン・デュ・ピック大佐は、戦争について独自に学んだきわめて有能な軍人である。その大佐によれば、負けた側が作戦と計画に大きな自信をもっていれば、それだけ兵士たちの幻滅も大きくなるという。できる限りの努力を払っても敵を打ち破るには十分でなかった、という思いになるからだ。

負けた直後の大事な瞬間に経営者が偉大さを見せようと思うなら、できるだけ早く従業員の落ち込んだ気分を晴らすことだ。一九七四年、エドワード・J・ノーアがCNA保険の社長兼会長兼CEOに就任した時、同社はおよそ二億ドルの赤字を計上していた。アナリストの何人かは、CNAが生き延びる可能性はゼロだ、と予測した。「愚かで、自己中心かもしれないが……」と、ノーアは言う。「私は一瞬たりとも、この状況が行き止まりだとは思わなかった……この会社をきっと何とかできると考えていた」とも。ノーアは自信をもっていたが、保険業界のインサイダーは違った。同業者が一つでも減ってほしいと願う人々は、この大手保険業者がアメリカビジネスの歴史から消えることを心から期待していた。ノーアは自分の最初の仕事はＣＮＡに自信を取り戻すことだと感じた――ＣＮＡ従業員一万二千人の自信を回復すると同時に、一般の信頼を取り戻すのだ。続く三ヶ月間、彼は四十四階のＣＮＡビルのなかをくまなく歩き回り、従業員の一人一人に自己紹介をした。

その苦難の日々以来、ノーアはＣＮＡに復活の力を与え続けた。彼はさらに後の段階になって、会社の経営状態を健全な地盤に戻した。だが、何よりも重要だったのは、危機に際して偉大なリーダーシップを示すというたった一つのことだろう。「みんな今でもあの時代を覚えている」と、彼は言う。

会社が挫折を経験した時、失われた自信を取り戻そうと思ったら、次のようなことが常に役立つ。

・敗北の根本的な原因を突き止め、できればそれらを改善する。
・従業員の能力に対する信頼の念を明確に見せる。
・従業員に状況を知らせ、会社がイニシアティブを回復する見込みについて教える。いつでも、オープンな態度で困難を率直に認める方が事実を隠そうとするよりもよい。
・会社のなかで順調にいっていることがあれば、大々的に知らしめる――たとえば、別の部門で利益があがったことなど。
・会社の各部署を一つ一つ見てまわること。
・競争相手にやられて敗北を喫した時には、アレキサンダー大王の助言が役立つだろう。「敵をあなどってはいけないが、自軍の兵に敵のことを語る時は味方に対する信頼の念を表明しながら語るべし」と。自社の従業員が敵よりもすぐれている点をさりげなくアピールすることだ。

完全に不可能でない限り、自軍の兵士の気力を回復させるには負かされた相手の敵と対戦するのが一番だ――それもできるだけ早くにだ。リー将軍はリッチモンドの会戦でグラント将軍を打ち負かした。だが、グラントは以前リーに負かされたことのある北軍の指揮官がかつてとらなかった行動に出た。これまでの指揮官はみな例外なしに遠くまで退却していたのだ。敗北を喫したその晩、グラントは自ら道端に立ち、敗退した連隊が次々と近づいてくるのに向かって右の道を行くように身振りで示した――それはリー軍の側面に戻る道だった。

事態の急速な展開はもう一つの大事な瞬間である――会社が何年間も安定した戦略で進んできたのに、突然、周囲の状況が著しく変わっていることに気づいたような時だ。ほとんどの会社は最終的には順応しようとする。しかし、そのような会社の経営者は、こうした対応をする前の段階では乱暴にボールを奪われたクォーターバックのように一瞬呆然とし、うろたえる。会社の非常ベルが鳴り響き、「どこでどう失敗したのか?」と自問する。そのような時こそ、しばらく当面の問題を頭から追い出して、競争者が耐え忍んできた辛い年月について考えてみることだ。

❖プレッシャーのなかでも悠然としていること

……危険の真っ只中にあっても冷静でいること……

――E・S・クリーシー『世界の十五大決戦』

ビジネス戦争ではさまざまな打撃がつきものだ――マーケットの変化、新製品の失敗、資金繰りの急な行き詰まりなど。モートン・チオコールの航空宇宙産業グループは、宇宙船チャレンジャーの悲惨な爆発事故に関連していたことから問題が起こり、大きな打撃をこうむった。ジョンソン&ジョンソンは、タイレノール・カプセルが有害だという論争が起きた時、その打撃を乗り切った。一九八六年にはガーバー社のベビーフードにガラスが入っているという非難があったが、一件も証明された事実はなかった。だが、そんな噂がたっただけでも、安全で高品質というガーバー社の評判は一時的にせよ、大いに傷つけられた。ガーバー社のコーポレート・コミュニケーション部長ジェームズ・ラブジョイは言う。「われわれの言い分など誰も聞こうとしない。無実が証明されるまで、わが社は有罪なのだ」と。ロンドンの錫相場が崩壊したせいで、アメリカン・エキスプレス社の一九八六年の第十四半期の純収益は四千七百万ドルまで落ちこんだ。以上にあげたようなドラマティックな例ばかりでなく、会社には日常的にもっと小さなプレッシャーがたくさんある。それが経営者一人一人に大きな犠牲を強いるのだ。ざっと見積もったところ、アメリカの会社はストレスに対して、毎年およそ一千五百億ドルを費やしている。

クラウゼヴィッツが「強い心の持ち主」と呼んでいるのは、戦闘で気持ちを奪い立たせはするが、その興奮のなかでも平静を保って知覚や判断を曇らせない者であり、それは「まるで嵐に翻弄される船の羅針盤の針のようだ」と言っている。偉大なリーダーはこうした精神的な強さをもっているものであり、それによって平然と、かつ、優雅に戦いの打撃を乗り越えられるのだ。最も困難な時期にあたっても、フランクリン・D・ルーズベルトは軽いいらだち程度しか見せなかった。ゼネラル・モーターズの会長、ロジャー・スミスは、自動車業界でアルフレッド・スローン以来最も革新的な人物だ、と言われている。GM再建のために経営を刷新し、業務を多角的に広げようと懸命になって奔走しながらも、スミスは相変わらず、「快活で、仕事を心から楽しんでいる」ように見える。

ウェリントン公爵は戦ったすべての戦争に勝利を収めた。公爵に勝利をもたらしたのは、その綿密な計画や大胆な行動にもまして、彼ならではの「個性」だった――とりわけ、非常なプレッシャーのもとでの静かな勇気、決断力、冷静さである。一八一二年七月、スペインはサラマンカの会戦で、ウェリントン（一七六九―一八五二年）の指揮する五万二千のイギリス軍は五万七千のフランス軍に対峙した。フランス軍の指揮官マルモンはイギリス第三師団が進軍して立てる土埃に気づき、ウェリントンがそちらの方向に動こうとしているのだと考えて、フランスの主要師団を左に移動させた。どういうわけか、フランス軍の二つの師団のリーダーはうろたえてしまい、風向きのことなど考えずに兵隊を大急ぎで移動させた。

フランス軍が自軍の側面を突っ切って動いているという報告を受けた時、ウェリントンは昼食の真っ最中だった。彼はすぐに望遠鏡をとってすばやく観察した後、まだ口に食物をいっぱい入れたまま叫んだ。「やった！　奴らは動くぞ！」と。それから、彼は馬に跳び乗って、駆け足で第三師団に追いつき、まっすぐ義弟のパケナムのところへ行った。「ネッド、このまま第三師団と一緒に行ってくれ。あの高所に布陣して、現れるものは残らず蹴散らせ」と。次に将軍はまた馬に跳び乗り、戦線の中央に戻った。それまでの戦歴のなかでも危険な瞬間だった有名な「四十分」の間ずっと、ウェリントンは銃弾の飛び交う戦場を駆けまわって、師団から師団へと命令を伝えていった。一時間もたたないうち――四十分間――に、フランス軍の左翼は完全に敗走し、指揮官も死んだ。

奇妙なことだが、どの時代でも偉大な将軍同士が戦場で対峙することはめったにない。だから、サラマンカ会戦の三年後に、ワーテルロー（一八一五年）でウェリントンとナポレオンが顔を合わせたのは注目すべきことである。ワーテルローの会戦は結果として、タフで競争心の強いペンゾイルの会長ヒュー・リトケが子供のころに玩具の兵隊を並べて再現したような戦いとなる。

ナポレオンが強力な重騎兵を繰り出してイギリス軍の中心と右翼を打ち破ろうと決意したのは、午後三時半だった。しかし、ウェリントンは歩兵に方陣をくませており、フランス軍の攻撃はイギリス軍の堅固な壁にはばまれて効果が上がらなかった。

ウェリントンは、ここぞという時に戦場を駆けまわって兵を励ました。フランス軍の猛攻を受けている隊には、こう言って聞かせた。「じつに猛烈な攻撃だな。一番長く攻撃を続けるのが誰か見てやろうじゃないか」と。すさまじい戦いを目にする位置にいて、まさに攻撃を受けようという隊にはこう言った。「しっかりしろ、イギリスでこの戦いのことが話題になるぞ」とも。イギリス軍のある部隊は長い間砲撃されたまま、じっと待機するよう命じられていた。兵隊たちは、一方的に攻撃されているのに飽きて行動を起こしたくなった。彼らが早まって行動に出ていたら、ワーテルローの戦いはウェリントンの敗北に終わっていたことだろう。ウェリントンはそこへ駆けつけ、我慢するように言った。「もうしばらく我慢しろ。そうすれば、望みどおりになる」と。兵隊たちはうなずいて、もちこたえた。

将軍たちが増援の派遣や退却の許可を求めても、ウェリントンの答えはいつも同じだった。「それはだめだ。きみは一兵を失うまで持ち場に止まらなければいけない。それで、なにもかもがうまくいくのだ」と。ウェリントンが万一倒れた時でも遂行できるよう計画の中身を教えてくれと尋ねた部下に、彼はこう答えた。「私の計画はただ最後の一兵までこの陣地を守ってほしいということだ」と。ある時、士官が彼のまわりに集まって、フランス軍の砲兵が狙い撃ちする格好の標的にされそうになった。常に冷静なウェリントンは声をかけた。「きみたち、われわれはどうやら近づきすぎたようだ――もう少し分散した方がいい」と。

やがて、フランス軍が混乱に陥ったのを見たウェリントンは、そろそろ潮時だ、と思った。愛馬コペンハーゲンに鞭うって平原のはずれまで行き、帽子をとって空中高くうち振った。これを合図に、四千のイギリス軍が陣を敷いていた小高い丘から一斉に敵陣めざして駆けおりた。敵の戦線は歪みはじめ、やがて分断された。イギリス軍のなかから大きな喚声があがり、すぐにワーテルローは歴史になったのである。

❖ 意思の力

……問題が生じたとたん……指揮官は偉大な意思の力を発揮しなければならない。

——クラウゼヴィッツ

アレキサンダー大王の偉大さには多くの理由があるが、なかでも最も重要なのは鬼神のようなその「意思の力」である。フランスの将軍、フェルディナン・フォッシュ曰く、「勝利は意思の一種だ」と。往々にして他の誰もが手を引いたという時、その事業は完全にリーダーの意思にかかっている、と言ってもよい。言わば、一か、八かの瞬間だ——リーダーにとっても、会社にとっても。かつては偉大だったが、現在では凡庸な会社になっている家電メーカーのあるマーケティング・エグゼクティブは、CEOが意思を失うことで会社に荒廃した雰囲気がはびこる、と語っている。「われわれはドンを心から信頼していた。大変力強い男だったんだ。彼が自信を失うと、われわれも自信をなくし、すべてが失われた」。

調査によれば、物質的な成功に恵まれた人々は、成功しなかった人々と比べて、必ずしも知性がまさっていたり、才能が豊かだったりしたわけではない、という。意思の属性である「忍耐強さ」は、非常に成功した人とそれほど成功しなかった人を区別する一つの要因である。往々にして、勝ちたいという意思を人より長くもちこたえている人間が勝利者になる。勝ちたいという意思をもちこたえた将軍で誰よりも有名なのは南軍のジョン・B・フッドだろう。ゲティスバーグの戦いで彼は片腕を砕かれ、チッカモーガでは片足を付け根まで失った。だが、彼は自分の身体を鞍に縛りつけるよう命じて、あくまでも隊の指揮を続けたのである。

ボーデン・ミルク社の創始者ゲイル・ボーデンが初めてビジネスを成功させたのは五十六歳の時だったが、彼はそれを「人生の下り坂になって」と称している。成功を手にする前に、強烈な意思の力をもったこの人物は次々と失敗を重ねてきたのだ。十代で測量官となったボーデンは、二十歳の頃にはインディアナ州ジェファーソン郡の測量官となっていた。やがてミシシッピで教師になったがそれも辞めて、水陸両用で旅ができるという帆のついた幌馬車を考案した。処女航海でこの珍発明はあっさり転覆し、買う気になって水陸両用車に乗りこんでいた大勢の人々とをメキシコ湾に投げ出してしまった。次に、彼は食卓用回転皿を発明したが、妻ですら実用にならない、と言った。失敗と挫折が続き、テキサスで新聞売りをした後は、ガルベストン港で税関吏の職についた。発明に戻った彼は利用価値の高い乾燥肉のビスケットを考案したが、それを売ってくれる場所はなかった。こうして、またしても挫折したわけだが、それでもこの製品は一八五一年のロンドン博覧会で金メダルを獲得した。

生涯を変えるような出来事を目撃したのは、博覧会から帰る船のなかだった。船倉では大勢の移民の子が泣き叫んでいた。数日のうちに、船のなかで病気になった牛の病原菌に犯されたミルクを飲んだ子供四人が死んだ。その死に深く心を動かされたボーデンは、船の上でも安全に飲めるミルクを発明しようと誓ったのである。そして、「コンデンス・ミルク」の実験に二年を費やし、特許権をめぐる数々の争いをへて、ようやく製品化の権利を勝ち取ったのだ。彼は工場を開設したが、今回もその製品を受け入れるマーケットがなく、やむなく閉鎖せざるを得なかった。

その後、たまたま汽車に乗っていた時、ボーデンはニューヨークのある銀行家と言葉を交わしたが、この銀行家が彼の最新の事業になんと十万ドルの資金援助をしようと申し出た。数年後にこの銀行家が死んだ時、最初に投資した金は八〇倍にまでふくれあがっていた。一八七三年にボーデンが死んだ時、その会社はアメリカで最大手のコンデンス・ミルク会社に成長しており、世界中に販路を開いていた。墓石の銘文に彼はこう刻んでいる。「私は試みて失敗した。何度も試みを重ねて、ついに成功した」と。

人間にとって、なすべきことをすぐに実行するより、後回しにする方がずっと楽だ。何もしない方が何かするより楽だし、手をこまねいて事態を傍観している方が、行動を起こして事態を動かすよりも楽だ。

意思の力とは人間の内にある良心の声であり、その声は人に惰性から逃れるように、そして、なすべきことを後回しにしないように呼びかける。すぐれた武士の頭領だった、武田信玄の残した忠告は一読すると非常に乱暴なように思えるが、よく味わえば味わうほど納得のいく言葉となる。信玄曰く「人がしたいと欲することをせず、いやだと思うことをしていたら、その人の立場が何であれ、より高い地位に昇るだろう」と。

❖革新的であれ！

人間が間断なく進歩してゆくがゆえに、武器はたえず変化し、したがって、戦いの形もたえず変わっていくに違いない。

——海軍少将A・T・マハン（一八四〇—一九一四年）

戦争の傑作とみなされる戦いのほとんどには、勝った側に新しい戦略や新工夫、かつてなかった行動などが見られる。戦略や戦術にすぐれた軍事的天才に特徴的なところは、少なくとも一つの新機軸を見つけて改良し、それをキーポイントにして独自の戦闘スタイルをつくりあげることだ。たとえば、あくまでも奇襲を好むハンニバル（処方箋5参照）、斜行進による攻撃を好んだフリードリッヒ（処方箋4）、守勢の陣地から攻撃するウェリントン（処方箋4）、迅速、かつ、強力に兵を集結するナポレオン（処方箋3）などである。

成功する企業も同じように、ある新機軸を中心にして独自の戦争のスタイルをつくりあげるはずだ。巨大なKマートは他の小売業者の倍近い店舗をもっている。Kマートにとって第一のテクノロジーは膨大な量の関連商品を安い値段で購入・貯蔵することである。このテクノロジーはKマートの最大の武器であるばかりではない。それがKマートそのものなのだ。Kマートがこの強力、かつ、広範囲な品揃えを止め、もっと規模の小さい特殊な専門店に方針を変更したら、きっとトラブルが起こるだろう。革新的な発想や好意は、戦争であれビジネスであれ、競争のルールをがらりと変えることができる。たとえば、鐙《あぶみ》つきのシンプルな鞍という技術革新は戦争に大きな影響を与えた。そのおかげで騎兵は鞍の上にしっかりと坐って重い槍を抱えることができるようになった。敵に強烈な一撃を加えられると同時に、機動性も大いに増したのである。

ビジネス戦争で生き延びるのに、革新性が今日ほど重要な時代はかつてなかっただろう。それもひとえに変化が速射砲なみに速くなっているせいだ。企業間の競争において勝利者の心を占める二つの革新はテクノロジーとマーケティングの二分野である。革新に失敗しただけで会社が傾くと考えるのは単純すぎるとはいえ、それは失敗に至る大きな第一歩といえよう。一例として、インターナショナル・ハーベスターの急速な衰退は、革新性に問題があったせいだ、とされている。一方、インターナショナル・ハーベスターの競争相手であるキャタピラーが生き残ったのは、同社が製品にたえず改良を加えていったからだ、と言う。

❖士気（モラール）に注目せよ！

……情熱は偉業をなしとげる。

――スパルタ王アルキダムス

ＮＦＬの元クォーターバック、ジョン・ブロディーが言う。「チーム全体が何かの拍子でぐんと飛躍することがある。そうなると、フィールドからエネルギーが押し寄せてくるような気がする」と。誰でもエネルギーがあふれるのを感じたことがあるだろう――スポーツや、そして、オフィスでも。エネルギーがあふれると、その変化はすべてを変えてしまう。働く者全員が一つの目標に向かって一致団結する。私はその逆の状態を、あるペンキ会社の経営者から聞いた話にもとづいて、「シェード44パープル・ペイント・シンドローム」と呼んでいる。その話によれば、本部からきたエグゼクティブが大きな態度でペンキ製造工場を視察して歩いていたが、やがてシェード44パープルがつくられている場所にやってきた。そこである「事故」が画策され、ペンキがその男めがけて飛び散ったという。ペンキ会社の社長が曰く、「シェード44パープルは落ちないんだ」と。

将軍でも会社の社長でも同じだが、すぐれたリーダーは、部下の心と気持ちを勝利に向け、全員を「ぐーんと飛躍させる」のがきわめて大事なことだ、と考えている。士気（モラール）とは、決断力や熱意や勝とうとする意思を生む心の状態であり、さらに、これもビジネス戦争の「競争のなかの競争」の一つである。デュ・ピックによれば、開闢以来あらゆる競争の分野にいるリーダーは士気を重んじてきた、という。戦場における戦い、また、市場における戦いは、もう一つの苦闘のあらわれである――人間の意思のぶつかりあいなのだ。頭と根性の強い方が、ほとんど勝利を収める。戦争を遂行するには三つの要素が必要だ、と言われる。一、二に金、そして、三にもっと多くの金である。だが、ナポレオンに言わせれば、「士気」は金の三倍も重要であり、その他、金で買えるどんな品物より大事なものだった。「士気を三とすれば、兵站は一である」というのは、ナポレオンの格言として一番多く引用されるものだろう。

チームのやる気を出させる上で、スウェーデンのカール十二世（一六八二―一七一八年）の右にでる者はいないだろう。ある論評者はカールについて、「戦争の歴史において最も非凡な軍人」と評している。王の後継者たちはカールに習わず、その戦法についても詳しく研究しようとしなかった。彼らはとくに傑出した人物ではなかったのだ。しかし、軍人たちは王の死後何年もかけて、その戦歴を綿密に跡づけた。王のきわだってすぐれたところは、その人間性だった。王の存在そのものが忠誠心を生み、士気を高めたのだ。戦争のあらゆる分野のどんなリーダーよりも敬愛され、信頼されていたと思われるカール十二世は、「士気」に及ぼすリーダーシップの影響に興味をもつ人にとって重要なヒントになるだろう。

第一に、カールは進んで競争し、戦ったばかりではない。戦いを熱烈に愛していたのだ。国王は勝つことは二の次で、戦うこと自体を楽しんでいると言う人もなかにはいた。

第二の要因は彼のパーソナリティである。内面のきわだった精神性を体現していたのだ。カールは何ものも恐れなかった。そして何が起こっても、常に楽観的で、快活さを忘れなかった。タフで要求水準が高かったが、部下に対しては公正で、その率直さには一点の曇りもなかった。自分自身で準備ができていないことは、誰にもそれをせよ、と命じなかった。彼にとって勇気ある行動はたやすいことだった。どんな危険が迫っていても、意欲やエネルギー、完全な献身などを身をもって示さないことは一度もなかった、と言う。

第三に、彼は自分についての伝説をつくった。多くのリーダーは最も有利なイメージをつくり――従業員や、競争相手や大衆に向けて――一種の伝説的な人物になろうと心を砕く。カールは意図的に伝説的な行ないをしたわけではない。ただ、行動しただけである。彼の行動にはすべて「どういうわけか、栄光の輝きがつきまとう」のだった。一七一三年、彼は四十人の手兵をつれて、一万二千のトルコ兵を阻止するために出掛けた。この小部隊は捕虜となったが、捕らえられる前に二百人のトルコ兵を殺したのである。カール自身、囚われの身となる前に十人の生命を奪っていた。

❖状況を見抜く力

地勢から得られる可能性を一目で見抜く才能というものがある。

――ナポレオン

軍人は「戦略的なセンス」のことを〝状況を見抜く力〟だ、と言う。ナポレオンはそれを「星」と呼んだ。アレキサンダー大王にとっては「希望」、シーザーにとっては「幸運」だった。エルウィン・ロンメルにとって、それは「指先の感覚」だった。誰もが同意するはずだが、これは誰にでも平均して与えられるものではない。ある人々は第六感が働いて、しょっちゅう好機をつかまえ、すばらしいアイデアを思いつく。それなのに、他の人々は一生仕事を続ける間、たった一つのアイデアも浮かばないのだ。

〝状況を見抜く力〟とは、ある人々に備わった能力で、「一瞬のうちに地勢のもたらす有利さを見極め、味方がそれをどのように利用できるか」を即座に読み取ることである。それによって、戦況、ないし、企業間の競争の状況が俯瞰でき、一目で有利と不利が読みとれる。そして、全体と部分の関係を理解し、攻撃に最も有利な地点を見抜くことができる。グスタブス・アドルフスは騎兵の指揮官として、敵のパッペンハイムほどの腕はなく、おそらく劣っていたはずだ。だが、パッペンハイムはグスタブス二世に備わっていた「状況を見抜く力」をもたず、一目で戦況全体をとらえられなかっただけだ。

「状況を見抜く力」に恵まれた人は、敵がどういう行動にでるか予測がつくらしい。たとえば、マッカーサー将軍は、敵がどういう行動にでるか、敵が将来どういった行動をとるか、かなり詳細なところまで正確に予言できた。偉大な企業経営者も同じような能力をもっている。その一例が、GAFコーポレーションの会長、サミュエル・J・ヘイマンである。彼は「いつも鋭い直観」を閃かせることで有名だ。それは不動産王のドナルド・トランプにも言える。「これから起こることを察知する時、まさに信じられないほどの力を発揮する」のだ。

「アーサーといっしょに仕事をして学ぶものは、あの男がいつでも正しいということだ」。アーサーとは、ベンチャー・キャピタルの分野で最大の実績をあげた男、アーサー・ロックのことである。ある時は一人で、また、ある時は一人のパートナーと組んで、彼は時には危険資本の投資家の多くがそっぽを向くハイリスクのハイテク産業に投資する。いつでも直観によって投資するのだ。他の人が得体の知れない小規模なコンピュータ事業に投資するのをためらっていた頃、ロックはすでに六万ドルを投資していた。この会社はパーソナル・コンピュータ事業を開始し、出資者に三百倍の利潤を還元した――アップル・コンピュータ社である。ロックについて最も興味深いのは、「状況を見抜く力」によって投資するだけでなく、「状況を見抜く力」をもったリーダーに投資することだろう。「私はアイデアでなく、人間に投資する」とロックは言う。「優秀な人々を見つけたとして、彼らの製品がうまくいかなかったら、彼らは方向転換するだろう」と。

「状況を見抜く力」には三つの次元がある。第一は、状況をありのままに理解し、できるだけ先入観をなくして、情報やデータを集めることである。第二に、本質的でないもの――クズ、ガラクタ、問題に関わりのない情報――を捨て、肝心なものと、それらの関連性だけを頭に入れておくことだ。第三の次元は、クラウゼヴィッツのいう「心の目」で見ることである。いまや、「見られる」のは下界だけではない。頭のなかで演じられるドラマでは、自分が唯一の俳優なのだ。すべての知識、経験、直観、精神的な勇気、その他を残らず総合したなかから決定を引き出す。一般的に、、正しい決定は直観的なひらめきとなって示される。細かい部分は肉づけする必要があるだろうが、だいたいにおいて、正しい答えはすでに出ており、何をなすべきかはわかっているのだ。そこに欠かせないのは、あふれるような力強い自信、言い換えれば、誰が何を言おうと完全に正しいのだ、という感覚である。それは概してシンプルであり、複雑なところはない。「状況を見抜く力」をつけるには、どうしたらよいか。

できるだけ客観的に見るよう訓練する

「知覚の客観性」とは自分の見たいものを見るのでなく、そこにあるものを見る技術である。多くの人々は確実な答えを見つけようと躍起になるあまり、普通でないもの、例外、奇妙なものを完全に見落としてしまう。脈絡がなかったり、明らかに重要でないとか、関係ないと思えても、断片的な情報のすべてが役に立つ。『大統領の権力』という著作のなかで、大統領顧問のリチャード・ニュースタットはこう書いている。大統領の決定に役立つのは、ニュースタットが自分の頭のなかで組み立てた雑多な情報の切れ端であって、要約や概観といった「口当たりのよい混ぜ物」ではない。

重要な情報はとくに厳密に吟味する

「状況を見抜く力」にとりわけ恵まれた人間は、肝心なことだけわかれば、それほど多くの情報を必要としない。今日の企業経営者にとって問題なのは情報が足りないことではなく、判断の基準となる情報が多すぎることだ。毎年、百五十万にのぼる記事が発表され、アメリカで刊行される技術、および、科学出版物は一八〇〇年以来、約二十年ごとに倍増してきた。

情報がすばやく得られるようになって、戦略的な決定が下しやすくなるかというとそうはいかない。皮肉なことに、決定はますます難しくなり、不可能になることすらある。人間の心は襲いかかってくる大量の情報を扱いきれなくなり、あるいは、理解しがたくなると、決まった方法に頼りたくなるものだ。その一つは、一切決断を下さずに逃げてしまうことである。

実習を通して判断力を養う

マキャベリは君主に対して、自分の領地が平和な時でも戦争の時のように行動すべきだと、助言した。さらに、君主は有名な人物の行動を学んで、彼らが戦争でどのように戦ったか、何が彼らに勝利をもたらしたかを知るべきだ、と言っている。

不安と焦燥

「状況を見抜く力」は、解決すべき問題に完全に集中するなかから生まれるものだ——完全な集中である。アルフレッド・フォン・シュリーフェンは軍事作戦家のなかでもとくにきわだっている。その集中ぶりは常に完璧だった。彼が死に際に残した言葉は「右翼を強く維持しろ！」だったという。ある時汽車で旅をしていて、補佐官が通りすぎる渓谷の美しさを讃えた。常に戦争のことしか頭にないシュリーフェンは、一言、「ただの障害物だ」と答えた。

ナポレオンは言う。「軍の指揮官は、一連の物事に対して強烈に集中し、幅広く、また、根気よく考えられる能力がなければいけない」と。ナポレオンにはそれができた。彼と同時代に生きたコランクールは次のように書いている。

「彼は目標に達するためには悩みや不安、それに衝突もいとわなかった。そして、こうした態度は大きな問題だけでなく、些細なことも同じように適用された……彼は常に、自分のもてるすべての方法、すべての能力、すべての関心をその時の行為、ないし、議論に注ぎこんだ。こうして、彼は敵に対して、非常な優位に立つことができた。というのも、ある瞬間に一つの考え、また、一つの行為に完全に没頭できる人間はめったにいないからである」と。

処方箋2

目的を維持し、プランを調整せよ

軍隊は一つの指揮系統のもとに統一されるべきである。複数の指揮系統をもつ場合には、慎重に、しかも危機に瀕したら一つを残して、他はすべて放棄すべきである。

――ナポレオン

❖アルベラの戦い

紀元前三三一年、アレキサンダー大王は戦いの最中にあるペルシア軍ダリウス王と対決するために、マケドニアの精鋭部隊を引き連れてエジプトから南東へ向けて進軍していた。九月三十日、アルベラ市から約二十マイル離れた地点にダリウスの巨大な軍隊が彼の目の前に現れた。この時の両軍の軍勢は推定するところによると、アレキサンダー軍四万七千、ダリウス軍百万、ということであった。この数字はかなりオーバーなものだが、正確な数字は記録に残っていない。しかし、数字はどうであれ、アレキサンダー軍はダリウス軍に数の面ではるかに圧倒されていたことは確かである。マケドニア軍のリーダーの自信たるや大変なもので、戦いへの士気は高かったそうである。ダリウス率いるペルシア軍は数の面に加えて、もう一つ有利な武器をもっていた。それは約二百台もの戦車と、その戦車の車輪に装着された「大ガマ」である。ダリウスは戦いで戦車が自由に動けるようにと自軍の野営地の前の地面を十分に整備しておいた。十月一日の朝、ダリウスは自軍の部隊をすべて一列に整列させた。彼の戦略的な狙いは自軍の有利な武器、つまり、軍勢を活用しようというものであった。この戦略は平地沿いに攻めながら、アレキサンダー率いる軍勢を正面から攻撃すること。さらに、新型の馬車を使って十六の重装備の歩兵部隊からなる部厚いマケドニア軍の方陣に切り込んで、アレキサンダー軍の中央にダメージを与えるために自軍の騎馬兵を大量に投入することであった。ダリウス側が、待機戦法をとるか、平地沿いに攻撃するか、いずれかの行動をとることを察知したアレキサンダーは明るい色の軍服を身にまとい、自軍の右翼にいる部隊（彼はこの部隊に対して、いつも個人的な指揮をとっていた）を斜めに動かし、その半分はペルシア軍の中心部からははずして右方向に配置した。他方、ペルシア軍の左側面にも部隊を配置した。アレキサンダーの考えを即座に察知すると、ダリウスは敵軍の進路にぐるりと回るべく、自軍の左翼にいる重戦車隊・重騎兵隊を送った。アレキサンダー軍の軽装備部隊はこれらの部隊を撃破した。これには重要な意味があった。アレキサンダー軍の部隊は本当の意味でのプロフェッショナルの精鋭部隊であった。彼らは今、自分たちがやるべき役割、さらに今後、どのように行動すべきか、を正確に知っていたのである。彼らは数年間にわたってこうした訓練を受けていたので、どんな事態になっても十分に対応できるようになっていたのであった。彼らは自分たちの必要な技能はすべて身についているし、つまり、彼らは敵側が自軍よりも軍勢の面ではるかに圧倒していることをも事前に調べて知っていたが、敵側よりも自分たちの方がすぐれていることに何ら疑いをもたなかった。彼らはばかではなかった。彼らは敵側に勝つことを期待していた。彼らはどんな戦法でも戦える経験豊富なプロフェッショナル集団として冷静な自信をもっていたが、過去のすばらしい戦績を通じてどんな状況に直面しても恐れをもたずに、プレッシャーもかからない強靭な部隊であった。しかも、彼らはアレキサンダー大王というカリスマ的で強大なリーダーに率いられていた。アレキサンダーは弓射部隊を配置したが、その目的は新型の馬車を引っ張っている馬と、馬の周囲を走り、馬車の御者の綱を引いている軽装備の部隊の双方に打撃を与えることであった。まさに、戦略のイノベーションであった。

その時、ダリウスは戦場と自国とを犠牲にするようなミスをしてしまった。彼は自軍の左翼にいる主力部隊をアレキサンダー軍の右側面に向かわせて攻撃するように命じた。こうした行動によって彼は自軍の戦列に大きな切れ目をつくってしまった。

アレキサンダーは敵軍のこの切れ目をみると、「戦力の集中の原則」（処方箋3参照）を応用して、即座に自軍の必要な部隊すべてをその切れ目に投入した。アレキサンダー軍の騎兵隊は右側面を襲撃し、方陣を前進させ、前面から敵軍を攻めた。これはまさにペルシア軍にとって危機的な状況であった。その瞬間、ダリウス王の気力はひるんだ。ペルシア王ダリウスは自軍を放棄すると、馬に乗って一目散に逃げた。この戦いで、ペルシア軍の中心部隊は完全に崩壊し、退却した。さらに、アレキサンダー軍の騎兵部隊に追跡される羽目になった。

アレキサンダー軍にとってはすべてがうまくいったが、もう一方の位置にいた、アレキサンダーの側近の部下、パーメニオは大軍のペルシア軍騎兵部隊に対してさまざまな問題を抱えていた。パーメニオは退却しているペルシア軍を追跡すべく、アレキサンダーに救援部隊の派遣を緊急に要請した。

アレキサンダーからの返答はすぐに戻ってきた。「そのまま進撃せよ！　戦場での損失は一時的な運にすぎない。敵軍の主力部隊が完全に敗北した以上、小さな失敗はすぐに回復できるだろう」と。

アレキサンダーのもとに多くのメッセージが寄せられたが、彼は戦況をコントロールできるとはっきり自信をもっていた。そこで、アレキサンダーは自軍の騎兵部隊の一部とともに、パーメニオを支援するために引き返した。戦況が自軍の方に有利に展開し、パーメニオがペルシア軍を破っているのを知ると、アレキサンダーは敵軍の主力部隊を追跡し、敗走させるという本来の目標にすぐに切り換えた。

このアルベラの戦いは勝者にとっては実に感動的な勝利であったが、敗者にとってはにがにがしいものであったに違いない（この戦いと同じようなことがビジネスの世界でもあった。かつて、アメリカの自動車業界の王者であったフォードをゼネラル・モーターズが追い抜いて有利に立ったことと、この戦いの結果とは実によく似ている）。一九二一年、フォードは全米の自動車の半数を占める第一位の自動車メーカーであった。GMは第二位で、全体市場のわずか二パーセントのシェアしかもっていなかった。一九二三年の春までに、アルフレッド・P・スローンをトップとしたGMはフォードとの戦いに勝った。〝アルベラの戦い〟はまさに、歴史上、記念すべき戦いであった。アレキサンダー大王は敵軍の戦列の間隙を攻撃した時、かつてはすべての国の支配者であった、あの〝無敵〟のペルシア帝国の崩壊を確かに感じていた。さらに、この勝利は西欧文明の開花の始まりを印象づけるものとなった。もし、アレキサンダー大王がこの戦いに破れていたとしたら、今日の私たちの生活も大きく変わっていただろう。

〝アルベラの戦い〟で圧倒的な勝利をあげたアレキサンダー軍は、戦争におけるいくつかの重要な事実を明らかにしている。具体的には、兵士の士気の重要性、兵士の教育・訓練、戦局への臨機応変な対応、敵軍のリーダーの機先を制すること、迅速な集中力、戦力を一気に投入すること、大胆なリーダーシップの行使、などである。しかし、この戦争ほど「目的を維持する原則」の必要性を明らかにした戦いはない。

アレキサンダーの目的は非常に明確であった。背後から敵軍を叩くというものではなく、ペルシア軍の主力部隊を真っ正面から完全に打ち負かすことであった。彼の課題は自軍の正面にいる敵軍の部隊を叩かなければならないことは十分に承知していたので、彼は一気に進軍して敵軍を攻撃した。

「目的を維持する」という原則は、戦争に必要な他の原則とは少し異なっている。他の原則が〝どのようにして〟敵に勝つかということなのに対して、この原則は敵に勝つということは〝どんなことなのか〟を明らかにすることだ。この原則から得られる教訓は非常に直接的で、簡単だ。つまり、「自軍の戦力と指揮官の決断力で、最終的な目的を達成することだ」。言い換えれば、わき道をふらふらしないで、初期の目的を貫徹するということだ。たとえて言えば、アヒルがいるのを見つけても、そのアヒルは目的にしているアヒルでなければ、追いかけるな、ということだ。次の事例としては、こんなこともある。第二次世界大戦のアラメインの戦いでは、イギリス軍の将軍モンゴメリーはドイツ軍に包囲されて全くの孤立状態にあった。イギリス軍は戦闘態勢は整っていたが、モンゴメリーは周囲の状況を視察した後、自軍の主要目的であるドイツ軍のパンサー師団を追撃し続けた。

フランス軍の将軍フェルディナン・フォッシュは、次のように言っている。「戦争とは、明確な結果を得るために戦うことだ。私は戦争のための戦争などやっていない」と。このように、「目的維持の原則」とは、自分自身の明確な結果のために、戦いを行なうことなのである。こうしたことは、ビジネス戦争で展開されている競争でも見られる特徴の一つだ。戦争状態で敵・味方が置かれている状況はほとんど同じと考えてよい。したがって、戦争に対する目的が最も明確な方法がただ闇雲に戦うことばかり考えているよりも、相手に勝つチャンスが多いということになる。

戦争のなかで、目的を維持して戦うということがどんなに重要か、ということを次の事例を通じて、明らかにしておきたい。マールボロ公は目的を維持して戦う、というやり方をどんな戦いでも実践してきた。このため、戦いには一度も敗れたことがなかった。彼の攻略目的は、敵軍の中枢部に進入することであった。彼は両翼からの攻撃がどんなに成功しても、中枢部に対する攻撃をはずすことはなかった。これはたとえ、両翼にいる部下の将校の行動を制止してでも、この方針を貫いた。

どんなに小さな目的でも、一つの目的を貫徹しようとしている軍隊は勝利に結びつくことが多い。こうしたことは、企業の場合でも言えることだ。マッキンゼー社のコンサルタントはマネジメントの目的を高度な業績達成能力に置いている企業と業績達成能力の低い企業とを比較したことがある。業績達成能力の高い企業はどの企業でも、数は少なくても全体として明確な目的をもっていることが判明した。たとえば、「わが社は顧客に対するサービスを提供するために創業された……」、「わが社は銀行業界のパイオニアである……」などのように企業活動の目的を明確にしていることだ。一般的に言って、業績達成度の低い企業は企業としての全体的な目的に対して、このように明確な指針をもっていなかったようである。

こうした目的維持の原則を貫徹していく秘訣は、まず第一に、企業として進むべき針路についてはっきりと認識していることであり、次に企業のすべての従業員にこうした目的を幅広く知ってもらうように普及活動を行なうことだ。ブルース・D・ヘンダーソンはその著作『ヘンダーソンの企業戦略論』のなかで、企業が達成すべき目的を明確にするだけで企業は市場のなかで簡単に優位に立てることを次のように指摘している。「複雑な組織をもつ企業のなかで、整然とした方法で高い業績を達成していくためには、戦略に対する基本的なコンセプトを明確にしておくことだ……。競争相手との競争システムのなかで、自分の戦略をコンセプト化・明確化できるような経営者であれば、今後、市場を支配することも可能だ」と。

とくに、目的達成に効果的な活動をしている企業は自社の針路・自社の達成目的に関して必要と考えられる基本的なアイデアや中心的なテーマを少しでもつくりだそうとしている。こうしたアイデアやテーマは戦略につくりかえられて、企業のあらゆる部門に横断的に浸透していくことになる。さらに、これらの戦略、アイデア、テーマは今度は逆に、各個人が戦術的な意思決定をしたり、具体的な行動を起こしたりする場合の環境要因となる。日常的なビジネス活動では、企業としての明確なアイデアやテーマはマネージャー、セールスマン、スタッフなどの意思決定活動、選択活動に対して、いろいろな面から参考材料になる。さらに、このようなアイデアやテーマには、〝製品の優位性の維持〟、〝産業の成長の速さに対応した企業の成長の確保〟、〝競争相手よりも技術的にすぐれた企業になること〟などから、〝インフレーションより迅速に配当金を増やすこと〟、〝生産活動で他の企業をリードすること〟、〝将来的に成長の見込みのある新しいビジネスを見つけること〟に至るまで、多種多様なものがある（こうしたアイデアやテーマづくりを実際に、文書化して活用している企業が少数ではあるが、アメリカにはある）。

私はかつて、大手のビジネス教育専門企業から今後、役に立つと思われる新しいサービス、新しい製品について推薦するように要請されたことがある。そこで、こうした要望に応えて、将来性のある新しいサービス、新しい製品のリストをつくったが、そのどれをとっても収益性・企業の拡大化に迅速に対応する可能性のあるものだった。自分で誉めるのも恥ずかしいことだが、私が提案したアイデアのいくつかは非常に新鮮なもので、将来的に見て収益性のあるものばかりで、私自身も興奮したものだ。

しかし、私が実際にその会社のマーケティング担当エグゼクティブ七人に会った時は、私のアイデアに対して、あまり熱意を示さなかった。その時、私は次のような印象をもった。〝ゆっくりと、しかも、注意深く成長していくこと〟がこの会社にとって最も必要なテーマであり、私はこうした考えに切り換えて、彼らに私の提案のプレゼンテーションを行なった。というのも、彼らは私の提案に対して、当惑した表情を見せていたからだ。私のアイデアは将来的にはその会社に利益をもたらすものであるが、そのこと自体はそれほど重要ではなかった。彼らにとってさらに重要だったのは、私のアイデアによって彼ら自身が速やかに成長していくことができるか、ということであった。言い換えれば、私の提案に対して、彼らが冷静沈着に対応していく準備ができていなかった、ということだ。この経験から、私はクライアント企業が一番評価するような提案を一つ、もしくは、二、三、注意深く提供してコンサルティング活動を開始することを学んだ。そして、私はいろいろな事例を通じて、次のようなことを発見した。つまり、その企業が競争に勝っているような成功した企業である場合、常にわずかであっても企業活動のテーマをもっているばかりでなく、そのテーマが大変簡潔なことだ。こうしたことは戦争の場合でも言えるようだ。第一次世界大戦の時、仏軍の将校たちは二つの簡単なテーマだけで戦いへのアプローチを決めた。具体的に言うと、次の通りだ。（1）「勢い」に関するテーマ（戦闘の位置づけ・攻撃的な姿勢・攻撃・エネルギー・行動）、（2）「確実性」に関するテーマ（事前の準備・スタッフの資源力・現実的な状況に対する明確な認識力）。処方箋5でも見ていくことにしているが、「ゲリラ」（戦争のなかでも最も工夫された、すぐれた組織形態）がもっている全体的な戦略構図は非常に簡単なもので、わずか二十語の言葉で集約して表現することができるものだ。

❖「目的維持の原則」は破りやすい

「目的維持の原則」はわかりきったことだと考え、省略した方がよいと考えているとしたら、あなたは考え直した方がよい。どんなに実力のある将軍・経営者でも、この〝ごく当たり前〟の原則を破ってしまうことがときどきある。

たとえば、ヒトラーが第二次世界大戦でロシア戦線で戦っている時、ロシア軍を全滅させるという主目的から自軍を転換させ、コーカサスのさして重要でない油田地帯を求めて軍隊を派遣したために、自軍を破滅に追いやる羽目に陥った。

十九世紀の半ば、ジェイ・グールド社のエリー・レイルロード線はコモドール・コーネリアス・バンダービルト社のニューヨーク中央線と激しいビジネス戦争を展開した。具体的には、次のようなことがあった。バンダービルト社は、バッファローからニューヨークまでの貨車輸送料金を貨車一両分あたり百二十五ドルから百ドルへと値下げした。これに対して、グールド社も反撃を加え、エリー・レイルロード線の料金を七十五ドルに値下げした。バンダービルト社はさらに五十ドルまで値下げしたが、エリー・レイルロード線は何と二十五ドルまで値下げした。バンダービルト社はさらに一ドル下げて、底値で料金設定をした時、自社の貨物を満載することができたのであった。バンダービルト社の場合、残念だったのは、自社の貨物が輸送している牛はライバルのグールド社のものであったことだ。グールド社はバッファローで見つけられる限りの貨車を手配し、それに牛を乗せてバンダービルト社の鉄道で輸送したのであった。バンダービルト社は自社の目的は牛を運ぶことだ、ということを忘れてミスをしてしまった。一方、グールド社も自分の現実的な目的（つまり、収益をあげること）を見失ったのであった。

バンダービルト社は古代中国の格言、「目的を見失っている人間は、敵に対応することができない」ということに言われているように、自分の目的に対して混乱するというミスをしたのであった。

『ビジネス・ポリシー』の著者は、「伝統のある大手企業で、多様化されてはいるが、収益が低下してきている会社」の例をあげて、次のように指摘している。同社の今後の戦略的なコンセプトをめぐって丸一日議論した後、社長は古くからいる七人の重役に対して、同社のビジネスと戦略のあり方について一ページにまとめてレポートを準備するように要請した。彼らはこの社長の要請を受けたが、各自バラバラの企業戦略を出せばよいものと解釈してしまったのだ。

❖企業精神――目的よりも強い意思

歴史に対して尊敬の念を置いている人は、一つの原因に対する信念こそが戦争のなかで、攻撃的な意思の基盤となるということを当然のこととして考えている。

――S・L・マーシャル大佐（『戦争と人間』）

ベル＆ハウエル社（B＆H）は今後、映画用カメラは生産しないことにしているそうである。誰もそのことは知らない。同社の人的資源開発関係担当副社長である、ジョン・カンバニスが私に同社のHRD担当（人的資源開発）マネージャーを対象にして、講演をしてもらえないかと依頼してきた時も、私も同社が映画用カメラを生産しないことはまったく知らなかった。そこで、私はジョンに同社の企業活動に関するあらゆる情報を提供するように求めたが、彼は私に部厚い報告書を送ってきた。

このなかで、B＆Hの新しいニューズレターは私の目を捉えた。とくに、〝企業精神〟に関する一文には大変、関心をもった。その文章はまず、同社がどのようにして創業されたか、という簡単な歴史について書きはじめている。ドナルド・ベルとアルバート・ハウエルの二人は一九〇六年、十一月のある日偶然に出会った。ベルはシカゴにある映画劇場の三十七歳の映写技師で、フィルムを映写機にかける際にトラックからはずれないようにするのに大変苦労していた。この問題と格闘した後、彼はプロジェクターを改良することでこの問題を解決することを思いついた。彼は十一月のある日、プロジェクターと修正した設計図をもって、町の小さな機械工場に行った。そこで、彼は自分が信頼した仕事ができるのを待っていたが、その時たまたま二十代半ばの機械製作工と会話をしたことが交友を結ぶきっかけとなった。この若者がハウエルであった。ベルが「アイデアを思いついた」と言うと、ハウエルは、「よし、それをつくろう」といった具合で、ついに会社をつくることになった。

さらに、この文章は続けてこのように書いている。ベル&ハウエル社の「企業精神」とは、〝実用的で、設計仕様に合うような製品をつくることであり、生産性にも貢献し、結果として役に立つような製品づくりをすることだ〟、としている。

私が講演の最中、私は同社が〝企業精神〟についてはっきりと明言していることに感銘を受けたことをしゃべった。この世のなかには企業は数多くあるけれども、日常的なビジネス活動（機械を動かす、顧客からの注文をチェックする、顧客を訪問するなど）を〝企業精神〟のように壮大で、力強く、精神的なものに関連づけている企業はあまり見かけない。しかし、最もすぐれた企業であれば、このようなことを行なっていると私は思う。戦争でも、将軍たる者はこうしたことを確実に実践している。南北戦争時、シャーマン将軍は自分のメモに次のように書いている。「個々の人間と同じように、軍隊にも心はある。どんな将軍でも、自分の部下の身体・足と同じように心を支配していなければ、自分の軍隊を思い通りに動かし、目的を達成することはできないだろう」と。

どんな分野でも、すぐれたリーダーはすべて、同じような洞察力をもっている。この洞察力とは、集団にいる人たち――従業員・兵士・運動選手など――を重い責務から解放することであり、こうした人たちは個人としてよりももっと大きな意味が義務として与えられているのである。今から二千三百年前、スパルタのアルキダムスは「すぐれた軍隊が一つの精神力によって生き生きと活性化することこそ、最もすばらしいことであると同時に信頼できることでもある」と言った。このような「精神的な活性化」こそが、ベル&ハウエル社がその〝企業精神〟を通じて目的を達成しようとしている意図なのである。仕事に対する熱意がこうした差を生み出すという企業環境のなかで、〝企業精神〟のような内的・精神的なことについて話をすることは非常に適切なことだ。「熱意」という言葉は、〝自分の心のなかに神がいる〟という意味のギリシア語「エスシアスモス」という語源から出てきている。

リチャード・パスカルとアンソニー・エイソスの共著作である『日本的マネジメントの技術』という本のなかで、「すぐれた企業は国家に奉仕するとか、公共の福祉を促進するとか、のような〝より高い目標〟を通じて、意義のある活動をしている」と指摘している。日本の企業は意義のある活動をビジネス活動にだけ限定していない。デルタ航空は成功した秘訣を顧客に対するサービス、企業内に家族的な雰囲気を定着させること、などを優先的に重視した方針をとっていたことにあるとしている。デルタ航空では、こう言われていた。「あなたが参加するのは企業ではなく、目的だ」と。

今、私たちが議論しているのは必ずしも目的だけというわけではない。私たちが議論の対象としているのは、特定の目的（目的意識）よりも高度で、深遠なことなのである。成功した個人・企業と失敗した個人・企業の区別ができるのは、一つの目的に対して責務を果たしているかどうかだ。目的は軍全体、全戦力の構想力をつかむことができるばかりでなく、人間のエネルギーを集合的に燃えさせることができる。一般的に言って、アメリカの全従業員のわずか二十五パーセント程度が仕事に満足していると言われている。残りの七十五パーセントのうちで不満足の要因の最も大きなものは、価値目的のない意識、つまり、「問題意識」シンドロームによるものだ。一つの目的に身を委ねることができないような従業員は、まとまりがなくなってくる。彼らは時間通りに働くだけで、時間の経過を数えるだけだ。〝目的〟という言葉はビジネスの世界では非常によく使われるので、「別の目的にすれば、大儲けができた」と言ったように本来の意味が失われている。「目的」とは、人間の頭脳に関係していることだ。つまり、「意思」が正しく働けば人間の心をつかむことができる。そして、将軍・経営者、並びに、兵士・従業員、が自分たちのエネルギー・精力を得ることができるのは、精神力からだ。

企業のエグゼクティブは誰でも、従業員を組織化された集団にハメ込み、特定の目的に貢献させようとするが、あのフビライ・ハンの祖父、チンギス・ハン（一一六七—一二二七年）以上に企業活動を向上させることは不可能だ。歴史上の最高の皇帝、チンギス・ハンは迷信深く、警戒心が強く、無知な盗賊・山賊だった部族を、以後六百年間は出現しないような、高度に組織化され、効率化されたすぐれた軍団へと長い間苦労して育てあげたのであった。彼は独自のすばらしい洞察力を用いて、独力であの強大なモンゴル帝国をつくり上げた。征服に次ぐ征服で三十七年もの間、領土の拡大を続けた結果、モンゴル人は中国、チベット、ペルシア、南ロシア、中央ロシアの大半を帝国の領土にするとともに、インド、アフガニスタンの一部を領土にした。こうしたチンギス・ハンの偉業は、小さなコンピュータ企業のオーナーが何百もの、取るに足らない小企業を組織化して、他の有力企業を圧倒するような企業軍団を育てあげたいくつかの企業——IBM、ヒューレットパッカード、DEC、ゼロックス——とよく似ている。もし、チンギス・ハンに人間としての残虐性がなかったら、彼は歴史上のたんなるすぐれた名将に終わっていただろう。どうして、部下たちはチンギス・ハンに従ったのだろうか？　これには二つの理由がある。一つには、彼が部下たちに自分たちの戦いには〝神聖な目的〟があるように信じ込ませたからであり、もう一つには、彼についていけば裕福になれると部下が知っていたからである。

かの哲学者、ニーチェはこう書いている。「何のために生きるか、ということに疑問をもつ人間は、どのように生きるか、ということにも耐えられるはずだ」と。「目的」があるところに「意思」があり、「意思」があるところに、「道」がある。歴史を通じて、人々は自分たちの行動が明確な目的に支えられていれば、どんな困難にも、どんな苦しみにも耐えて、戦い続けることができることを証明してきた。

ある一流の雑誌は、広告代理店の社長、バーバラ・プロクターをアメリカで最も影響力のある女性の一人とした。彼女と私はあるテレビのショーで一緒にインタビューを受けたことがあった。そのなかで、私が目的の重要性について話をし終えた時、彼女は自分の経験からも同じことを学んだと次のようにつけ加えた。「倒れても、もう一度立ち上がろうと努力する人間は決して負けることはない」と。〝目的〟と〝目標〟とは同じことではない。しかし、この二つは密接に関連している。たとえば、あなたの会社の〝目標〟は従業員が〝目的〟に向かって注ぐことができるような燃料（責務とエネルギー）を注入することだというように言い表わすことができる。

ある人がかつてこう言った。「勇気を起こさせるのは、アイデアだ。そして、アイデアをひらめかせる時間を短くすることだ」と。アイデアは〝企業精神〟を育ててくれるばかりでなく、アイデアは大きな目的を見つけてくれる。ある企業に次のようなアイデアを吹き込んだことがある。「その企業が業界で最高になり、完全にナンバーワンになるためには、製品の優秀性を維持することであり、その企業のビジネス活動のあらゆる分野で勝利者になることであり、ユニークな製品を供給することによって競争相手を倒していくことが必要だ」と。

私がかつてマネジメントした最高の企業集団は残業することも週末に働くことも厭わなかったコンサルタントのチームで、彼らは不平・不満も言わないで仕事に熱中したばかりでなく、一人が倒れた時でも力を合わせて仕事に全精力を傾けた。というのは、彼らは会社中のなかから選ばれたエリート集団であり、彼らは自分自身に誇りをもっていたからだ。南カリフォルニアのチャールストンで食料雑貨類の販売と流通をビジネスとしている〝ピッギー・ウィッギー・キャロライナ〟もまた、「誇りをもった企業」であった。この会社の従業員は上着の襟に「私は、ピッギー・ウィッギーの誇りです」と書き込んだボタンをつけている。会社の経営者に感謝の気持ちを示すために、従業員が協力して、会社に新型の冷蔵庫付の半トラクター型のトレイラーを贈呈したのであった。このアイデアはかつて、デルタ航空の従業員が一九八二年に、デルタ航空に三千万ドルのボーイング七六七を贈ったことにヒントを得たものだった。

フリードリッヒ大王はこう言っている。「兵士を失うことよりも、兵士が落胆することの方が戦いに敗れることが多い」と。シカゴ・ファースト・ナショナル・バンクの場合も、彼の言葉の正しさを身をもって経験しているようだ。同社の前会長が従業員を過度に締め付ける方針をとったために、従業員の士気は著しく低下した。そこで、会長はバリー・サリバンに変わったが、彼はまず、銀行の全従業員の士気を高め、一緒に仕事をしていくという姿勢を示した。彼が用いた方法の一つは従業員に一つの目的を与えることであった。そこで、彼は全従業員に、①銀行のクレジットカード・ビジネスを拡大することと、②ＩＲＡのポートフォリオを増やすこと、に力を注ぐように求めた。

ニューヨーク州、オレンジバーグにあるマトリックス・コーポレーション（イメージ・レコーダーのメーカー）を活性化したアイデアは、〝社会活動〟であった。同社の社長である、フランクリン・Ｇ・ビショップは全従業員の三分の二を社会事務所から雇った。こうした労働力は、東南アジアの難民、ソ連の移民、夫に迫害を受けた女性、技術をもたない若者、さらに、政府の雇用促進センターからの人材、など多種多彩であった。同社は貧窮者に対して、サービスを提供したばかりでなく、同社の競争相手であるGEが同社の類似製品を購入するほどのすぐれた製品も生産していた。

プリント基板を生産している、あるハウエルの工場では、活性化させるためのアイデアを考えたが、それは能率を高めることであった。工場の従業員に対して、一週間のノルマを達成した者は週末の休暇を早めることができる、と提案した。工場の責任者はノルマの達成は金曜日の午後二時頃になるだろうと予想していたが、実際はこれよりもずっと早く、木曜日の昼には達成してしまった。

規模は小さいが、急速な成長を遂げている卸売り業者のクィル・コーポレーションでは、同社の社長であるジャック・ミラーが自分の会社を活性化させた目的は次のようなものであった。それは、各従業員に対して、「自分自身を最高に能力が発揮できるように努力することだ。そうすれば、クィル社も最高の会社になることができるし、それぞれの仕事もすばらしいものにすることができるはずだ」と言ったそうである。

かつて、私の会社が出した請求書に対する支払いがまったく実行されなかったことがある。私はクィル社に支払いをするように要請したのだが、これには理由がある。というのは、同社で請求書の支払いを担当している人間があまりにも愉快でユニークな回答をよこしたので、こちらもびっくりしたからだ。同社からの通知には四つの文章があった。最初の文章は支払いがされていなかったということを当社に知らせるものだった。次の三つの文章は当社に迷惑をかけたことを侘びる内容であった。会社宛の通知のように、一般に大半のビジネス・レターには個性というものが欠けているようだ。そこで、私は同社のことについて周囲の人に聞いてみたところ、いろいろな答えが帰ってきた。「あの会社はいつも協力的で、親切だ」、「ちょっと遅れているだけだ」、「あの会社なら、いつも大丈夫だ」、「あの会社はのんびりしているけど、大丈夫だ」といった具合だ。

どんなに世間から高く評価されている会社でも、実際に見てみなければよくわからない、と私は思った。私は自分の六歳になる子供を連れて、金を支払ってもらうために同社に行った。同社に対する評判は正しかった。そこで、私はこれまで見たことのないようなすばらしいサービスに接して、こんな会社があるのか、とびっくりした。たとえば、お金を支払ってもらった後、私はこの近くにソフト・ドリンクの自動販売機があるかどうか、聞いた。その日はとても暑くて湿度の高い日だったので、私の息子も喉が乾いていた。窓口の女性責任者が、残念ながらこの近くには自動販売機はありません、と私に言った。ところが、私の落胆した様子を見ていると、彼女は「ちょっと座っていて下さい。私が買ってきますから」と言ってくれた。私は彼女に小銭を渡して、座って待っていたところ、彼女は数分後、飲み物をもって戻ってきた。彼女は私のために仕事を犠牲にしてくれたのだった。しかし、長い目で見れば彼女はクィル社のために貢献した、と言える。こんなすばらしい会社があるのかと思い、その客（私）は他の人にそのすばらしさを伝えてくれるからだ。

❖戦略と戦術の関係

最も高度な観点からみた、戦争術とは策である。

——クラウゼヴィッツ

「ハバナの男」というあるコメディー映画で、サー・ラルフ・リチャードソン演じる、イギリスのスパイ組織のぼんくらチーフは部下に二人が話をしているイギリスのスパイはどこにいるのか、と聞いた。部下に「インド諸島です」と言われて、このチーフは壁に掛けている地図に近づいて、じっと見ていた。「西インド諸島です」と部下が言うと、チーフは「ああ、そうか」と答え、西半球のある地図の方へ移動した。

この話からわかるポイントは、次のことだ。もし、企業活動においても最高責任者のレベルから、従業員のレベルまで目的に対する合意ができ、戦略にもとづいた企業経営ができるとするならば、その企業の全従業員は基本的には同じ方向に向いていくことができるはずだ。つまり、正しい地図を見て、正しい場所で活動ができるようになるはずだ。

Q・T・ウィルスはミニスクライブ社の経営者であるが、この会社は年間売上高が約一億八千五百万ドルのパーソナル・コンピュータ・ディスク・ドライブのメーカーだ。彼は全従業員に企業発展の鍵になるような問いをすることによって、同じ方向に向くように仕向けた。同社では、従業員を四分の一ずつに分けて、その従業員グループと六十人程度のエグゼクティブはミーティングをもつことにしている。その会合では、エグゼクティブが次のような質問に答えるように求められていた。「Q・T・――これが私の信条だ」「Q・T・――私には五つの重要な仕事がある」「Q・T・――これが私の経営原則だ」「Q・T・――これが私の欠点だ」

戦略と戦術

軍事上の厳密な（純粋な）意味では、「戦略」とは、ギリシア語の〝ストラテゴス〟を語源とする〝将軍の技術〟を意味する言葉だ。企業戦略の基本的な論理、「状況を理解し、状況に適応する」は、軍事戦略にもとづいたものだ。「戦術」という言葉の正確な語源については、どこからできたのか誰も知らない。

「戦略」と「戦術」はその活動範囲・焦点という点で基本的に異なる。「戦術」は戦力の小規模な移動、狭い空間、短い期間を対象としているように、活動範囲が小さい。「戦略」は、大規模なもので、大規模な戦略を対象として、活動範囲も広範で、長期間の活動を目的としている。

「戦略」は、「地図にもとづいて戦争を行なう技術」ということだけではなく、実際に戦争を実行することを前提として広範な計画――広大な青写真――を地図に精密に記していくことだ。

理論的に言うと、「戦略」は敵との接触より先に計画される策略のことだ。「戦術」は敵との接触によってはじめて機能するものだ。スタンフォード大学のハロルド・レービットは「経営とは次の三つの活動の相互作用として考えることができる」としている。それは、①先導的な役割、②意思決定、③実行、の三つである、としている。最近、企業戦略のプランニングに対して、多くの不満が出てきているようであるが、その原因は戦略の定式化と戦略の実行とはまったく別のプロセスであり、先導的な役割・意思決定は実行と全く別のものだ、という誤った考え方から出てきていることによるものだ。事実、戦略と戦術との間には渦巻のようなフィードバックの流れがある。今日、あなたが戦略的な意思決定をしていることも昨日、あなたが使った戦術の効果に影響されていることによることが大きい。たとえば、もし、一つの大きなアイデア、つまり、あなたの新しい戦略の中核となるようなコンセプトがあって、それが十三種類の異なった色の製品を提供することになり、その市場での反応についてのセールス・マネージャーがセールス・レップ（販売代理店）から消費者はいろいろな色は望んでいないし、必要としていない、むしろ、従来の標準的な黒の方を好んでいるのだ、という報告を受けたとしたら、あなたは自分の戦略を変更する方がよいだろう。企業戦略を定式化と戦術の実行とが別のプロセスであるとか、戦略は変更不可能なものだとか、考えることは重大なミスをしてしまうことになる。

たいていの人は、〝プロシアの将軍〟という言葉に対しては何よりも論理と正確さを大切にしている偏屈で口髭をつけた老人という昔のイメージを思い浮かべるだろう。それほどではないにしても、プロシア軍の陸軍元帥ヘルムス・フォン・モルトケ（一八〇〇―一八九一年）の場合がそうだ。多分、彼がプロシア生まれでなかったからかもしれない。いずれにせよ、もし、彼が一九八〇年代後半、数多くの企業が〝戦略的なプランナー〟を排除して、ラインのマネージャーに戦略を立てさせるようになったと聞いたら、彼は「いい考えだ！」と言っただろう。真にすぐれた戦略家の一人であったモルトケにとって、実際の戦争は戦場から離れた参謀本部で考えているほど整然としてきちんとしたものではなかった。「戦争」とは、戦局が多角的に変化するものであり、事前に立てた戦略がうまく行かなかったにもかかわらず、戦術的に成功したために戦いに勝利することがよくあった。モルトケによれば、「戦術的に勝った場合には、戦略は戦術に従わなければならない」と言うことだ。言い換えれば、もし、あなたのスタッフが何か効果的なアイデアをもってきたとしても、それがあなたの戦略と合わないからといって、それを拒否してはいけないということだ。戦略は変更がつきものなのだ。これはモンゴメリー・ウォードが実際にやったことでもある。彼は、半世紀もの間従事していたビジネスでさえも方向転換して、戦略の柔軟性の重要性を示した。ウォードは一八七二年に新しいビジネスをはじめた。その後、彼が力を入れたビジネスはメイル・オーダー販売であった。一九二六年、ウォードは、顧客が買いたい商品を実際に見ることができるようにと地方で数回、展示会を行なった。ある顧客が郵送されてくるまで商品を待てないので、展示品を買いたいといってきた時、ウォード社のリージョナル・マネージャーは即座にその展示品をその顧客に売ることにした。この話はすぐに他の人々にも伝わり、何百人もの顧客が展示会にやってきて、あらゆる商品を買っていった。このように、現実的な戦術の成功の結果を参考にして、企業戦略を変更し、ウォード社は猛烈なスピードで――三年間に五百店以上――小売店を設置した。

戦略と戦術は、〝認識的〟要因という点で異なっている。戦略家は認識することの難しさから考えはじめるのではなく、認識することの不可能さからはじめる。すばらしいコンピュータの助けを借りて、企業戦略家がどんなに努力しようとも自分の会社の将来の方向、さらに、こうした要因がどのような相関関係にあるのか、などについて予測することは不可能だ。予測することができるのは、今後、発生しそうな出来事だ。戦術は認識できることを対象にしている。戦術があることによって、選択肢が絞られるし、データもはっきりしてくるし、領土の状況も一層明確になってくる。なぜかと言うと、指の爪に泥が入って指先が鈍感になるように、戦略は常に抽象的で高度な性質をもっているのに対して、戦術は生き生きとして現実的な性質をもっているからだ。

販売活動の最前線（対顧客）という面から離れて考えてみると、企業戦略を立案すること、さらに、その戦略の目的とは何かということ、この二つがもつ意味とは、企業活動の目的を達成するための〝何か〟を遂行することだ、と言える。そして、企業戦略の内容が複雑で関心を引くほどではないにしても、戦略を定式化するという作業は基本的には、今後のビジネス活動を発展させるためのすぐれたアイデアを考え出すことなのである。したがって、自分の頭のなかが複雑な戦略で一杯になってどうしたらよいかという時はいつでも、シャーマン将軍のことばを思い出すことだ。彼は確かに、ある意味ではすぐれた企業戦略家でもあった。彼は次のように言っている。「すべて言い尽くされているけれども、戦略とは〝戦争術に適用される常識〟である」と。

四段階の戦略と戦術

二十世紀初頭以来、軍事理論家たちは四段階の戦争に対応するために、二つのタイプに戦略と戦術を分類した。

（1）より高度（大規模）な戦略
（2）戦略

（3）より高度（大規模）な戦術

（4）戦術

軍事的な戦争では、国王・大統領・閣僚といった地位にある人たちが高度な戦略を考えるのに対して、ビジネス戦争では、役員会・最高経営責任者がその任にあたる。中心となって企業の高度な戦略を具体化する人が誰であれ、その人は個人としても、組織としても、自社の経営資源のすべてをマネジメントできる立場になければならない。高度な戦略とは、経営政策と同じ価値をもつものだ。企業のトップレベルで活動している高度な戦略家は、他の従業員に影響を与えるような基本的な意思決定を行なうとともに、企業活動に必要な企業目的の設定・企業目的の優先度を選択する。言い換えれば、当社は何を達成したいのか？　当社の製品・市場・市場のセグメント（当社の製品の意図している）は何なのか？　こうした市場にどのような方法をとれば、当社は到達できるのだろうか？　当社の最終目的は何なのか？　どの分野（製品・地域・市場）で当社は競争相手と競合するのか？　競争に勝つために、当社はどこと手を結ばなければならないのか？　当社の目的を達成するためには、どの程度の規模の組織が必要なのか？　こうした活動すべてに対して、どのように資金を調達するのか？

クラウゼヴィッツは戦略家が一般に経験するような自己不信、並びに、明確な意思決定ができないような場合に発生する自己不信、について述べている。目的を選択する場合に一番恐れていることは、自分に活用できるような選択肢のなかから、わずか一、二の項目を選択しなければならないことだ。戦略家が直面している問題は、さまざまな機会について十分に検討することではなくて、数多くの機会があまりにもありすぎることだ。たとえば、メリルリンチはアメリカで最大の証券仲介業だ。同社の目的は、企業投資家や個人投資家に対して最大限の財務サービスを提供していく証券界のリーダーになることだ。

さらに、同社はこうした活動に活用できるような機会の一部さえ、まだ開発していなかったのである。孫子は次のように書いている。

「戦いをはじめる前に、〝自分の頭でいろいろな打算を考え出すこと〟ができるような将軍は戦争に勝つことができる」と。しかし、勝者は数多くの打算のなかから自分自身、並びに、すべての人たちに有効となるような限られた行動方針を選択していかなければならない。このことはクラウゼヴィッツがなぜ、「ずっと強い意志があってこそ、戦術よりも戦略の面で重要な意思決定をすることができる」といったかを理解するのに役立つだろう。

後知恵からいうと、高度な戦略で実際に効果のあった戦略は驚くほど簡単なもののようだ。ジョバンニ社の販売する製品は香水だが、同社が売り物にしているのはセックス（性）だ。同社は一九六八年にマスク・ブランドで営業を開始して以来、製品の使用とセックス・アピールを強く訴えることを関連づけるような戦略を一度も変えたことはなかった。ポンティアックの販売コンセプトは、「私たちは興奮をつくります！」というスローガンによく表されている。これは非常に簡単で、直接的で、成功したスローガンだ。ポンティアックは一九八〇年代の半ばに成功しはじめたが、その時から同社の目的がハイ・パフォーマンスでスポーティ、かつ、興奮させるような車をつくることにあることがはっきりとしてきたのである。この目的を維持していく能力が同社にはあったために、同社の売上げは急速に――全体としてGMよりも急速に、とくに、GMの四種類の車、キャデラック、ビュイック、オールズモービル、シボレー、よりも急速に――伸びていった。

高度な戦略が有効に働くということは、そういう風になるようにしなければならないという印象を与えている。こうした考え方は非常に正論なので、これまで拒否された何千もの代替案の存在さえ忘れてしまうようになってしまう。たとえば、ルーズベルト、チャーチル、スターリンは一堂に会して、次の

ことを決めている

・第二次世界大戦の連合国の同盟の主要な目的は、日本とドイツを無条件で降伏させることにある。
・スターリンの主張通り、毅然としてドイツを降伏させることが最初の仕事だ。
・地中海地域への侵略の恐れがあるのに対して、北西ヨーロッパは連合軍の侵攻にとっては有利な地域だ。
・したがって、D-Day 上陸作戦は北西ヨーロッパのどこかに決定すべきであろう。

次の段階の「戦略」とは、企業経営者が自分の活動範囲内で自由に経営資源を活用することに関連してくる。この場合、企業経営者の活動は会社の高度な戦略家が具体化した目的に到達することだ。戦略家は、企業の活動をどのように、いつ、どこで開始するかを決める。彼らは、企業のプランをつくり、競争相手といつ、どこで戦うか、さらに、こうした事態がいつ発生するか、について提示・実践できるようなキャンペーンを決めていく。

第二次世界大戦の連合国側の戦略家は、次のような三つの大きな方針決定を受け入れたのであった。

・侵攻できそうな地域の三つ――ノルマンディー、西ヨーロッパ、パ・ド・カレ――を検討した。
・その結果、ノルマンディーを選んだ。
・侵攻作戦を成功裡に導くとともに、各地方での戦いにも勝利し、ドイツ帝国の産業上の生命線とも言うべき、ライン川からルール川まで攻撃を仕掛ける、などの目的を貫徹するために、侵攻する日時、潮の流れ、兵士・銃砲・戦車・艦隊・戦闘機の数を検討した。

第三段階の「高度な戦術」は戦略でも最も低いレベルの戦略と部分的に重複することになる。そこに、多くの問題が発生してくることになる。ナポレオンはこう言っている。「すぐれた将軍はみな、計画から実行に移行する時期を天才的なほどうまく見つけた」と。高度な戦術家の責任とは、次のようなことだ。まず、第一に企業目的を達成するための必要な人材の数・タイプを配置すること、次には、こうした人たちの活動をコーディネートすること、最後には、攻撃が成功するよう人材を開発し、さらに、攻撃に参加している前線部隊を強化するための適切な援軍を維持すること、などが必要とされている。高度な戦術に関する意思決定は、企業経営者によって行なわれるものである。

第四段階の「戦術」は、戦場での現有戦力、戦闘、策略、などを管理するばかりでなく、特定の目的、つまり、戦闘によって敵の施設を獲得するにせよ、敵の兵士を捕虜にするにせよ、個々の戦闘は全体として、予定通りプロジェクトを終了させたり、敵との合意文書を自軍に持ち返ること、等を達成することだ。

「戦術の本質」とは、敵軍・競争相手、さらに、消費者・市場の現実的な動きと「接触すること」だ。こうした一般的なレベルでの戦術には、①より高度な戦略、②戦略、③高度な戦術、のもつ大きさ・広さが欠けているかもしれないが、何にもないよりはましだ。というのは、道路に接触している車のタイヤのように、目的も時には実践の可能性について過酷なまでの現実に直面することも必要だ。ベジティウスは四世紀のローマ人だが、彼の著者である『ローマの軍隊制度』は十九世紀に至るまで最も重要な軍事論文であった。それによると、彼は「戦術的な取決めとは、確実性のない推論であり、王国・国家に致命的な影響力をもつものだ。というのは、戦術を決定する場合には、敵に勝つ可能性が十分に期待されているからだ。何よりもまず、あらゆる状況に対応していくためには、将軍のもつあらゆる能力を引き出すことが必要だ。これこそ、将軍の才能、技術、経験が最大限に生かされる瞬間だ」と。

実践的に言うと、企業の戦略・戦術の構造には、一種の調和が必要だ。企業活動が何であれ――オフィス・オートメーション化、あるいは、製品の製造・販売を目的とするにせよ――企業のなかで役割をもっている人はすべて同じように調和して活動するけれども、その活動範囲は個性的に対応することが必要だ。もし、あなたの企業がセックス（性）的・刺激的なことを販売戦略とするならば、すべてそれを表現することだ。右記の各段階とも左記の一つのことに無意識のうちに融合している。戦略家は戦術家に依存しているのと同じように、戦術家は戦略家に依存しているのである。こうした場合に避けなければならないことは、せっかくすぐれたプランがあっても、まずい戦いでダメになったり、すぐれたスタッフの才能をムダにするようなまずいプランがでてきたりすることだ。

調和を増大させる方法の一つは、〝高度なレベルの〟戦略家が左記のように〝兵士〟に執拗に話すようにできるだけ努力することだ。

兵士から、戦略家へ――「あなたは何を達成したいのか？　私たちの競争相手は何を求めているのか？」

戦略家から、兵士へ――「あなたは何ができるのか？　競争相手は何ができるのか？　あなたは何をもっているのか？　競争相手は何をもっているのか？」

兵士から、戦略家へ――「これを実行に移すために、私たちはどんなレベルの努力を積極的にしなければならないのか？　競争相手はどうだろうか？」

一つの事例――マーキュリー・マリーンの場合

マーキュリー・マリーン・コーポレーションはウィスコンシン州、フォン・デュ・ラックに本社を置いている。この町は小さくて古いが、空気は新鮮で、通りも広く、町の人も親切だ。夏には、町の大半の人は戸外にでて、車に乗ればすぐ行けるようなリゾート地域、たとえば、ウィニバーゴ湖、グリーン湖、その他の運河などで釣をしたり、ボートに乗ったり、水上スキーをしたりする。マーキュリー・マリーンは企業目的がはっきりしている上に、企業戦術と企業戦略が調和するように計画した企業の一例である。

同社が九年間、船外モータービジネスのジョイント・ベンチャーの相手として選んだのは、日本の大手企業、ヤマハだ。一九八三年、日本の他の企業と同じようにヤマハもかつてはパートナーであった企業の直接の競争相手となることによって、アメリカ産業に進出していくという方策をとった。十九世紀前、あるギリシア人がこう書いている。「強力な相手との同盟は決して信頼関係を産まない」と。マーキュリー・マリーンは自身でこのことを学んだ。ヤマハと競合するという予測は、マーキュリーのマネジメントを脅かしていた。というのも、とくに、ヤマハはコスト効率性で三十パーセント強もすぐれている、という直接的な有利性をもっていたからだ。マーキュリーのゼネラル・マネージャーであり、マーキュリーのオーナー会社である、ブランズウィック・コーポレーションではナンバーツーの地位にある、リチャード・J・ジョーダンは次のように言っている。「ヤマハとの競争に勝っていくためには、ビジネスの活動方法、思考方法を変えることが必要だった」と。

マーキュリーの場合は、大成功だったと言えよう。三年以上にわたって組織改善計画を推進していったために、四年経過すると同社の生産高は四十六パーセント増加し、マーケット・シェアも最高レベルに達した。さらに、アメリカにおける船外モーター市場に対する日本企業の侵入を十パーセント以下のマーケット・シェアに押さえた。今では、マーキュリーの方法を参考にするために、日本企業が管理職を同社に派遣しているそうだ。

企業の主要な戦略目的は生産性を増やすことだ。さらに、適性規模の工場や経営活動を完全にオーバーホールすることだ。

同社は、一九九二年までに、新しい設備を購入したり、スタッフを教育したりするために、九千万ドルが投入されることになっている。マーキュリーのエグゼクティブに対して必要であれば変化対応のための経営活動の自由が与えられたのと同じように、ブランズウィックは分散型のマネジメント・システムを導入した。

マーキュリーの生産システムは完全に変更された。同社は伝統的に、バッチング方式（一括生産システム方式）という生産方式を実施していた。これは、四ヶ月間ぶっ通しで、一種類の船外モーターという巨大な生産方式を実行するということで、それから次の四ヶ月間で別のモデルを生産するという方式だ。マーキュリーはこの〝バッチング方式〟を廃止して、毎日、すべてのモデルを生産するような生産方式に変更した。

同社はこの新しい生産方式では、生産効率が失われるのではないか、という恐れを最初はもっていたが、この戦術転換は数多くの利益をもたらすことを発見したのであった。まず、予想通り在庫コストが低下した。しかし、品質は改良されただろうか？　毎日、機械工がすべてのモーターを稼動させているので、すべての機械に慣れているという理由から、作業上のミスが少なくなってきたことだ。毎日、すべてのエンジンをつくることができるようになったために、マーキュリーは市場の需要の変化に前より敏感になってきたことだ。

もう一つの戦術的な変化は、生産プロセスの単純化の領域だ。これまでの製造工場のレイアウトは「特定化方式」――機械の作動は一つの場所で、組み立ては別の場所でという風に――ということだった。複雑なパターンで体の交互が交差している、アリのコロニーに工場はよくたとえられている。マーキュリーは生産人員を〝Uライン〟と呼ばれる（その姿から）小さな単位に組織化した。

個々のUラインは、船外モーターの主要部分の生産・組み立てに対して責任をもたされている。そこで働く作業員はそのUラインのなかですべての仕事をするように訓練されている。作業員同士が作業上連絡する時、都合のよいようにほんのすぐそばで作業できるようになっているので、作業員のコミュニケーションは改善された。また、マーキュリーは工場の床スペースの無駄を三十パーセント以上も減らすことができるようになった。

工場で生産された部品の輸送状況を改善するためには、マーキュリーはいくつかの輸送業者を選定し、契約を結んだ。一九七八年、八百五十の輸送業者が選ばれた。同社では、いずれ、この業者を百～百五十程度に絞っていくつもりだ。

もし、一人の従業員に対する生産性が上がってくるとすれば、他の従業員もその恩恵を受け、マーキュリーもその従業員ともに、同じ程度の生産性の改善がもたらされることになる。

マーキュリーでは、日本のライバル・メーカーのことを従業員に間接的に伝えることは得策ではないことに気づいて、自分の眼で直接、見てくるようにとの意図のもとに、約二百名の従業員を日本に派遣した。

このように、マーキュリーの戦略目的は生産性を高めることだ。工場の床のレイアウトを手始めとするあらゆる対応策は、この目的を達成するために練られたものだ。

❖目的の設定

戦略の最も重要な機能は、組織的な努力目標として、さらに、企業の果たすべき責務の目的として、十分に貢献していくことだ。

——エドモンド・P・ラーンドー他『ビジネス・ポリシー』

マーケット・シェア、並びに、投下資本収益が企業の競争力の主要基準としてよく用いられる。もし、あなたの会社が業界の大手企業の一つであるとすると、業界でのランクがあなた自身にも関係してくるが、もし、そうでないとすると、あなたの会社が年々、収益を上げていくようにすれば、業界でのランクはさほど気にする必要はないだろう。

しかし、企業目的は目的を考え出す経営者たちの頭脳がどの程度豊か、かによって決められてくる。企業目的には、財務目的、市場目的、生産目的など、いろいろなものがある。時には、収益を上げることから外れて、目的を設定することもある。たとえば、ゼネラル・フーズでは、一九五〇年代にグルメ・フード・ビジネスに参入した時、同社の目的は必ずしも利益を上げることをめざしていなかったが、企業のプレスティージ（威信）要素を提供するような戦略を用いて、消費者・金融界・同社の従業員に対する企業イメージを高めることに目的を置いた。

もちろん、この戦略のおかげで、同社は時代の変化に対応した企業目的を達成することができた。マキャベリはこう書いている。「常に成功することを望んでいる者は、時代の変化とともに自分の行動を変えていかなければならない」と。今日では、多くの企業がこのように対応している。ポラロイド社の創業者であり、天才的な発明家であるエドウィン・ランドは、同社の目的について次のように語っている。「私の会社は、利益を上げることではなく、イノベーションを推進していくことを目的としている」と。現在では、新しい経営体制のもとに、同社は税引後の利益が十三億ドルに達する企業へと成長し、エレクトロニックな企業イメージづくりに懸命で、ビデオ商品・コンピュータ製品に盛んに投資している。

一九六〇年代半は、グレイハウンド社は六四〇万人もの乗客を運んでいた。一九八五年には、それが約半分程度の三百三十万人へと落ち込んだ。この原因には、一千社以上の中小の競争相手が出てくるようになったこと、労働コストが高くなったこと、さらに、旅客飛行機の値段が安くなったこと、などがあげられる。グレイハウンド社では、ビジネス・サービス、料金サービスを多様化したり、チャーター・ツアーに経営路線を切り替えたり、などして時代の変化に対応している。

あなたの会社がビジネス戦争のなかで追及している企業目的は、以下の五つの重要な要素も含めて、数多くの要素に非常に関係している。

（1）あなたの会社は戦闘的な企業であるか、どうか。
（2）あなたの会社はどんなタイプの戦争目的を選択するのか。
（3）ビジネス戦争を遂行するに際して、あなたの会社が活用できる手段は何か。
（4）業界での競争状況に対して、あなたの会社の状態はどうなのか。
（5）ビジネス戦争を遂行していくのに際して、あなたの会社の動機は何なのか。

右記のそれぞれの項目については、以下で個別に検討することにする。

ビジネス戦争における戦闘的立場と非戦闘的立場

あなたの会社が設定する目的に影響を与える最初の要因は、どんなタイプの戦闘を対象としているのか、さらに、そのタイプの戦闘だけなのか、ということだ。

攻撃的な目的・戦略・戦術は、敵を征服するとともに、防御に対しても備えが十分であることを狙いとしている。スウェーデン企業のエレクトロラックス社は、攻撃型の目的をもった企業だ。歴史的に言うと、家電製品の場合、ある国でつくられた製品は他の国ではあまり売れないということだった。エレクトロラックス社は常に攻撃的で、世界の市場を支配する家電製品メーカーになろう、と考えていた。

同社の目的ははっきりしている。攻撃的な目的は、①敵を完全に圧倒する、②敵の市場の一つだけを獲得する、③敵を少しだけ攻撃する、といった攻撃的な行動にさらに分類される。

中立的な立場をとる

大半の企業はスイスのようなものだ。企業でも快適性を考えるなら、中立を好む。企業は可能ならば、非戦闘的な立場に止まろうとするものだ。こうした企業は成熟した産業によくある例だが、その必要はないのだ。どんな産業の、どんな規模の企業でも、一般に現在の地位に満足して、変化を起こすことを望まない企業は、中立的な立場をとる。これらの企業は攻撃的な体制を構築していくことはほとんどないので、攻撃的な行動の基準など研究する必要はないのだ。したがって、こうしたタイプの企業は防御的な目的を設定するのである。

適者生存

ほとんどの業界でも、一つか、二つの企業は市場で大きなシェアをもったり、産業全体を支配したりしている。このように激しい企業間競争に生き残った企業（適者）の例としては以下のような会社があげられよう。航空業界のテキサス航空、飲料品業界のコカ・コーラ、化学業界のデュポン社、医薬品業界のアメリカン・ホーム・プロダクツ社、電機業界のゼネラル・エレクトリック社、ホテル業界のマリオット社、オフィス設備・コンピュータ業界のＩＢＭ、鉄鋼業界のＬＴＶ、などがある。こうした企業は自分の戦っている産業界、他の産業界との戦いの末に生き残った「最適企業」なのである。

挑戦者であること

ほとんどの業界には、一社か、二社は業界のシェアをできるだけ多く獲得するために、激しい戦いを行なっている。このような積極的な攻撃型の企業としては、ユナイテッド、ペプシコ、ダウ、マーク、ウェスティング・ハウス、ヒルトン、ヒューレットパッカード、ベスレヘムなどがあげられる。こうした企業の目的には、業界のトップ企業に対する直接的な攻撃も含めて、攻撃的な姿勢がよく見られる。これらの企業は競合しているライバルに対して、堂々と攻撃を仕掛けている。

ゲリラ的であること　業界の巨大な企業とは少し離れたところで活動している小さな企業がある。彼らは、すべてのゲリラの行動と同じように、大衆の支持を獲得・維持することによって、生き延びているのだ。この場合「大衆」は自分たちの企業活動に見合った小規模で、狭い範囲の市場（ニッチ）から構成されている。このようなゲリラ的企業は、市場の後背地（常にたとえとして言われているが、時として文字通りの場合もある）から外に出て、小規模に活動している場合もあるし、その企業の戦闘努力次第だが、成長していく場合もある。ゲリラ的企業はもし、ゲリラ活動が成功すれば、軍事活動とまったく同じように、ゲリラ戦から正規戦へと攻撃を変えていく。私はかつてレイ・クロック（故人）が最初にオープンさせたマクドナルドの店でハンバーガーを食べたことがある。ここで忘れてはならないのは次のことだ。今では巨大なマクドナルドだが、この企業も小さな店から、九千店以上の店をもつ大きな企業へと成長したことだ。さらに、マクドナルドはイリノイ州のデ・プレーンズの片田舎で小さなゲリラ的な活動を開始した企業だということだ。ゲリラは特別な戦闘目的をもった戦争の最終段階では、はるかかなたの後背地を捨て、大都市（主要マーケット）へと進撃する。こうした地域では、中立的な企業、トップ企業、挑戦的な企業など、さまざまな企業と戦うことができるからだ。

戦略的に退却すること　こうした企業は戦闘を継続しないで、すばやく脱出し、姿を消す。さらに、さして重要ではない戦いは途中で止める。

ハイブリッド（価値混合）　たいていの場合、このような企業は似通っているものだ。これらの企業は実際、ハイブリッド（価値混合）的な特徴をもっている。大企業では、各部門の一つには最強の部門があるのに対して、他の企業では、ゲリラ的な行動・中立的な行動・退却行動をとる。多様化された企業は企業活動の目的に応じて、戦闘的な地位を調整するなどの方策を講じて生き残っている。

これらの企業は国内的な投資も小さなレベルのものから、他のレベルへと変えていく。これは、ちょうど国家が戦区の優先度を度外視して、一つの戦区に集中的に資源を投下するのによく似ている。多様化された企業の大半は、戦略目的（たとえば、新しい基盤の構築・現状の維持・刈り入れ）にもとづいて、自分たちのビジネス組織を分類する。〝新しい基盤の構築〟は、言わば、挑戦者の戦略であり、攻撃的な目的だ。〝現状の維持〟は、言わば、中立的な立場を維持する戦略であり（大半の企業目的はこれだ）、防御的な目的だ。〝刈り入れ〟は、現金がどこでも活用できることを目的として、マーケット・シェアを低下させる、言わば、退却戦略だ。自分の陣地を明け渡すことによって、もっと重要な目的を獲得していくことができるならば、こうした戦略は積極的なものと言えるが、そうでなければ、敵の攻撃に仕方なく従ったものと言えよう。一般的には、こうした場合が普通だ。たいていの将軍は後でさらに大きな目的を獲得するために、陣地の都市、領土、戦力を犠牲にした。

二つのタイプの戦争目的

戦いは、殺掠と策略によって勝つことができる。すぐれた将軍であればあるほど、その将軍は多くの策略を用い、殺掠はあまり用いない。

――ウィンストン・チャーチル

第二番目の要因は、ビジネス戦争で必要な目的に関するもので、二つの幅広い戦略タイプがあり、これは自分の選択で考えることのできるものだ。

「この戦争、戦局をどのようにすれば、私たちはベストを尽くして勝つことができるだろうか？」という基本的疑問はトップのすぐれた軍事指揮官が自問した課題である。企業経営者やオーナーは自分自身に同じような質問をしている。彼らは、軍事上の敵と対するのと同じように、前述のような疑問に次の二つの答えがあることを見つけた。

（1）敵軍を全滅させようと努力する。（2）敵軍を策略で出し抜く。こうした戦略のすべては次のような二つの基本的な形態に分けることができる。その一つは、「全滅の戦略」であり、もう一つは、「策略の戦略」である。こうした戦略には、あなたはすでに慣れているはずだ。当然のことだが、競争相手に対して自分自身の手段を考え出す時にはいつでも、こうした選択が自分の頭のなかに入っているはずだ。

「全滅の戦略」はまた、「全面戦争」、あるいは、「絶対戦争の戦略」と呼ばれているものだ。歴史上に見られるこうした戦争の兵士は敵軍の完全な破壊、もしくは、無条件降伏をめざしてきた。彼らは、戦闘戦略を目的としていて、闘牛場で牛を最後の剣で仕止めるように、戦闘が完全になくなるまで、戦闘を戦い抜くというものだ。

敵軍を完全に破壊するために全滅型の兵士が使用する手段は、「大会戦」だ。「全滅の戦略」は〝一極〟戦略と言われるもので、一つの〝極〟、あるいは、一つの選択にもとづいて行なわれる戦略のことで、「大会戦」と言われる所以だ。クラウゼヴィッツは全滅戦争の有力理論家であるが、「大会戦」の提唱者でもある。彼はこう書いている。「重要性という面からみて、大会戦と言われるほどの戦争は一度もない。そして、戦略的な能力を最大限に発揮することは、こうした大きな戦争に対する手段を準備したり、戦闘の場所・時間・部隊の方向を決定したり、戦いに成功するように上手に活用したり、などの行動を起こす時に示されるものだ」と。さらに、クラウゼヴィッツは、「会戦とは、戦争が集中的に表現されたものだ」と言っている。

全滅戦略を採る指揮官の究極的な狙いは——完全な戦略として、敵軍を降伏・破壊させるような大会戦、あるいは、迅速な会戦の準備をすることだ。かつて、アメリカのビジネスは全滅戦争の指揮官による全面戦争の歴史であった。スタンダード石油のジョン・D・ロックフェラーは全面的なビジネス戦争を展開し、自社の競争相手の完全な破滅を求めたために、彼は自分の兄の会社と戦い、その会社を破壊した。

全滅戦争が唯一のタイプであるとすると、その場合、敵を完全に破壊するための手段をもった国家・企業は戦争を起こすことになるだろう。なかでも力のある国家・企業が戦争をすることになるだろう。あなた自身の経験がこうした考え方の間違っていることを示してくれるだろう。どの産業でも、日常的に相対的に力の劣った企業が、中小企業に対するのと同じように大企業に対しても積極的、かつ、成功裡に戦いを進めることになるだろう。

現在のビジネス戦争に最も近い軍事戦争とは、全面戦争の目的をもっていた今世紀の二つの大戦ではなく、一七八〇年にさかのぼった十八世紀の戦争のことだ。その当時、戦争を起こしていた王家は今日の企業がマーケット・シェアを高めるといったように、限定されたた目的を達成するために戦った。こうした戦いは、敵の全領土を獲得するということではなく、一地方の獲得、境界線の調整ということであった。また、会戦をすることではなく、正面衝突作戦を避けることでもあった。一方がもし、敵が戦えば負けるだろうと考えるような戦局まで、敵方を策略によって追い込むことができるならば、兵士と資源に金を賭けた戦いは必要なくなるのである。現在、ビジネス戦争で見られる策略的な工夫・姿勢は十八世紀の戦士たちに評価されていたもので、彼らは野蛮な戦いよりもこうした知的な戦略を高く評価していたのであった。

こうした形態の戦闘は限定された目的をもった戦争ということで、〝二極〟戦略と称されている。なぜ、〝二極戦略〟と呼ばれるのかというと、軍の指揮官、あるいは、企業経営者が選択できるように、二極の正反対の選択肢を提示しているからだ。一極のみ、一方策のみを選択してそれらを主力戦略とすることが、〝策略〟だ。もう一つの選択は〝戦闘〟だ。戦闘は二番目の極だ。もし、指揮官が二極の戦略を使用する場合、〝一般的な手段に対する意思決定〟が行なわれるのは、策略と戦闘との間だ。

二極の戦略家の縮図は〝ゲリラ〟だ。ゲリラは〝蚤の戦争〟を戦い、絶えず策略を立て、それから、最もタイムリーな瞬間にのみ戦闘を開始するのである。策略と戦闘の巧妙な組み合わせが非常に効果的で、さらに、二極が適切に結合しているならば、ゲリラと言えども倒すことは事実上、不可能であろう。

こうした〝二極〟システムのもとで、あなたは「大会戦」に参画することもあるかもしれないが、無理に参画する必要もないことも覚えていてほしい。このことは大変重要なことだ。戦闘だけが戦略の唯一の方法ではない、ということだ。戦闘はあくまでも自分の戦略目的に到達するための一つの手段にすぎないが、唯一というわけではない。たとえば、一七〇〇年代、フランス陸軍の元帥である、モーリス・ド・サックスは軍団の先頭に立っており、理論的にも、理論の応用活動にもすぐれた将軍であったが、戦闘は必ずしもすべてではないという考えの持ち主であった。彼は次のように書いている。「私は決戦というものは好まない。一つの手段に追い込まれることなく、さまざまな策略を駆使して戦いに挑む将軍こそが戦争を起こすことができる人間だ、と私は確信している。敵軍と小さな小競り合いを頻繁にやれば、敵は疲れてあなたから身を隠すようになってしまうのだ」と。

ローマ帝国の衰退後、もう一人の二極戦略家であるベリサリウス将軍は、ほとんどたった一人で一時期、ローマ帝国の支配を復活させたことがある。このベリサリウスという人物は一般にはほとんど知られていないが、戦士のなかでは第一級にランクされるほどのすぐれた将軍だった。彼は、時に現地で雇用した兵士からなる小軍団を率いて、故国からはるか離れた場所で、どんなに困難な戦況に直面しても、勝ち続けた。ベリサリウスは時に戦闘を敢行したが、彼の主要な戦略は敵を避けることであった。このすぐれた将軍は戦闘を回避することで、征服に成功したのであった。

「全滅の戦略」と「策略の戦略」の双方は歴史上のすぐれた名将が持ち合わせていたものだった。アレキサンダー大王、シーザー、ナポレオン、クラウゼヴィッツは全滅目的の戦略家であった。他方、ペリクレス、ベリサリウス、グスタブス・アドルフス、フリードリッヒ大王は策略の提唱者であった。もし、あなたの目的が全面戦争にあるとするならば、あなたは競争相手の製品に対抗できるような大戦闘の準備をすべきだ。もし、あなたが東部地区で活動を起こせば、あなたはそこで競争相手と戦うことになる。もし、競争相手が価格を下げてくれれば、あなたはそれ以上に価格を下げることになる。もし、あなたの目的が二極にあるとするならば、あなたは時に戦闘を行なうこともあるが、通常は策略を使う。あなたの考え方も次のようになるだろう。

・私たちの戦略はクラウゼヴィッツ流の敵の主力軍を倒すことを目的としていないが、行動を起こして、攻めた方が勝つという考え方だ。目的を達成するために、手段を活用していくことこそ、競争相手に対して優位に立つ秘訣だ。
・戦略目的は、必ずしも直接、競争相手と戦闘を行なうことではない。収益を上げていくための方策が他にもあるはずだ。私たちは、競争相手との直接的な対決を回避することによって、戦いに勝つこともできるのである。
・私たちは、自分の長所・競争相手の弱点に対する方針を立てることによって、戦争の機会を策略によって操作することも可能だ。
・策略は望ましい戦略だ。しかし、もし、不可能な場合には、私たちは戦闘を行なうだろう。
・戦闘を実行に移す唯一の時期は、私たちの戦力が十分な時だ。その時まで、私たちは待機することになるだろう。

ＴＲＷは、軍事防衛・エレクトロニクス・産業用製品の分野では六十億ドルの売上高のコングロマリットだ。この会社は、策略の方が戦闘よりも好ましいことを発見したよい事例だ。ＴＲＷが個人ばかりでなく、法人を対象としたクレジット・データ・サービスを拡大しようと試みた時、同社は市場の七十五パーセントを独占していた有力調査会社、ダン＆ブラッドストリートに対抗して急激な成長を遂げた。市場での競争力が大きくなった時に成功は必ずやってくることを学んだ結果、ＴＲＷは競争相手が退却するまで、戦いを挑んだのであった。現在、同社は新聞・雑誌などの出版物に対する情報・評価サービスの分野で、新しいビジネスの開拓を狙っている。

今日では、ほとんどすべての形態の抗争・競争はある程度、限定されたものになっている。国家は全面戦争を回避し、フットボール・チームはあまりハイ・スコアな得点争いをしないようになってきているし、さらに、有力企業は表面上は、競争を仕掛けないようにしている。大半のビジネス戦争は恒常的な策略作戦と一時的な戦闘作戦の併用による二極戦略にもとづいて行なわれている。競争相手に勝つためにはどんな犠牲を払ってでも、無制限に企業戦争をしようとしたならば、一つの企業だけが生き残って、他のすべての企業は破滅してしまうことになるだろう。子供のゲームの一種で、誰か一人が王様になることのできる「丘の王」（キング・オブ・ザ・ヒル）というのがある。しかし、この王様は財産は何もないのだ。実際、大半のビジネス戦争はすべての側面から、自制を強いられる。――なかには他の人間以上に自分自身を抑制している場合もある。大部分のビジネス戦争で行なわれている暗黙の了解とは、「一定の妥当な限界を越えてまで、戦いを激化させてはならない」ということである。どんな企業でも、一つの戦局にすべてを投入してはならない。

しかし、だからといって、ビジネス戦争はまったく紳士的な戦いをしてよいというわけではない。企業のなかには、〝あたかも〟全滅をめざした全面戦争をしているかのように見せかけて、限定戦争を行なっている企業もある。反トラスト法は、競争相手との戦いを一挙に片づけることを目的とした、全滅によるビジネス戦争を縮小させるために計画されたものだ。こうした法律があるにも関わらず、アレキサンダー大王やナポレオンが戦ったような大会戦、激しい戦闘を行なっている産業界もある（こうした戦いは競争相手を完全に破滅させるまでには至っていない）。

航空機戦争（航空機業界の戦争）、ビール戦争、チップ戦争（アメリカの半導体業界の戦争）、自動車戦争、コカ・コーラ対ペプシ・コーラの戦争、健康産業戦争、日米貿易戦争、映画スタジオ戦争、コンピュータ戦争、ソフトウェア戦争など企業戦争にはいろいろなものがあるが、これはほんの一例だ。こうした戦争では、熱い戦いが展開されているばかりでなく、一部の支配に対して抵抗している戦いも行なわれているのである。

戦争遂行に際して、あなたの企業が活用できる手段

あなたの目的に影響を与える第三番目の要因は、競争相手との戦いに際して自由に活用できる手段に関するものだ。

全面戦争を行なって、勝つためには、積極的な戦いを進めていくとともに、物質的な優位性・士気（モラール）／精神力の面での有利性を確保していくことが必要だ。さらに、攻撃的な志向の強いスタッフをもつとともに、どんな危険でも厭わないことが求められる。とくに、あなたにとって必要となる二極戦争を行なって勝つためには、一般的ではないが、あなたの戦力の集中化を図らなければならない。

ビジネスでも、軍事戦争でも、小さな戦力を大きな戦力にパワー・アップすることはむずかしい。ど

んな産業界でも、有力企業に関する勝利者リストは年月は変わってもずっと同じだ。しかし、歴史的に見れば、こうした強者のバランスをくずすことは可能だ。アレキサンダー大王、グスタブス・アドルフス、スウェーデンのカール十二世などは、小さいが、十分に訓練された軍隊を用いて、小軍団から大軍団へとのし上がり、敵対する敵軍を次々と倒していった。

これらの卓抜した戦士の秘訣は、自分の能力以上の目的を達成しようと考えないことだ。こうした戦士は、自軍の手段に対して厳しく、そして、長期的な視点から見つめ、手段に応じた目的に軌道修正をしている。ジョージ・ワシントンはこう書いている。「私たちは、自分の願望よりも手段と相談していかなければならない」と。自分の目的を決定する場合、自分たちに何ができるのか、さらに、自軍に欠けている資源・能力が何なのかについて、冷静、かつ、鋭敏な感覚で考えることが大変重要だ。手に余るような仕事は決してしないことだ。自分の部下、財政的・物質的資源に対して能力以上のものを要求してはいけない。アウステルリッツの戦い（一八〇五年）では、ナポレオンの計画はオーストリア・ロシア連合軍に対して二回にわたって鋭い攻撃を仕掛けることであったが、予定を変更して、彼は南部から攻撃させようとしている自軍の部隊があまりにも疲れ切って、攻撃ができそうにもないと判断して、一つの戦線に対して斜行進軍させて、攻撃させた。ナポレオンは慌てなかったし、当初の目的をあきらめることもしなかった。彼は、当初とは違った角度から、目的に到達したのであった。それでも、彼が栄光ある勝利を獲得したことは記憶に値することだ。アウステルリッツの戦いはナポレオンの傑作であった。

戦略家・戦術家たちが時折、実行に移す最高の戦略・戦術は、「待つ」ことだ。たとえば、①戦っている途中でも味方を奮起させたり、②技術的なイノベーションを実行したり、③教育・訓練プログラム、商品取引き、マネジメントの変革（味方、もしくは、敵方）を実現したり、幸運を待ったり——することだ。アラメインの戦いでモンゴメリー将軍が成功した秘訣の一つは自軍のすべての準備が整うまで、攻撃を待つことのできる能力があったからだ。

味方の状態と敵の状態との比較

大地に水が流れ込むように、軍師たる者は敵の状況に応じて勝利を導くことができなければならない。さらに、水はいつも一定の量で流れ込んでこないのと同じように、戦争においても、戦況がいつも一定だとは限らない。

——孫子

目的に関する第四番目の要因は、「味方」と「敵」とを比較することだ。勝利は敵との関係で決まってくるものだ。とくに自軍がとびぬけた戦力をもっていない限り、味方が設定する目的は常に、敵の目的、敵の長所、敵の弱点に関係してくる。

大きな本棚を、〝競争的な分析〟に関する部厚い本で一杯にすることはできるかもしれない。しかし、これらの本をいくら読んでも、孫子以上のことを言えるかどうかは疑問だ。孫子はこう言っている。「どんな指揮官でも、次の七つの質問に答えれば、戦いに勝つか、負けるか、予測することも可能だろう」と。

・二人の指揮官のうち、どちらが兵士の士気（モラール）を高揚させるのに大きな影響を与えるだろうか。
・二人の指揮官のうち、どちらの能力の方が上だろうか。
・どちらが地形・気象の面で有利に立っているだろうか。（市場においても、消費者の選択／趣向の変化

を含めて、〝気象〟現象がある。地形についても、企業はマーケット・セグメントという現象がある）
・どちらの方が指示や規則を遵守しているだろうか。
・どちらの軍隊の方が強いのだろうか。
・どちらの方がすぐれた能力をもち、よく訓練された将校／兵士をもっているだろうか。
・どちらの方が賞罰の管理に関してよく強化されているだろうか。

孫子は、次のような場合、どちらが勝つかを予測している。

・いつ、戦うべきか否かをどちらが知っているだろうか。
・優勢な戦力、劣勢な戦力の両方にどのように対応していくべきかについて、どちらが知っているだろうか。（戦略と戦術の両方にすぐれているか）
・どちらの軍隊の方がすべての兵士に至るまで、精神力の面で活性化しているだろうか。
・戦闘準備が十分整っているとしても、どちらの方が戦闘準備が不十分な敵を待つことができるだろうか。
・どちらの方が勝つ能力をもっているだろうか。さらに、どちらのマネージャーの方が〝経営権力〟――企業の最高経営レベル――から干渉を受けていないだろうか。

戦争遂行の動機

目的に影響を与える第五番目の要因は戦争を起こす動機に関することだ。

目的・戦略は、戦争を起こす理由によって、変わってくる。企業は利益を得るために、戦いに行く。

きわめて簡単だ。ビジネス戦争を起こす基本的理由とは、競争相手があなたの収益増加や成長に大きく立ちはだかっているということだ。「戦略」とは、自分の費用で競争に勝てるという事実に関して、何か行動を起こそうということだ。

戦争のタイプに関しては、以下のようなものがある。

権利を要求したり、守ったりするための戦争

この種の戦争の場合、目的は争った領土を守るために戦争をすることだ。あなたは攻撃を仕掛けて、その領土を占領しようとする。権利を要求したり、守ったりする戦争で人間の感情を燃やすものは、復讐の気持ちだ。〝きらきらと輝く復讐の剣〟こそが、恐ろしい敵に対して兵士、軍隊、国家を維持させるのだ。たとえば、〝アラモの戦い〟、〝メインの戦い〟を思い出してみることだ。自分たちにとって、悪いことを思い出したり、除去したりすることは、毎日のビジネス活動の重要な部分だ。復讐はすべての戦争の主要な原因となる要素の一つだが、とくに、この種の戦争はそうだ。こうした復讐、それに対する期待こそがビジネス戦争の場合にも動機づけとなるが、これはコカ・コーラのペプシ・コーラに対する報復活動で証明されている。長い間、コカ・コーラに苦しめられていたペプシ・コーラは挑戦者として、業界のトップ・リーダーに戦争を仕掛けた。これに対して、コカ・コーラが突然、報復に出たのであった。

自分の利益を守り、維持するための戦争

もし、自分の本拠地が敵に攻撃されたとしたら、防御に回っていた企業も戦わずして負けるよりも、戦うことを選択するはずだ。敵が攻撃してくることがはっきりした時には、攻撃態勢をとる方が有利かもしれない。

私利のための戦争

ここでいう目的とは、より多くの領土を獲得することであり、自分の領土を拡大するために、敵から身を守ることである。もし、自分が相手より小さければ、大きな相手に攻撃を仕掛けて失敗した経験から、危険な相手には攻撃を仕掛けないだろう。たとえば、一九八二年の後半、アメリカで大きな敗北を喫したフォルクスワーゲンは、また、カムバックをはかろうとしている。同社が販売テリトリーとして選んだアメリカは自動車市場でも高級車の市場であって、かつて同社がドイツで支配した低級車の市場ではなかったのである。アメリカの市場では、エンジンが大きくて、値段の高い車が売れるのである。

同盟のない戦争

どんな戦争でも、すべての要因が同じであれば、一国でも同盟関係にあることが望ましい。戦略的な同盟は過去、戦争にとって大きな特色となっていた。というのも、太古の時代でも、穴居時代の人々の場合、ある部族は二番目の部族と取り引きをして、三番目の部族を攻撃していたのだ。企業の戦略的同盟は企業の将来のうねりとなるものだ。オリベッティの経済部のディレクターはこうしたことは誰でもできることとして次のように簡潔に述べている。「企業の競争的状況はもはや競争自身に依存している時代ではなく、どのくらい高度な同盟を企業が結ぶことができるか、にかかっている」と。私がなぜ、ここでオリベッティの例を出したかというとそれには理由がある。オリベッティが日夜努力して、ごく普通の企業から、ＩＢＭを脅かすほどの巨大なパーソナル・コンピュータ・メーカー（年間売り上げ高が十億ドルに達する）へと変貌を遂げたのは同社が適切な同盟を結ぶ能力をもっていたからだ。これと同じような事例の企業としては、ウェスティング・ハウスとＧＥ、ＧＭとトヨタ、ＧＴＥと富士通、フォードとメジャーレックス、などがあげられるが、小さな規模のビジネス活動からスタートして、戦略的な同盟へと発展させた、数少ない企業同盟の事例である。

介入のための戦争

軍事戦争では、二国間同士で戦争を行なっている場合に、突然、第三の国として新しい大国がどちらか一方につくと、その戦争の決着はついてしまう。ビジネス戦争では、当事者同士が戦っている場合、第三の企業がどちらか一方に加担することはないが、第三者が加わることによって、両者の戦いを上手く利用することがある

征服のための戦争

一般に、企業には二つのタイプの侵略が考えられる。（1）〝隣りの州（地域）〟に対する侵略――侵略の目的が、隣の州（地域）にある新しいビジネス・市場を対象にしている、（2）未開拓の地域に対する侵略――新しくて、比較的不慣れなビジネス・市場を対象としている。この二番目の侵略は大変、危険なものだ。歴史的には、侵略戦争はよく国の繁栄をもたらしてきた。

同時に二つの戦争を起こす

かつてローマ人は、〝二重の戦争〟を起こさないように警告していた。単一商品しかもっていない企業は、ローマ人の警告を受け入れることによって生き残ることができる。しかし、多様化した企業は二重、三重の戦争、ひどい場合には同時にいくつかの戦争を起こすことがある。ナポレオンの場合、彼は同時にスペイン・イギリス・ロシアと大きな戦争を自分から実行した。こうした戦争に対して、次のような二つの教訓がある。（1）あなたの企業が戦っている市場のニッチで、競争相手と比べて全体的にみてそれほど強くない場合には、できれば、二重、三重の戦争は避けるべきだ。（2）現在、自分たちが戦っている競争相手以外に戦争を仕掛けようとする前に、目の前の競争相手に対して、重点的な戦いを行なうとともに、その資源を集中化させるべきだ。諸般の事情が許すならば、できれば、（2）の方法をとるべきだ。しかし、事情が事情であるならば、アメリカが第二次世界大戦で行なったようなやり

方を実行すべきだ。アメリカの場合、ヨーロッパとアジアで二重の戦争を行なう一方、アジアでの戦争に決着をつける前に、まず、ヨーロッパでの戦争に勝つことに全力をあげたことだ。

もし、アレキサンダー大王が企業コンサルタントだったとしたら、彼は次のようなアドバイスをしただろう。「小さな企業を傘下においているような大きな企業の市場を攻撃する場合には、まず、小さな企業から攻撃し、大きな企業に対する攻撃はその後にすべきだ」と。アレキサンダー大王は、このシステムを用いて大帝国をつくった。ナポレオンはこのシステムを研究して、T（サムー親指）システムを開発した。この「Tー親指システム」とは、自分自身をあまりにも分散化させないようにすることだ。――あまりにも手を広げすぎて、自分が戦っている戦争の焦点がすっかりぼけてしまうことのないように注意するということだ。そして、競争相手が撤退するような決定的なポイントで戦力を投入することができるように常に準備しておくことだ。

企業を〝維持する〟ための目的に影響を与えるような重要な要因については、すでに見てきた。具体的には、以下の通りだ。

（1）　あなたの会社は戦闘的な企業であるか、どうか

あなたは自分の企業が中立的な立場、業界トップの立場、挑戦者の立場、ゲリラの立場、退却者の立場、ハイブリッドな立場のいずれにあるか、を知っておくことが必要だ。要するに、あらゆる目的・経営方針、その他などについて、どのタイプの立場で戦略を考えるのか、ということを明確にしておくことだ。

(2) 二つのタイプの戦争目的

〝一極〟戦略（戦闘）、〝二極〟戦略（策略と戦闘とを効果的に用いる方法）という言葉を思い出すことだ。アメリカのビジネスの約九十五パーセントは、二極戦略にもとづいている。ローマ帝国の指揮官、ベリサリウスと同じように、多くの企業経営者は競争相手との直接戦争を避け、競争相手を策略でこちらの戦略に巻き込むことによって、大きな戦いに勝利を得ている。

フランス軍のモーリス・ド・サックス元帥は次のような信念をもっていた。「策略に長けた将軍であれば、戦わずして、戦争を起こすだろう」と。こうしたことは、ビジネス戦争においても可能だろうか？　評判はよくないが、品質のすぐれた製品がこのことを証明している。トースティ・ロールは競争相手がまったくいなかった。――つまり、同社の製品はユニークな製品だったわけである。誰もがこの製品を知っているし、これに替わる製品が他にないのである。トースティ・ロールは戦う必要がないのである。

(3) 戦争遂行に際して、あなたの企業が活用できる手段

ある企業の社長が自分のモットー、「小さなことから考えればよい。決して、独創的である必要はない」について話してくれたことがあった。このモットーの意味は、〝自分の目的を手段に合わせる〟ということではなくて、これは企業というものは気楽に小さなことから考えを工夫し、決して、独創的である必要はない、ということを皮肉を込めて示したものだ。あなたは大変、野望もあり、非常に攻撃的な人間になることは可能だが、その場合でも〝自分の目的を手段に合わせる〟という原則に従うことが必要だ。アレキサンダー大王は自軍と敵軍との兵士の数の差が約二十対一にもかかわらず、アルベラの戦いでこの原則を守ったのである。

もし、あなたが戦争の原理を遵守すると同時に、常に自分の目的を手段に調和させるようにしていたならば、あなたは自分の社会を必ずや大規模なレベルまで引き上げることができるはずだ。

（4） 味方の状態と敵の状態との比較

孫子が指摘している、七つの簡単な質問について、時々、見直しておくことは大切だ。敵方の特性に関するリストがあれば、戦いに勝つことができる。

（5） 戦争遂行の目的

あなたが遂行しようとしている戦争タイプ——競争のタイプ——を知っておかなければならない。たとえ、戦争遂行の目的があなたが同盟なしに戦争に突入するとか、あなたの権利を擁護するためとか、敵を征服するためとか、であっても、右記のことは必要だ。これは、あなたの目的が何であるかを十分に理解する前の段階だ。こういう言い方もできよう。「私たちは征服のための戦争をしている」、「私たちは二重戦争をしようとしている」とか。

❖目的を維持し、プランを調整するためのガイドライン

戦争という行為は、とてつもない摩擦を起こす複雑な機械の動かし方とよく似ている。したがって、机上で容易に計画されたさまざまなプランは努力によってのみ、実行することが可能だ。

——クラウゼヴィッツ『戦争の原則』（一八一二年）より

ビジネス戦争のなかで行なわれる戦争のもう一つの形態は「適応過剰型の戦争」だ。すぐれた企業はそうでない企業と比べて、状況に対する適応が非常によいことがわかっている。

過剰なプランは立てるな！

毛沢東によれば、戦争・会戦の計画を立てることは次のようなことに対して、適切な関心を与えることにある、としている。具体的には、①敵軍と自軍との関係、②種々の会戦と作戦での対応との関係、③全体的な状況に決定的な要素となる役割、つまり、前衛と後衛の役割、④損失と補強、⑤戦闘と休息、⑥集中と分散、⑦攻撃と防御、⑧前進と撤退、⑨潜伏と出撃、⑩主力攻撃と補助攻撃、⑪集中的な指揮と分散的な指揮、⑫長期戦と短期戦、⑬定位置戦争と移動戦争、などがある。

以上の他に、次のことをつけ加えるべきだ。つまり、こうした課題の個々の項目、さらに、こうした課題の詳細について検討した後でも、不確定な環境のもとでは、全体的な軍事計画を立てることは不可能だし、立てたとしても役に立たない。クラウゼヴィッツはこのように書いている。「戦争特有のむずかしい状況――すべてのデータが不確定――のために、すべての行動はまったく不透明な状況のもとで計画化されなければならない」と。

現在、企業戦略家の間で盛んに行なわれている議論は長い間、軍事社会のなかでもあったものだ。つまり、長期的で詳細な戦略プランを準備し、それに固執していくこと、あるいは、短期的な見通しがはっきりしている時、こうしたプランに柔軟性をもたせるために意図的にプランのなかに不明確な部分を残しておくことはいいことなのだろうか？　これまでの歴史から判断すると、後者の考え方の方が望ましい。ヘルムス・フォン・モルトケはこうした考えをできるだけ実現しようと努力した。彼は次のように書いている。「プランがなければ、敵と接触することができない」と。さらに、彼は、「戦略自体は一時的な方便のシステムである。それは知識以上のもので、知識を現実的な生活に活用するものだ。それは、常に変化する状況に対応すべく、独創的なアイデアを開発していくことだ。それはまた、最も困難な条件というプレッシャーのもとで、行動を起こす技術のことだ」とも言っている。

ここでは問題なのは、プランを立てることではない。調査によれば、多くのプランを立てている企業はそうでない企業よりも成功する可能性は高いことを示している。問題なのは、プランを立てすぎることであり、いったんプランを立ててしまえば、それから逸脱してはいけないという間違った考えに陥っていることである。過剰にプランを立てること、さらに、作戦プランに対してドグマティック（教条主義的）な考えを強制することは戦争を敗北に導くものだ。プランに弾力性をもたせることこそ戦いに勝つ要素である。マネジメント界のミケランジェロと呼ばれた、ハロルド・ジェニーンは〝原則として〟長期的なプランを信用していなかった。彼はこう言っている。「五年先の将来に見通しを立て、かなり、確定的な基準でプランを立てたとしてもその人が賢明だとは思わない。マネジメントは一年先のプランを立て、それを実行していくことで十分だ」と。

ジョージ・S・パットンは次のように書いている。「これまで成功した将軍は、状況に対応したプランを立てているが、プランに合わせるために状況をつくりだそうとはしていない。言い換えれば、現時点ですぐれているプランを果敢に実行に移すことの方が、近い将来（来週）に予定されている完璧なプランよりもすぐれているといってよい」と。また、二世紀のローマ人が簡潔にこう言っている。「変更することのできないプランは悪いプランだ」と。

日本の歴史のなかで、五指に入るすぐれた将軍の一人、徳川家康は部下に対して詳しい指示を出さないようにとくに努めた。彼は次のようにいっている。「状況に応じて課題解決ができるように、細部は残しておくのが一番よい」と。アレキサンダー大王もまた、戦闘中の勝敗の状況に応じて自分の意思で命令が変更できるようにとの目的で、自分の部下に対する命令を一般的なものとした。歴史家、バーバラ・タッチマンはこう書いている。「プランと同じように、人間もまた、策略で命を失うような事態（危険・死）に直面すると脆弱なものであるが、戦闘に対しては生き残るようだ」と。

企業のエグゼクティブは次のような批判を受けている。彼らは企業の長期プランに対して関心を向けるよりもむしろ、競争相手からの事業的機会・脅威の方に関心を向けすぎている。彼らがやっていることは、かつてオリバー・クロムウェル、ユリシーズ・S・グラントが実際に行なったことと同じだ。彼らは常に最終目的を腹のなかに入れておいて、それを達成するために基本的なプラン（時によっては、本当に基本的なものもあった）を準備し、その上でそのプランが有利な機会を導くには不適切だとわかると当初のプランから変更し、自分のリーダーシップに頼るように努めた。企業プランナーが私たちに言っていることは「過失」に対する戒めであり、軍事リーダーが私たちに伝えていることは誰からも賞賛されるような「徳」をもつべきだ、としている。〝砂漠のキツネ〟と言われた、アーウィン・ロンメルは型にはまったプランは戦いの足かせになると考え、もし、状況への対応（事実・可能性）を基本にして戦うのであれば、こうした定型的なプランからは解放されるようにしなければならない、としている。ナポレオンはこう言っている。「軍事行動に対するプランは戦局、指揮官の才能、軍隊の質、地形等に応じて、常に変化に対応できるものでなくてはならない」と。

企業経営者のなかでも戦いに勝利した人は、グスタブス・アドルフスの一六三二年の会戦と同じような経験をしたことがよくあるはずだ。彼のプランについてはどこにもはっきりと伝えられていなかった。彼は自分の心のなかではウィーンに対して最後の進軍をすることを決めていたが、彼が年当初から行なってきた指揮はすべて、いき当たりばったりの様相を呈していた。彼は自軍をジグソー・パズルのように小さな単位に分けていた。しかし、彼はどういうわけか、自分の手元に完全装備をさせた八軍勢（一軍勢は二個以上の軍団から構成される）を置き、それらを目的に向かって移動させ続けた。

モルトケの場合、企業経営者がよく信じているようなことを言葉で表現した。彼は次のように言っている。「〝敵軍に自立した意思〟があるとすれば、それによって戦争の今後の見通しを立てることは不可能になってくる」と。ゼネラル・エレクトリックのCEO（最高経営責任者）である、ジャック・ウェルチによると、企業規模が大きくなるにつれて、さらに、プランナーたちもプランの作成準備に時間をかけ、一層詳しいプランづくりをするようになるとともに、プランができあがるとそれをグラフやきれいな表紙で飾るようになってくるようになり、GEの本来の戦略プラン自体がますます役に立たなくなってくる傾向があるからだ。

「プランは現実ではない」ということを私たちはよく忘れるが、私たちが現実の可能性に対して仮説が必要なこと、さらに、実際の競争はプランとは異なった展開をするためにイライラすることがある、という単純な事実をどんなプランにも考えておかなければならないということ、この二つのことはよく覚えておかなければならない。クラウゼヴィッツによれば、プランナーは今後、発生すると予想される事態にもとづいて、戦争の主要概要・性格を決めておかなければならないが、将来を的確に予測することは大変な問題であるということをよく認識しておかなければならない。事実、実際の戦いのなかで思いもよらないミスが生じた時でも、それを解決して、プランの実行をしていくのは〝天才といわれるリーダーの閃き〟だからである。ジョミニもこうつけ加えている。「事前の計画化が可能となるような軍事行動に対する唯一の要素としては、それが最終目的・将軍のプラン・最初の軍事行動であったりする場合のみだ」と。

プランの実行に際しては、〝妥当性〟と〝柔軟性〟がなければならない。〝妥当性〟ということは常識を無視してはいけない、ということだ（第二次世界大戦では、独軍は連合軍の前線にガスを使用したが、風が吹いてきたためにそのガスが自軍の兵士の顔に吹きつけてきたそうである）。次に、〝柔軟性〟ということであるが、これはあくまでも限られた範囲内での〝柔軟性〟ということで、プランがどのような方法で実行されるかに関して〝柔軟性〟をもつべきであって、達成されるべき目的に関してはそうであるべきではない。中国のことわざには山の頂上へ至る道は数多くある、ということが言われている。つまり、一つの道に従えば、必ず目的地に到達できるということだ。

戦いに勝った企業経営者や戦士たちが一様に感心する、バランスのとれたプランとは、自分たちの最終目的をはっきり設定し、さらに、その目的に向かって前進していくような戦線を全体的に敷いていくことであるが、必ずしもプランナーの思い通りになるような完全に直線的な戦線でなくてもよいのである。

選択的な行動をとるための作戦体制を敷くこと

南北戦争時のアトランタの会戦では、シャーマン将軍はただ一つの地理的目的に固執することによって、敵軍が自軍を回避しやすいようにした。その後、彼は敵軍の指揮官に自分が一体、どの町を攻撃しようとしているかという迷いをもたせるような進軍を続けることによって、敵軍を言わば、「板ばさみの状態」（彼の言葉で言えば）にするように努力した。二つのターゲット候補のどちらかを選択していく一方、シャーマンは目的次第で、どちらの町でも攻撃できるような積極的な進軍体制を敷いていた。シャーマンがどちらの町を攻撃すべきか、攻めあぐんでいる時、南軍は二つの町を守ろうとしたが、その結果、南軍の戦力は分断されて、弱体化した。

ここでは、貴重な教訓があるので紹介しておこう。まず、最終目的を達成しようとする場合には、その目的に対して、選択的ルートがあることを自分の頭に入れておくということをはっきりさせておくことだ。もし、最初のルートがダメになっても、もう一つのルートに転換させて、攻撃を続けるように努力することだ。どんなプランでも、数多くの〝選択肢〟をもつべきだ。そうすれば、そのプランが十分に検討されたものであれば、少なくとも選択肢のなかの一つが成功することになるだろう。

今、韓国の製品がアメリカの市場に侵入しつつある。韓国産業の先兵として、韓国の巨大な自動車メーカーである、現代グループがいずれアメリカの自動車市場へ攻撃を仕掛けることになるだろう。もし、現代の〝エクセル〟車がアメリカのユーザーの人気を得るようになれば、アメリカの市場は韓国の他の製品（テレビ、鉄鋼、玩具、織物、エレクトロニクス、パーソナル・コンピュータ）の進出も可能となるであろう、と韓国サイドでは考えている。一方、もし、韓国の車がアメリカ市場で十分に受け入れられないとすると、他の産業（韓国のアメリカに対する進出プランのもう一つの選択肢）がイニシアティブをとることになるだろう。もし、一つの選択肢が失敗すれば、準備が整うまで他の選択肢が使われるようになる。ここで言うと、韓国の別の産業に重点が置かれることになる。数多くの選択肢をもったプランというのはこういったことである。

一九八四年、タンドン・コーポレーションがIBMとの契約のもとでディスク・ドライブから得た収益は四億ドル以上にのぼった。その翌年、IBMからの収益は二億六千九百万ドルに落ち込んだ。一九八五年、コンピュータ・ビジネスが急降下した時、数多くのIBM製品の供給業者にも同じようなことが起こった。その結果、こうした中小の供給業者はこれまでのようにIBMという一つのバスケット（大口取引先）に頼るのではなく、他のバスケットを求めて、さまざまな供給先（選択肢）を見つけた。かつて、IBMと独占契約を締結していい思いをした企業は、こうした場合でも、非独占契約を主張した。彼らの狙いは、これまでのように全くIBMに頼るのではなく、IBMの競争相手に対しても市場参入ができるようにすることであった。企業のなかには、販売上の保証を求めたところもあった。このように、数多くの選択肢をもったプランがどんなに重要か、ということを読者の皆さんもおわかりになったはずだ。

企業、あるいは、軍隊でも戦いの途中で作戦方針の変更を迫られる経験が一度や二度あるはずだ。こうした変更を効果的に行なえば、戦いに勝つことができる。しかし、対応を誤れば、戦いに敗れてしまうことになる。いろいろな選択肢のあるプランを事前に準備しておけば、勝利を得ることができるはずだ。アウステルリッツの戦いの前に、ナポレオンは、もし自分が敗れれば、ボヘミアを経由して、パッソー、もしくは、ラチスボンに攻撃を仕掛けることをすでに決定していた。

即時対応

歴史上には、プランづくりをしたり、自分の戦力を行動に移行させたりするのが大変上手な将軍や経営者がたくさんいる。しかし、彼らは自分自身では、戦場の状況にまったく適応できないことはよくわかっていた。このように、彼らが勝利を勝ち取る障害となっていたのは、状況の変化に対して自信をもって即座に対応できないことであり、結果がどうであれ、状況に対して、管理的な行動をしようとしたことであった。

スリーエム（3M）は、新製品の販売見通しがどのくらいになるのかわからないことを率直に認めている。こうした課題に対応していくためには、まず、即座に市場に参入し、それから市場の予測をすべきなのである。

現在、戦場（市場）で何が起こっているのか、さらに、戦場（市場）で生じている事態をうまく活用していくことができるかどうか、などの意味を十分に理解しているかどうかということは、すぐれた指揮官でも弱点がある、ということの徴候だ。

競争相手が自分より強い場合には、急襲は避けること

私のビジネス活動のなかで、私は二人のよき指導者以外に誰も指導者をもたなかったことが私にとっての幸運だった。その一人は、グリーンレイ・アソシエーツの創業者であり、現在はコンサルタントをしている、アーサー・グリーンレイだ。もう一人は、エコノミストのルイス・ファーマンだ。二人とも、私が若い頃に同じようなアドバイスをしてくれた。「もし、私がフリードリッヒ大王を知っていたら、私は彼らがやったことに対して次のようにアドバイスしただろう。『決して、やまあらし（大きな敵）に小便をひっかけるような戦いはするな！』」戦ってはいけない時期を知っていることは、いつ戦うべきかを知る能力と同じように、すぐれた手腕の一つと言えるだろう。

ビジネス戦争では、特定の市場で製品を販売しようとする決定はすべて、競争相手を選定するのと同じことなのだ。あなたの会社が〝一方の市場〟に参入すれば、X社はあなたの競争相手となるだろうし、あなたの会社が〝他方の市場〟に参入すれば、Y社とZ社は戦いをすることになるだろう。要するに、あなたの会社が大きなやまあらしのような大手の企業でなければ、すでにある会社に支配されている市場を選択するな、ということだ。

どのくらいの目的が必要だろうか？

テキサス・インスツルメンツのモットーは、「二つ以上の目的は目的ではない」ということを掲げているが、これは目的維持の原則を積極的に表現したものだ。目的が三〇も三五もあるような仕事場で一つ、一つ、目的を追いかけていくのは大変なことだ。それは当然のことだ。ソローが言っているように、線路上に落ちている小さな殻や蚊の羽根をいちいち気にして、列車を脱線させないようにするのは大変むずかしいことだ。

コルゲートパーモリーブ社はたった二つの戦略的コンセプト「イノベーションと閃き」を開発することによって、歯磨きペースト戦争で勝利を勝ち取っている。このイノベーションのおかげで、同社はポンプ式取り出し容器・ゲル状の歯磨きペーストを開発し、ライバルのプロクター&ギャンブル社に攻撃をしかけた。その結果、同社は六年間で、マーケット・シェアを何と八パーセントにまで引き上げたのであった。同社のCEOであるルーベン・マークの指揮のもと、コルゲートは従来の古臭い広告を現代的な生き生きとした広告に変えた。

「目的維持の原則」のなかで言わんとする教訓とは、本当に重要な目的だけを重視して、さほど重要でない目的は拒否するぐらいの規律がなければ、戦いには勝てない、ということだ。

予測よりもシナリオの活用を

多くの企業のプランは、将来に対する特定の予測にもとづいて立てられている。たとえば、「Xが起こる可能性があるのだから、当社はYを実行しよう」といった具合だ。ビジネス環境によっては、かなり正確な予測が必要なものもあるが、そうした環境を変えることができなければ、将来に対して予測をするよりも将来的な可能性についてシナリオを書く方が望ましい。たとえば、アメリカが第二次世界大戦に突入する二年前、アメリカ人の戦争参加の可能性について検討するために、五種類のシナリオと五種類のプランが開発された。これは、〝レインボウ（虹）作戦ナンバー一、二、三、四、五〟と呼ばれていた。戦争に突入した時、選ばれた戦略はレインボウ・ナンバー一〜四ではなく、ナンバー五であった。言い換えれば、もし、私たちが一つか、二つの予測、たとえ四つの予測をしていたとしても、戦争に対する準備は十分ではなかったであろう。私たちが迅速に対応できるのは、数多くのシナリオを苦労して書いたからだ。

フリードリッヒ大王は万一の事態に備えて、積極的にいろいろなプランやシナリオを準備していた。こうしたプランやシナリオの多くは大雑把なアイデアを記したもので、彼が小さな紙片に走り書きしたものだった。現代の多くのマネージャーと同じように、彼は意思決定をする前に、いろいろなことを文書化することを義務づけていた。私たちの場合と同じように、彼はまた、比較リストを作成していた。たとえば、紙の左側にはフランスと同盟を結ぶに至った理由をリスト・アップし、紙の右側にはそうではない理由を記していた、等々。

ビジネス戦争も含めて、戦争で最悪の可能性とは、戦略に負けることだ。二番目に悪いことは、不測の事態に出くわし、驚くことだ。将来、どんなことが起こるかについて一つ、もしくは、いくつかの予測を信用している人であっても、たいていの場合は驚くことになるだろう。

過去から学ぶ

何世紀もかけて、ローマ人はゴール人を倒した。ローマ人は時代から取り残されないようなすばらしい能力をもっていた。一方、そうした能力のないゴール人は自分たちの誤りを正すことなど一度も考えたことはなかった。ゴール人は旧態依然とした戦い方で何度も戦争を続けたが、よく戦争に負けた。残念ながら、多くの企業はローマ人とは違ってゴール人と同じようなやり方をしているようだ。

ある企業で、企業戦略の立案に関して分析したことがあったが、その会社では三十七年間のうち、二回、戦略を変更した。ヘンリー・ミンツバーグとジェームズ・A・ウォーターズはこう言っている。「この会社の戦略をすべて調べて結論を出したことは、戦略が上から強制で提案されていたものだということだ。戦略の大きな変更を行なうということはまれにしかないことだ。三十七年間にたった二回だが、大きな変更があったということは異常なことではない」と。他の調査では、「戦略的変更は、新しい戦略への変更を行なう場合には対応が遅いばかりでなく、古い戦略を排除してしまうことになるからだ」ということを証明している。もし、ある企業が何かの分野で突出した力をもっていたとしたら、その企業の経営者は自分の企業のビジネスを転換させることはむずかしいだろう。こうしたことは、ビジネスでも戦争でも正しい。何かを学ぶなかで大変むずかしいことの一つは、いつ一つの考え方を捨てるか、ということだ。

企業環境の変化に対応していくために、自社の戦略を検討してみると結局、すべての戦略が不適格であることが判明することがある。一般的状況、財務、競争相手の能力、価格、技術力、市場などのすべてが変化しているのである。こうしたことから、あなたの企業の戦略は決してまとまらないことになる。もし、あなたが現状をみて戦いに勝てないとしたら、戦いを回避するか、戦いに勝つためには何かを開発するか、のいずれかの対策をとるべきだ。

『ザ・チェンジ・マスターズ』の著者である、ロザベス・モス・カンターは次のように書いている。「伝統から離れていくということは、新しい挑戦に対応できるような企業能力を増大化させる、言わば、大きなビルの屋台骨であるブロックの一つのようなものだ」と。こうした理由から、企業が伝統から離脱し、競争的優位性を求めて再生していくことは可能だ。

全米に八百四十店舗をもつ、コンピュータ・ランド・チェーンは、「自分の力で計画を立てること」というコンセプトを導入することによって、伝統からの離脱をはかっている。顧客は、アンサンブル・ステレオやコンポーネント・ステレオを買っていくように、マイクロ・プロセッサーも購入することができる。このコンピュータ・ランドのチェーン店は、バーガー・キングの「新しい方法は自分で工夫すること」というアイデアを借用しながら、新しいイノベーションを求めて既存のビジネス分野から転換していった。

大半の人や企業は自分たちが最初は弱点だと思っている分野で逆に強くなることができた。たとえば、一般によく言われていることだが、〝世界的雄弁家として有名なレオ・バスカグリアス〟のようなプロの演説家と言われる人たちは、人前で話す恥ずかしさ・恐怖を克服すべく一生懸命努力したために、すぐれた雄弁家になれた、とされている。クレイグ・ブレッドラブは、最初は車を速く走らせることに対して恐怖感をもっていたがゆえに、スピード・カーのタイトル保持者になった、と言われている。

イギリスの海軍は最初、たびたび戦いに敗れていたために、イギリスの海軍の戦略家が血のにじむ努力をして世界で最高の戦略家になったのだ、とされている。いろいろな海戦に敗れた後、その原因が細かく究明された。そして、イギリスが世界の海を支配するまでは、戦争に関する一定の原則・基準・手続きが導入されていた。日本のトヨタは、アメリカの輸入車市場を支配した。それは大変な苦労の末であった。一九五七年八月、トヨタはアメリカに最初、二台の車をもち込んだ。これらの車は日本ではよく売れた機種であったが、こちらでは悲惨であった。ある自動車評論家はトヨタの車に対して、「価格が高すぎる。車のパワーが弱すぎる。車の構造はまるで戦車のようだ」。と酷評した。しかし、トヨタはゴール人と違ってアメリカでの苦い経験を参考にして、日本に戻ってからは品質のすぐれた車づくりに努力した。今では、トヨタは広告のなかで次のようなストーリーを顧客に伝えている。「私たちは、すべて最初からはじめなければなりませんでした。私たちのメッセージは大変苦労しましたが、内容は大変はっきりしたものでした。――もし、私たちがアメリカで車を売りたいとしたら、私たちはすべて最初からはじめなければなりませんでした。それは品質のすぐれた車をつくることなのです。そこで、すべてを最初からはじめました。何年もの間、苦労しながら、いい車をつくるように努力しました。私たちは以前よりもすぐれた技術を開発し、伸ばしていくようにしました。私たちはこれまでになかったアイデアの開発に取り組みました。私たちは何度となくミスを繰り返しました。ある日、私たちは念願を達成しました。私たちは品質のすぐれた車の開発に成功したのでした。私たちの歴史、それはすぐれた車づくりをめざすための苦労の歴史でした」。

ゼネラル・エレクトリック（ＧＥ）の主任エコノミストである、ウォルター・Ｋ・ジョエルソンは、こう言っている。「テレビの生産に関して、一言でいうと、アメリカのメーカーはすっかり安眠をむさぼり、製品の品質向上に迅速に対応することはしなかった」と。ＧＥでは、家電製品分野も含めて、こうしたことが二度とないように努力しているそうだ。さらに、同社では、既存の家電製品の分野にそのまま止まるべきか、それとも、新しいビジネス分野に進出すべきかについて悩んだ後、同社の製品ラインをグレード・アップさせるために、五年間に十億ドルを投入する製品開発計画をはじめた。

ＧＥが過去の経験から学んで、企業の変革を行なったのに対して、そうした改革をやらなかったライバル企業は倒産していった。キッチン・エイド社は皿洗い洗浄機業界の急速な変化に適応できなかった。その結果、同社はわずか数年のうちに同社のマーケット・シェアの約半分を失った。とくに、キッチン・エイド社は競争相手であるＧＥやワールプールと戦っていくためには、彼らと同じようなすべての製品ライン・ナップが必要だったことを全く知らなかった。たとえば、ワールプールは洗濯機の製品ラインを三百五十ドルから、七百五十ドルまでの価格帯に設定し、そこに七種のモデルを投入した。一方、キッチン・エイド社の場合は製品の価格帯は五百ドルから七百五十ドルまでという狭い範囲であった。また、同社は電気冷蔵庫やオーブンのような製品に対しても全製品ラインを揃えることはしなかった。

自動車戦争では、アメリカの自動車メーカーは外国の小型車の侵入を防ぐ手立てはいくらでもあった。しかし、彼らは過去からの経験を学ぶことを怠っていた。過去の経験とは次のようなものだ。フォルクスワーゲンの車（〝ビートル〟）がアメリカに進出してきたのは、一九四九年だったが、これは第二次世界大戦が終わってヨーロッパで自動車の生産が再開されてからほんの数年しかたっていなかった。アメリカ人は世界のどの国よりも、多くの車を買ってくれると考えられていたので、アメリカの車市場がヨーロッパ車の拡大作戦のターゲットとされていたことは明らかであった。その当時、自動車業界（デトロイト）では小型車に対して偏見をもっており、率直に言って、こんな小さな車が大きな脅威となるとは考えもしなかった。ヘンリー・フォードは予想通り、小型車について次のように言った。「大きな車とは大男のことであり、小さな車とは小男のことだ」と。

一九五九年までに、フォルクスワーゲンは全米の自動車市場の十パーセントのマーケット・シェアを獲得した。ビッグ・スリーはこれに対して、小型車を生産することで同社に対抗した。一九六二年までに、外国車の販売実績は全体の市場の五パーセント以下に落ち込んだ。どうしてこのようになったかというと、あまりにも上手く戦略が効きすぎたからだ。アメリカ側は外国の小型車のようにうまくいかなかったからといって、その有利性まで攻撃しなかった。競争に負けたのだと考えたからだ。それから十年後、日本車が進出するとともに、〝インポート・ファイター（輸入対抗車）〟と呼ばれる新しい車の一群（ヴェガ、ピントなど）がアメリカで生産された。この結果、外国車の売上げは再び落ち込み、アメリカ側はこの戦いに満足した。そこで、この勝利を契機に、アメリカ側は、〝現実的な〟車のビジネスに経営方針をすばやく転換させた。

アメリカの自動車メーカーが小型車ビジネスは時代に合った適切なカー・ビジネスだということに気づいた、一九七〇年代半ばまでには、年間六百万台（必要であれば、それ以上）の小型車を生産する工場設備をもった日本の自動車メーカーに対して、もはや太刀打ちできなくなってきていた。ゴール人と同じように、アメリカの企業は自らの過ちを正すことをしなかったからだ。

敵、もしくは、方法を変化させる

ナポレオンは一つの敵とあまり度々戦わないようにアドバイスしていた。そうすれば、あなたは敵に自分の戦争術を教えなくてすむからだ。同じような理由から、大変強いバスケットボール・チームのコーチはたとえ弱いチームであっても、同じシーズンに同じチームと二度試合をするようなことはしない。もちろん、あなたの競争相手がゴール人と同じように鈍感であれば、好きなだけその相手と戦ってもよい。

もし、あなたが同じ相手と度々戦わなければならない場合は、大半の企業がやっているように、自分の戦略、もしくは、戦術に少し新しい工夫をしておくことだ。たとえば、幅広い意味から言うと、ナポレオンの戦争方法はいつも同じであったが、戦争原則の一つである〝敵に驚異を与える〟ことを考えていた。しかし、彼はいつも、どのような方法で〝驚異〟を与えるか、工夫していた。敵軍の指揮官は、彼がそうした作戦をもっていることはすでに知っていたが、それがいつ出てくるのか、また、それがどんな形で出てくるのか、までは知らなかった。

フランスの哲学者、アンリー・ベルグソンはこう書いている。「本当に生きている者は二度と同じことはやらない」と。戦争でも、生きていられるのは決して同じことはやらないからだ。生き続けることが大切なのだ。

次の戦争では、最後の一人まで戦うことになるなどとは夢々、考えるな！

次のようなことは現実には決してないし、将来もないだろう。「将軍が常に準備している戦争とは過去の戦争のことである」と。

プランを維持すること／プランは簡単に実行すること

命令は少ないのが一番よい。しかし、その命令は用意周到に運ばなければならない。

――モーリス・ド・サックス

私はクライアントの企業に対して解決方策を提示した後で、その会社のマネージャーを会議室に集め、私がどうしてそのような考えをもったかについて聞かせた。私はまず、次のように口火を切った。「この問題は大変複雑だ。しかし、この問題の解決方法は大変簡単だ、と私は思う。この問題に対しては、三つのことが実行可能だ。最初はこれで、次はこうで、その次はこうだ……。もし、この三つのことが実行できるならば、この問題はもう解決だ」と。私は彼らに二分ほど話をして、席についた。結局、彼らは私のアイデアを受け入れなかった。

二週間後、私はまた、その会社に戻ってきた。二週間前と同じ人、同じ場所である。今回もまた、私は前回と同じ解決方策を提示したが、それにいろいろな知恵・特性・不測事態的要素をつけ加えておいた。こうした話をしても、彼らには大変複雑なように思えた。私が一時間ほどの話を終えた時、その部門の責任者は机をパンと叩いて、「よし、何かをつかんだぞ！」とはっきり言った。

この二回のミーティングで私を悩ませたことは、この会社のマネージャーたちは複雑なことを求めていたということだ。簡単な解決方策――まったく、いい考え方なのだが――は彼らにはピッタリとこなかったのである。

社会科学者たちは私たちにこう言っている。「人間の文化は一般的に拡大化し、段々と複雑化してくるものだ。しかし、拡大化し、複雑になってくることには何の理由もないのだが……」と。一定のポイントを越えると、複雑さは何の役にも立たなくなるばかりでなく、実際には生産性に反するようになってくる。こうした複雑さはコントロールできないのだろうか？　また、状況に対する基本要件に応えてくれないのだろうか？　さらに、企業に対して、相当の混乱と問題を発生させる原因となるのだろうか？

ブーズ・アレン＆ハミルトンのジョン・D・C・ローチは次のように書いている。「とくに、アメリカの企業の場合、計画立案のプロセスが複雑であればあるほど、いい結果を生む。ただ、こうした態度は残念ながら、もう一つの副産物、つまり、計画立案のプロセスが目的そのものになってしまうことだ。プランニングのすぐれた企業では、本当の製品とは机上の仕事だ、とされている」と。

ビジネスでも戦争でも同じような結論、同じような対応方策が出されている。複雑なプランや指示は混乱をもたらす。簡単なプランや指示こそがみんなに受け入れられるのである。

複雑なプランは部下に混乱を与える――これが簡単さを要求する原因である――ばかりでなく、あなたに反抗する機会を与えてしまうことになる。クラウゼヴィッツは次のように書いている。「当然のことだが、大胆で勇気があり、絶対的に強い敵は私たちに攻撃範囲を広げたり、さまざまな策略を駆使して戦うことをさせない。このことから、次のことがわかるはずだ。つまり、簡単で直接的な成果の優位性は複雑な場合よりもまさるということだ。したがって、複雑なプランで敵に対して攻撃をするのではなくて、私たちは自分の計画のなかにできるだけ簡単な要素を取り入れることによって、敵に対して事前の準備をしなければならない」と。

最も簡単なプランでなければ、軍事戦争でも、ビジネス戦争でも戦いに勝つことはできない。今すぐに、自分の目の前にあるプランや提案を見てみることだ。たとえ、見ることができなくても、こうしたプランや提案の七十パーセントにはあまりにも不必要な偶発的要素がありすぎるということをアドバイスしておきたい。何であれ、自分の目的は簡単なところからスタートすることだ。その上で、徐々に的を絞っていけばよいのである。

最初の接触を終えた後で、組織を再編成し、活性化させること

「あなたにはプランがあり、目的がある。あなたの部下は目的意識をもって、仕事にかかることができる。しかし、目的に到達していく途中、また、攻撃位置につく途中で、組織崩壊がはじまる。部下は隠れ家を見つけ、散り散りバラバラにそこへ殺到する。敵の攻撃は彼らを襲うばかりでなく、彼らの思考をもバラバラにする。彼らはもはや、集団としてではなく、一個人として考えるようになる。誰もが自分が居る所にそのまま居たいと思うようになる」。

私たちは本処方箋の最初の部分（九八頁）で、ベジティウスの言葉を引用したが、それはたとえ不確実な要素に満ちていようとも、戦術的な戦いこそがリーダーの才能・力量・経験をいかんなく発揮する瞬間だ、ということだ。これこそが彼の言わんとすることだ。目的が脅威にさらされている時、あなたには二つの選択しか残されていない。部下を鼓舞して、反撃をに転じさせるか、それとも、戦いに負けるか、のいずれかだ。

一度戦線が退却した場合、同じ戦線、形態で攻撃を再開しない

もし、あなたが襲撃に失敗したとすると、あなたは援軍を引き連れ、再び、同じ方法・同じ場所で戦いたくなるだろう。これまでの戦争の歴史は次のような教訓を与えている。「敵軍はあなたの行動を予測し、あなたの行動する地点で軍備を増強するだろう」と。もし、あなたが再び、戻ってきても、最初の時と同じやり方をしたのであれば、あなたは多分、戦いに負けるだろう。そうではなくて、これまでとはまったく異なった方法で、しかも別の場所を攻撃することだ。ビジネス戦争でも、ＩＢＭはかつて

あまり利益性はないけれども、既存のコンピュータ小売店をアメリカ中に見つけた。ＩＢＭは新しく攻撃を仕掛けるよりも、ただたんに自分の販売ルートをニネックス・コーポレーションに売却した。ここで覚えてもらいたいのは、企業にせよ、個人にせよ、方針を転換させるということは言うは易く、行なうは難しということだ。行動というものは、いったんスタートしてしまうとかなりの期間はその方向で継続していく傾向があるようだ。

アメリカのワイン業界は広告戦略からすると、別の戦略を選択しなければならない状況にあるようだ。何年も前のことだが、ある人が次のように予測した。つまり、大半のアメリカ人はいずれ、フランス人と同じように食事時にワインを飲むようになるだろう、と。しかし、実際にはそうならなかった。アメリカの消費者の大多数はたとえ、ワインを買ったとしても、たまにしか飲まない。この結果、アメリカのワイン産業は次第に悪化しつつあるというわけだ。一九八五年の国内のワイン販売高は全体の八パーセントまで落ち込んだ。どうしてだろうか？　カリフォルニアのワイン製造業者が調べたところによると、次のようだ。それは、ワイン産業はワインを〝気取って〟、しかも、〝金持ち〟のイメージで広告を打っていたことと、しかも、〝正しい〟ワインの開け方は大変複雑で、自分たちを金持ちでも恰好いいと思っていなく、さらに、自分たちの生活には複雑なものは嫌いだ、と考える消費者にワインが嫌われたからだ。こうした課題に対して、ワイン産業がなすべきことは次のことだ。その辺のどこにでもいるような人たち（たとえば、マリーとかジョーといったごく普通の人たち）、つまり、中流階層に受け入れられるような戦術を開始することだ。

❖戦争という摩擦を予期せよ！

――敵軍の計画よりも、私自身のミスが最も怖い

――ペリクレス

〝摩擦〟（フリクション）という言葉は、〝戦争摩擦〟（フリクシオン・ドゥ・ゲール）というフランス語を簡単にしたものだが、今では、軍隊用語では代表的な言葉になった。この言葉の意味することは、〝起こりそうもないことを予期すること〟なのである。クラウゼヴィッツは次のように述べている。「戦争で起こることはすべて、大変簡単だ。しかし、最も簡単なことがむずかしい。こうした問題が蓄積して、戦争をした者でも経験できない信じられないような摩擦を起こすことになる。しかし、どんな戦争でも、ユニークなエピソードが一杯ある。これは海図のない海のようなもので、暗礁がたくさんある」と。

これまた、簡単なビジネス旅行に出掛けるようなものだ。旅行の途中で、自分の車が故障し、橋も壊れている。また、道路も補修中で、ホテルは満員で予約の記録もない、などの状態と一緒だ。それでも旅行を続ける。〝摩擦〟とは、すべてのことが反対の方向に進み、目標のないプランを作成してしまうように悪い方へと事態が進行していくことだ。〝摩擦〟は、机上での実行計画と実際の実行計画との区別をしてくれる。

自分の競争相手になったつもりで行動すること

将たる器として最も高度な才能を発揮するのは、敵のプランを妨害することだ。そのためには、敵の

プランを予測する能力が必要とされる。さらに、大切なのは、敵の気持ちになってプランを考えることが必要だ。すぐれた将軍は相手の身になって考えることに大半の時間を割いている。

第一次世界大戦の初期、イギリスとフランスは連合軍の大戦線の前では、ドイツ軍の計画は防御的姿勢となることを当然のことと考えていた。一九一六年二月、ドイツ軍がヴァードンに対して主力攻撃を開始した時、彼らはすっかり衝撃を受け、戦闘の準備はまったくできていなかった。

フリードリッヒ大王は、突然のことにびっくりしないようにするために、次のように言っている。「敵が自分のプランに対抗してくると思われるすべての方策を十分に考えておくことだ。そうすれば、すべてのことを事前に予測した後で、どんな事態が発生しても、それに対応できるように十分の対策を講じておくことができるはずだ」と。

❖競争相手に対しては不当な信用供与はすべきでない

経験豊かな軍人であれば、①スタッフの業務は常に監視しなければならないこと、②自分自身の問題についてはすべて予測しなければならないが、③自分たちがやりそうにないことをやらせるように敵を仕向けて信用させる、などの傾向があることには慣れているはずだ。

——サー・ウォルター・スレッサー、『連合軍の戦略』、一九五四年

すぐれた将軍・経営者であれば、誰でも敵の戦力は能力・精神力の面では多かれ少なかれ、味方も一緒だと考えて戦いに挑む。敵の欺きはたいてい、致命的な打撃を与える。ナポレオンはワーテルローの

戦いの朝まで、ウェリントンを二流の指揮官と考えていたが、ナポレオンはそれまで戦場でイギリス人と出食わしたことがなかった。もし、あなたのマネージャーやスタッフが「自分たちは賢くて、力も強いのに、競争相手はのろまで、弱い連中だ」と考えているようであれば、ナポレオンも犠牲者となったような〈無敵の幻想〉に陥ってしまうことになるだろう。

もし、あなたが部下に対して、「競争相手はとても自分たちに太刀打ちできるものではなく、最初の戦いでは競争相手は頑強に抵抗する」ことを信じ込ませておけば、あなたの部下の士気も大いに盛り上がるだろう。と同時に、あなたにとっても自信がつくはずだ。

一方、競争相手に対して、健全な意味での尊敬の念をもつことはよいことだ。しかし、尊敬しすぎると大変なことになる。どんな戦争でも、敗北者は戦いに負ける前に、精神面で負けていることが多い。決して、尊敬の念を威嚇の念にさせないようにすることだ。

計画立案は一つのプロセスであって、結果ではない

プランは決して固定化させてはならないし、完成させてはならない。というのは、プランはそのままである限り、機会はすぐに去っていってしまうからだ。おそらく、一番いいやり方はカレンダーに仮の約束を書き込んでおくように、プランに鉛筆で何か書いておくことだ。その時には、たくさん消しゴムが必要となるだろうが……。

あまりにも早くプランをあきらめるな!

「シュリーフェン・プラン」は第一次世界大戦の時、ドイツ軍の軍事計画の基本であった。これは決して悪いプランではなかった。当然のこととして、このプランは大変すばらしいものであった。しかし、

このプランは失敗した。なぜかというと、ドイツ軍のリーダーがこのプランを持続させようという気持ちをもたなかったからだ。ロシア軍が東部ドイツに進撃した時――「シュリーフェン・プラン」では、こうした動きは予想していた――、ドイツ軍は西部から援軍を投入していた。こうして、ドイツ軍は戦略的に最も悪い時期に自軍の戦力を弱体化させたのであった。

戦争という現実に最初に直面すると、どんなプランでも誤った、不適切なものに見えてくる。もし、プランがそのままであれば、調整することだ。しかし、まず、それほど敵が強くなければ、調整する必要もない。戦場からの第一報に対しては、懐疑的な態度で接することを覚えておくことだ。一般的に言って、第一報を伝えてくる人を信用してはいけない。なぜなら、事態について善悪を判断する根拠はないからだ。

まず、試みることだ――それから、退却すればよい

複雑で、不確定な状況に直面した場合には、自分の目的に向かって一時的にせよ、第一歩を進めることが一番よい。プログラムの最初の部分を実行に移し、問題の解決をすることだ。それから、次の段階に移ることだ。優秀な販売代理店であれば、「まず、試みることだ、それから、退却すればよい」ということの重要性を戦術レベルでは十分に認識しているはずだ。もし、あなたが販売活動に従事していて、一つ利益を上げても儲けにつながらなければ、それは放棄し、成功するまで別の方策を活用すべきだ。この場合、どの利益が一番よいか、ということは問題ではない。大切なのは、自分の目を輝かせるような利益を見つけることだ。

混乱した状況にはじっと耐えること

すぐれた軍隊・企業は整然としていることはまれだ。

敵が少しでも包囲しているような状況のもとでは、どんな差異があるのか自問してみること

自分のプランを準備し、実行に移す場合には、必ずしもすべての地域が重要ではないということに気づくことだ。さらに、すべての場所で強い企業はいない、ということを頭に入れておくことだ。全体には大した影響を与えていないのに、企業のある分野が敗れることがある。これは、その分野が決定的な敗北を喫していないということだ。しかし、企業の大半の部分が戦いに敗れたり、また、わずかであっても企業の中枢的な部分が敗北したりすると、即座に全体の状況を変えてしまう。

ラッキーな要素も考慮に入れておくこと

> 戦争ほど、常に、かつ、全体的にチャンスと密接に関連しているような人間的事象はない。
>
> ——クラウゼヴィッツ

自分がすばらしいプロジェクト・プランを準備している瞬間を考えてみることだ。そうすれば、パーフェクトだ。しかし、プランに着手しても、不運が舞い込んで、すべてをダメにすることもある。プランはすばらしくても、チャンスがうまくやってくるとは限らないことを知っておくべきだ。たぶん、そのプランはいったん失敗してしまうと、二度と実行には移されないだろう。こうした幸運は長い目でみれば、いろいろな意味で帳尻を合わしてくれると言われているが、問題なのは短期的には、幸運があなたとは反対の方にいってしまうということだ。

「幸運」。おそらく、兵士・ギャンブラーほど成功、失敗に決定的な影響を与えるような要因として、「幸運」を信じている職業はないだろう。古代では、誰が戦争に勝つか、負けるかを幸運だけが決めるものと考えられていた。戦争に関するすぐれた学問的研究でさえも、「幸運」という要素を論議の対象としていた。ナポレオンは自分自身を運がよいと考え、戦いでも運のよい部下を選ぶようにしていた。ナポレオンは戦いに抜擢しようとしていた将校に関する長い説明を聞いた後、こう大声を上げた。「よく、わかった。ところで、彼は運がいい奴か？」パットン将軍は自軍の本部を〝ラッキー〟というコード・ネームで呼んでいた。幸運なフリードリッヒ大王は四方を二十万の軍勢にすっかり包囲されていて、全滅を待つばかりであった。しかし、ロシアの皇帝が死んだ時、突然、フリードリッヒ大王に反対していた連合が破れ、それが原因で彼は即座に勝者となることができたのであった。名の知れた指揮官は次のような経験を伝えている。つまり、〝幸運〟は人の〝なか〟にあるのであって、〝出来事〟にはない。さらに、人間のなかには他の人よりも幸運な人もいる。すぐれたリーダーは典型的といってよいほど幸運な人間である、といってよいだろう。また、戦闘や企業の短期間のプロジェクトのように期間の短い作戦では、幸運な要素を考慮に入れておくことが必要だ。したがって、あなたもプラン作成にあたっては、「幸運は自分の側にある」という期待をもって行なうべきだ。

処方箋3

決定的なポイントに主要な戦力を集中させよ

戦争の原理は一つの言葉に集約できる。それは「集中」である。

——B・H・リデル・ハート

一七九六年三月、ナポレオンはフランス軍のイタリア方面軍司令官に任命された。ナポレオンはジョセフィーヌとの二日間の新婚生活の後、パリを後にしてイタリア沿岸の軍隊に入った。その軍隊は悲惨な状態にあった。上官は古い体制から引き継いだ兵隊を率いなければならず、無秩序で訓練はなっておらず、士気は低く、給料には不満があり、戦略的に恐ろしく不利な土地で、自分たちの倍も強い敵に立ち向かおうとしているのだった。

兵隊たちは新しい司令官がどういう人物なのか知らない。こんな時、軍事に精通した司令官なら誰でもすることだが、ナポレオンも時を移さず、自分に従えばどれほど偉大なことが成し得るかを生き生きと描いて見せた。着任するやいなやナポレオンはこう宣言したのである。「私は諸君を地球上で最も肥沃な平原に導こう。諸君は豊かな田園や大きな町を征服し、名声と栄光と富とを手にするのだ」と。その後、兵士を率いる指揮官たちが本当に苦しい生活をしていると聞き及んだナポレオンは、借金をして部下に給料を払った。

三万七千のナポレオン軍に対抗する軍隊は二つあった。一つはオーストリアの三万五千の軍、もう一つはサルジニアの二万五千の軍である。並外れた司令官は時に予期せぬ行動に出るものだが、ナポレオンこそは並外れた司令官であった。軍人としての生涯を終えるまでに、ナポレオンはアレキサンダーとハンニバルとシーザーを合わせた以上の戦いを行ない、歴史家は彼を「西洋が生んだ最大の戦略家」と呼んだ。モンテノッテの戦いの日、いかなる側面から考えてもナポレオンは守備に止まるべきであった。しかし、非凡なるがゆえに、ナポレオンはすぐさま攻撃の命令を下した。部下の指揮官たちに最初に出した命令は、軍事行動の要所に軍を「集中せよ！」というものであった。その後、この「集中」という言葉がナポレオンの名に永久に冠することになった。ナポレオンの作戦は大胆不敵なものであった。敵の二つの軍隊が接する地点に軍を集中し、すばやくくさびを打ち込むように攻撃し、二つの軍隊をそれぞれの基地に追い返すというのである。

ナポレオンはフランス軍に、四つのくさびになって進軍するよう指令した。一つはサルジニア軍に向い、三つはサルジニア軍とオーストリア軍との間に集中し、その地域を守るべく残っていたオーストリアの小隊を攻撃する。この進軍指令は成功した。ナポレオンは二つの敵軍を分離し、その地域を守っていたオーストリア軍を打破したのである。

ナポレオンは一刻も無駄にはしなかった。戦争が長引いたり、戦闘が膠着状態に陥ると高くつき、短期決戦は安くつく。ナポレオンは常にできるだけ早く目的地に着き、短い期間で迅速に勝利することを好んだ。そこで、敵の軍隊を分離した翌朝、ナポレオンはフランス軍をサルジニアの部隊に指し向け、その日のうちに今度はオーストリア軍に指し向けた。ナポレオンの軍が猛烈な勢いで突進してくると、サルジニア軍は武器を捨てて降参した。午後には軍を翻してオーストリア軍に向かった。その後、三日間にわたる激しい戦闘が続いた。軍人としての生涯を通じて、ナポレオンは自分の戦闘スタイルを貫いた。ある一点に敵より多い軍隊を集中し、そこで勝利を収める。その後、集中する力を他の点に移し、そこでも勝利を収める。そしてまた、軍を集中して……という具合である。稲妻のごときスピードで移動することで軍にさらなる力を与え、大砲をもつような強敵をさえ撃ち破ったのである。

まもなく、モンテノッテの戦いは一つの歴史となり、ナポレオンは第一のキャンペーンに成功した。軍隊の指揮については何の経験もない、背の低い、ありふれた容貌の二十七歳の青年が印象的、かつ、大胆不敵なスタートを飾ったのである。

フランスのフェルディナン・フォッシュ将軍は、友人に宛てた手紙のなかでナポレオンの戦争の技術について次のように述べている。

……ナポレオンの技術は、驚くほど単純明快な少数の原理から成り立っているようだ。その原理を彼は巨匠の風格で用いる。軍隊を消耗させないために、彼は軍隊を賢く使う。つまり、敵の一番弱いところを優勢な軍で突くのである。御者が手綱を取るように、離れ離れの状態でも部下をコントロール下に置く。つまり、部下がその瞬間に力を集中できるようにする。打破しようとする敵軍を徹底的にマークする。勝敗を決するに重要なポイントを明確に見分ける。迅速に作戦を立て、実行に移して敵を驚かす……

一九二一年の春、ナポレオンがモンテノッテの戦いで勝利してから一世紀と四分の一が過ぎたある日のこと、ゼネラル・モーターズ（ＧＭ）のアルフレッド・Ｐ・スローン・ジュニアはＧＭの他の重役たちと会議の席に着いていた。その目的は、低価格車市場で圧倒的優位に立つフォードを攻撃するための戦略を立てることにあった。この文章を書いている時点では、ＧＭは売上げ二百四十六億ドルを誇る世界最大の会社である。一九二一年には、自動車産業の首位にも立っていなかった。第一位はフォードで、アメリカの車の半分を生産していた。ＧＭは第二位とはいえ、フォードに大きく水をあけられ、アメリカの車の十パーセントを生産するに過ぎなかった。

当時、フォードが生産していた車はただ一種であった。低価格のＴ型車である。ＧＭは、中価格のシボレーから高価格のキャデラックまで、数多くの生産ラインをもっていた。ある意味では、ＧＭとフォードは競争関係にもなかったのである。ヘンリー・フォードとスローンはともにあることに気づいていた。つまり、自動車業界の将来は低価格市場にかかっているということである。フォードは低価格市場に深く塹壕を掘って生き延びようとしていた。一方、ＧＭは低価格車市場には足場さえもなかった。ナポレオン指揮下のフランス軍のように、ＧＭは一刻も無駄にせずに攻撃を開始することにした。フォッシュの言葉を借りれば、T型車の圧倒的優位こそGMの攻撃目標であった。GMは多数の軍勢をその重要攻撃目標、すなわち、価格帯の最も低い部分に集中したのである。

この時、GMの社長はスローンではなかった。ピエール・デュポンがCEO（最高経営責任者）であった。しかし、GMはスローンの集中戦略をとった。戦いは六年間続いたが、主な戦略動向は簡単に言えば、次のようであった。

スローンは自動車市場全体を六つの価格帯に分けた。四百五十ドルから六百ドル、六百ドルから九百ドル、二千五百ドルから三千五百ドルという具合に多段階に分けたのである。シボレーはフォードのT型車を直接に攻撃する価格帯で計画された。シボレーはこの価格帯の市場に力を集中し、他の価格帯の車は製造しなかった。このように価格帯で市場を分割するのがスローンの第一の戦略であった。ナポレオンの場合と同様、この戦略は力の集中が基礎になっている。ナポレオンは敵の軍隊の間に主要な力を集中した。スローンが力を集中したのはフォードの「主力」、フォード自身とも言うべきT型車である。

低価格のシボレーでGMが攻撃に出ると、フォードは価格を下げることで対抗した。はじめシボレーは損をした。七千台しか売れなかったのである。一方、フォードは百万台以上を売った。翌一九二二年、シボレーは消費者の間に足場をつくりはじめ、二十万台を売った。しかし、フォードはそれ以上で、百五十万台以上を売った。

シボレーは技術革新を行なって、T型車に差をつけた。T型車は無敵だと考えていた、ヘンリー・フォードはほんのわずかの変更しか加えなかった。一九二三年、シボレーはディーラーを拡大し、四十五万台を売った。この時点から、フォードがGMを市場から追い出す望みはなくなった。

一九二四年、一方では、フォードが地盤を回復し、売上げ記録を塗り変えていた時、GMのCEOとなったスローンは、製品の品質向上に力を集中していた。戦争においては、タイミングと狙いが正しければ、一つの技術革新がすべてを変え得る。大きな技術革新は新しいルールをつくる。一九二五年に発表されたGMの新しい「K型車」は箱型車にもオープンカーにもなるもので、低価格車戦争のルールを変えた。それに対して、T型車は基本的にオープンカーだった。GMは製品の品質向上に力を集中すると決定したわけだが、この狙いにはこれ以上のタイミングは望めなかった。一九二五年には、販売されている車の五十六パーセントがオープンカーではなくなった。一九二六年には七十三パーセント、一九二七年には八十二パーセントと箱型車の割合が増えていった。GMは箱型K型車の価格を下げ続け、ついにはフォードとほぼ同じくらいにまで下げた。価格や製品の品質で太刀打ちできなくなったフォードは、T型車に代わるA型車を開発するまでのほぼ一年の間、工場を完全に閉鎖するところまで追い込まれた。一九二七年から一九二八年にかけてフォードが市場から姿を消している間に、シボレーの売上げは毎年、百万台を超えるほどに急増した。

一九二九年には、四気筒のA型車をひっさげたフォードが一時、盛り返してシボレーを上回る売上げを示した。しかし、スローンは今度も技術革新に力を集中して反撃に出た。シボレーの技術者たちはあっという間に六気筒の低価格車を開発してGMを勝利に導いた。

最近のことだが、ある小さな研修会社の社長が次のように語ってくれた。「うちではセールスセミナーだけに絞ることにしました。セールスセミナーが一番うまく行っていたのです。三十五種類ものプログラムを用意したところで十セントの儲けにもなりません」と。これは力の集中の例である。本質的にはナポレオンやスローンの場合と何ら変わるところはない。

大切なのは力の集中である。どの分野でも力を集中する者が勝利を収めている。集中することの大切さはスポーツ選手がよく知っている。「集中です。集中することですよ！」と偉大なフットボール選手だったO・J・シンプソンも言っている。富豪もまた集中することの大切さを知っている。物質的に成功を収めた人々の最大の特徴は人にはない特別な才能などではなく、一つの事業に焦点を合わせ、日々そこにエネルギーをつぎ込むことができるという点なのである。

芸術家も集中の大切さを知っている。マービン・ハムリッシュは『コーラスライン』の作曲者で、一年に三つのアカデミー賞をとった人物だが、私に次のように語ってくれた。子供の頃、ハムリッシュは放課後に作曲に集中するか、野球などのスポーツに集中するか、を選択しなければならなかった。成長してからは作曲に集中するか、ピアノの演奏家になることに集中するか、を決めなければならなかった。ハムリッシュは音楽を選び、長じては集中する対象を作曲へと狭めていった。

ナポレオンやスローンも何に力を集中するかで大きな決断を迫られた。持てる力をつぎ込むところは他にもあった。ナポレオンやスローンが勝ったのは、「場所」という決定的なポイントを適切に選んだからである。

時の回廊に居並ぶ偉大なる軍事の指導者たちはすべて、同じ結論に達した。すなわち、決定的なポイントに何らかの形で戦略・戦術が集中している場合に、偉大なる勝利が手にできるということである。チムール（一三三六―一四〇五年）は次のように言っている。「手元にない一万の兵よりも、手元の十人の兵を！」と。これに加えてクラウゼヴィッツは、「戦争の理論とは、重要なポイントにおいて、物理的にも物質的にも、いかに優位に立つかを明らかにすることである」と。ラルフ・ウォルドー・エマーソンは、「〝集中〟とは、政治、戦争、商取り引き、そして、人間に関わるすべての管理運営における強さの秘密である」と言っている。ビジネス戦争では、個人、あるいは、グループがそこを奪取すれば競争で優位に立てるという一つの重大なポイントに競争相手より一層の力を入れるという決定を下した時、それを実行することが〝力の集中〟である。「より一層の力」とは、目標の点において競争相手より大量の、あるいは、すぐれた資源をもつということである。「決定的なポイント」とは、重大な領域、あるいは、問題のことで、戦争やキャンペーンや戦闘、あるいは、企画の成否に影響を与えるようなものを言う。

よりうまく力を集中した方が勝つ

映画『七人の侍』のなかにすばらしいシーンがある。立派な武士が決闘を断わるのだが、その理由というのが、相手に勝てることが戦わずしてわかるからというのであった。実際の戦いはその武士がすでに知っていることを実証するに過ぎない。この武士に関する限り、戦いは不要であった。しかし、相手はどうしても決闘すると言い張り、武士はその相手を切り捨てた。

人的資源、物質、時間、財力、頭脳、宣伝、製造、販売、等々、このいずれに力を集中するかを決めることは、ちょうどこの映画で「ポイント中のポイント」を正確に選ぶことが、ほとんど戦わずして勝つことに等しかったと同じである。戦略と戦術の重要なポイントをうまく決定したら、実際の競争はその決定の正しさを証明するに過ぎない。あなたの正しさが証明されるはずである。

ビジネスでの力の集中を競う競争は、決定的なポイントでどれだけ強いかを競うことである。ビジネス戦争を眺めれば、まさに軍事戦争と同じであることがわかるであろう。勝者は力を集中したから勝ったのであり、敗者は力を集中しなかった、あるいは、勝者ほどには力を集中しなかったから負けたのである。競争力のある会社の経営者は、

(1)競争における決定的なポイントを選択する
(2)そこにより大きな力を集中する

敗者、すなわち、敗れた経営者、敗れた会社は、

（1）力を集中しなかった
（2）間違ったポイントに力を集中した
（3）集中するポイントはよかったが、注ぎ込む力が足りなかった

のいずれかである。

たとえば、GMとフォードの例では、どちらの会社も市場の選択は正しかった。低価格車市場である。実際、フォードがはじめにこの市場を選び、GMが戦いに参入した時点ではすでに堅固に身を固めていた。しかし、この市場では価格だけがすべてではなかった。技術革新である。フォードは技術革新を行なわなかった。そして、GMが勝ったのである。

決定的なポイントに主要な戦力を集中させる

軍事の巨匠たちのなかには兵器の整備が戦争の最も重要な原則である、と言う人々もいる。クラウゼヴィッツも言うように、「勝利」の次に大切なのは「追撃」という準原則である。しかし、すべての軍事の巨匠たちに、何が最も大切かというアンケートを行なったとしたら、大部分が「戦力の集中の原則」に票を投じるであろうことはほぼ間違いない。「戦力の集中の原則」はあらゆる軍事作戦の根底に横たわる「大原則」であり、勝ちたければ必ず従わなければならない、と言われてきた。

「集中」という言葉を適当に使うのはたやすいことである。部下が生産性の向上や市場で優位に立つにはどうしたらいいかと助言を求めてきた時、経営者として言わなければならない言葉はただ一つ「集中」である。そう言っておきさえすれば、その経営者は最後には「天才」だということになるのであるから。

戦略・戦術面で「集中」するということは、

〈戦略面〉

（1）戦略行動を通じて、戦争という舞台の決定的なポイントに継続的に大量の軍事力を投入すること。

（2）巧みに事を運ぶことによって、味方の大群と相手の軍の一部分だけが対決するように仕向けること。

〈戦術面〉

（1）決定的なポイントに投入する兵力はよく統制されたものにすること。

（2）単に兵力を集中して決定的なポイントに投入するだけでなく、速やかに、タイミングを選んで行なうこと。

GMのアルフレッド・スローンが軍事における「集中」の原理を知っていたという根拠はないが、スローンが市場を価格帯で分割した戦略は右記の四つのステップに合致する。この場合、巧妙な分割、すなわち、幅の広い市場をより明確で細かい、焦点を絞った市場に分割する戦略で成功した。この戦略は今日でも十分通用する。この調子でいけば、何年後までも通用するであろう。ナポレオンは敵の軍隊の間にくさびを打ち込むことで勝利した。会社はしばしば市場の狭間にくさびを打ち込むこと、それも競争相手より巧妙に打ち込むことで勝利することが可能だ。

長年の間、年七億ドルのベビーフード市場はこともなく平穏であった。宣伝に経費を使うこともなく、技術革新もいらない、と考えられていた。結局のところ、ベビーフードはどう転んでもベビーフード……というわけである。一九八四年、そこへ突然ビーチナッツが登場しこの業界で首位に立つガーバーに戦いを挑んだ。ビーチナッツは市場を子供の年齢で四つに分割し、それぞれの年齢用に四つの製品グループを発売した。ビーチナッツの発表によれば、この分割戦略でガーバーは二年で十二パーセントのシェアを失ったという。

一九二〇年にはフォードはたった一種類の車しか提供していなかった。これは驚くべき事に思えるかも知れない。そんなやり方は時代遅れだと思われるかも知れないが、つい最近の一九八四年までBICはただ一種類の使い捨てライターを売っていたのである。スクリプトはここにくさびを打ち込んだのである。半世紀も経ってからGMと同様の戦略を使ったのである。スクリプトは高めのものからより安いもの、女性用や男性用といった、多くの使い捨てライターをつくったのである。

敵の弱点に力を集中する

あなたが将軍であるとしよう。双方の軍隊がにらみ合う中間地帯を見渡すと、向こうに敵の軍が帯のように見える。帯の厚みはところによって一様ではなく、強固に守られた部分もあれば手薄なところもある。あなたならばどこを攻撃するだろうか。

あなたは力を集中して敵の比較的強い部分に一撃を食らわせようとするかもしれない。あるいは、クラウゼヴィッツ言うところの「重心」突破すべく、敵の最強の部分を落とそうとするかも知れない。そうすれば、敵は落ち、あとは取るに足りない残党を相手にすればいいという理屈だ。

しかし一方では、敵の最強の部分を突いたがために、あなたの方が負けてしまうかも知れない。あるいは、敵の最強の部分を突けば、いずれにせよ、味方の消耗も激しく、高くつくことに気づくかも知れない。あなたは負けるかも知れないし、もし勝ったとしても、味方は非常に弱体化し、敵の残党といえども味方を全滅させるに十分だということにもなりかねない。あるいは、第三の敵が地平線の向こうに潜んでいて、あなたの軍と敵の軍がともに疲弊するのを待って、一網打尽にしようと待ちかまえているかも知れない。

あなたが敵の最も弱いところを選んで攻撃したとしよう。ドイツ軍エリック・ルーデンドルフ将軍（一八六五―一九三七年）は、今日知られる戦場での駆け引きを編み出した人物である。ルーデンドルフは、最も容易に打ち破れる部分を攻撃するよう説いている。この場合の問題点は明らかであろう。そこが手薄なのは、敵にとって戦略的にあまり重要でないからかもしれない。たとえそこを落としても得るものはわずかかもしれない。ひょっとしたら相手は、のしをつけてくれてやろうとしているのかもしれない。シアーズであれ、他のまともな小売店であれ、相手がそこに店を出していないからという理由だけで店を出したりはしない。最も容易に店が出せる場所は何もない大草原だが、最良の立地条件とは到底言えないのである。

たいていの場合、力を集中するのは敵の弱点が最も望ましい。しかし、弱点ならどこでもいいというわけではなく、重要な点でなければならない。企業がビジネス戦争で勝つためにはどのように力を集中するかという処方箋づくり、最高の力をもって競争相手の弱点を突く場合には、最適な市場で最適な製品をもって行なうことが必要である。成功した企業の処方箋の三分の一はこれである。数百の企業のデータに基づく推定によれば、このタイプの力の集中を行なった場合、会社の規模やタイプは同等でも、成功率は二倍に達するそうである。

相手の力が分散している点に力を集中すること、つまり、相手の弱い部分に力を集中することである。相手があまり投資していないところに投資し、相手が強調していない部分を強調するのである。競争相手が弱体だからといって、大して重要でもないところに力を集中してはならない。守りが手薄な部分を狙うのは、守りの向こうにあるものが魅力的な場合のみである。

相手が多少強い部分でも、そこがあなたに取ってきわめて重要であり、落とせそうならば、今より一層の力を集中して攻撃するのである。

あなたと競争相手が、決定的なポイントでほぼ同程度の力をもっていたとしたら、あなたも相手も力を集中していないのである。

あなたと相手の両方にとって重要なポイントで、あなたより相手の方が力を集中していたとすれば、普通はあなたが一時的にであれ、守勢にまわるか、あるいは、方向転換して別のポイントに力を集中するか、のいずれかの方策を選択することである。

❖企業が力を集中する究極のポイントは消費者だ

トーマス・クーンは有名な著書『科学革命の構造』で各時代がいかにパラダイムを築いてきたか、について述べている。「パラダイム」とは現実に対する便宜的なモデルである。われわれはそれがモデルであって、変更も可能な一つの表現に過ぎないことを忘れ、現実として受け入れている。「パラダイム・シフト」が起きるのは、われわれが信じていたモデルが他のモデルに置き換えられた時に生じる。クーンは科学の領域で大規模なパラダイム・シフトがいかに起きたかを示したが、パラダイム・シフトは何もそうした大規模なものに限らない。私の両親が未だに適応できずにいるパラダイムに、「詩はもはや韻を踏む必要はない」というものがある。十代の子どもたちが楽しむ音楽に親が耐えられないということがよくあるが、それというのも音楽とはかくあるべきという定義が変わってしまったからである。

企業の大規模なパラダイム・シフトは一九五〇年代に起きた。ほとんどのビジネスが中心に据えていたのは「いかに売るか」であったが、それをマーケティングが取って代わったのである。企業は消費者を信じさせ、説得し、なだめて、予めつくっておいた製品を買わせるという売り込み方法に力を集中することを止めた。その代わり、まず第一に、消費者のニーズを理解し、消費者を満足させる製品を作り、その後はじめて売ることに重きを置くようになった。

セオドア・レビットの論文『マーケティング近視眼』（Marketing Myopia）が『ハーバード・ビジネス・レビュー』に掲載されたのは一九六〇年のことであった。この論文はきわめて影響力が大きく、マーケティングとは何かを記述し、ビジネスの流れをマーケティングの方向に大きく変えた。レビットは、売り込み本位の古いスタイルと、マーケティング方式の新しいスタイルとの違いを次のように述べている。「売り込みは売り手のニーズに焦点を合わせ、マーケティングは買い手のニーズに焦点を合わせる。売り込みは、製品を現金に変えるという売り手のニーズだけを考えている。マーケティングの考え方は顧客のニーズを満たすということである」と。

今ではこれも古くなっている。しかし当初は、消費者を満足させるということへのパラダイム・シフトは何にもまして大きなものだった。つまり、売り歩くのはもうダメで、顧客に密着するのが新しい流れだというわけである。軍事用語で言うならば、企業が力を集中する際に、「領土」が新たに決定的なポイントになってきたということである。消費者を獲得するということは、丘や前線や首都、あるいは、国の一部を奪い取ることに相当するようになった。

これは十八世紀の戦闘のスタイルで一七八〇年頃まで続いた。十八世紀のほとんどの戦いにおいて、その目的は「領土」を獲得することにあり、敵を倒す必要はなかった。司令官ならば誰でも（1）領土、あるいは、（2）敵の軍隊、のいずれを狙うかを決定しなければならない。十八世紀の将軍のほとんどは前者を選んだ。「私は敵の主力だけを狙う」と語る将軍がいるとすれば、それは十八世紀の将軍ではない。競争相手を打倒するために打って出る会社もあるが、多くの場合はそれを最優先課題とは考えていない。

たとえば、一九八五年の春、ゼロックスは新機種のコンピュータ、プリンター、ソフトウェアを多数ひっさげて登場した。「IBMの主力部隊のみを狙い」、小売店でIBMと顔を突き合わせて張り合うのではなく、むしろIBMとは違う領域に力を集中していた。つまり、大きなオフィスでのビジュアル指向の会社内出版機器に目を向けたのである。これが二十世紀のすぐれたマーケティングなのである。

ほとんどの企業は他の企業と競争している。しかし、それは消費者の奪い合いという競争である。消費者が主たる獲得目標なのである。十八世紀に現われた戦争の天才たちのように、二十世紀の企業経営者は、競争の眼目は主として「領土の奪取」にある、と見ている。「領土」を求める将軍は特定の土地、領土、国土を得ることに戦力の集中の原則を適用した。企業はこの原則を自分なりの「領土」、すなわち、企業が売りたいものを買ってくれる消費者の獲得に適用するのである。

❖企業にとっての「領土」と決定的なポイント

領土の質がよいことは軍隊が勝利を手にするための基本的要件である。

——メイ・ヨーチェン（一〇〇二－一〇六〇年）

過去四半世紀にわたり、利潤の上がるマーケティングに力を集中する時、企業は以下の四つの原理に従ってきた。

（1）市場を分割する

（2）うまく行きそうなニッチ（力を集中すべき決定的なポイント）を見つける。

（3）そのニッチの消費者が何を求めているかを調べ、消費者の求めるものを提供しつつ、利潤を上げる。

（4）他の企業との違いをつくる。

この四つの原理のいずれもが、消費者という「領土」を奪い、維持することの重要性にもとづいている。

マーケティングにおけるパラダイム・シフトはまだ終わっていない。現在も進行中である。パラダイム・シフトは、ますます限定された消費者の、一層狭い領域に会社が力を集中する方向で進んでいる。今後の方向性を分析している人々は、以下の三点に注目している。①消費者のライフスタイルがますます多様化していること。②そのような多様化に対応するため、大衆市場戦略は下火になりつつある。③きわめて狭いマイクロ・ニッチ戦略が広がりつつある。マイクロ・ニッチに力を集中する傾向ははっきりしており、ほとんど革命である。軍事の言葉で言えば、とくに激しく競争している企業同士では、きわめて幅の狭い決定的なポイントを大軍で襲撃する戦略で優位に立とうとする。アントワーヌ・アンリ・ド・ジョミニは、「戦闘において決定的なポイントを選ぶ能力は、将軍の最大の才能であり、成功につながる最も確実な望みである」と述べている。ナポレオンはそういう偉大な将軍の一人であった。ナポレオンは重要な点を選択するにおいて驚くべき才能を発揮し、「一日で」戦場の重要地点を選び取ることができた、と言われている。

以下にアメリカのビジネス戦争で勝利を収めた典型的な例をとって、相手を上回る力を注ぎ込むべき決定的なポイントとして何を選び、いかにして優位に立とうとしたのかを見てみよう。そうした例からわかるように、ナポレオン同様企業経営者も、将軍に要求される偉大なる才能をもつ場合があるのである。

決定的なポイントとしての年齢

五十五歳以上のアメリカ人は全人口の二十五パーセントだが、この層がアメリカの可処分所得の五十パーセントを担っている。この中高年齢層が最も増加の激しい部分であるため、力を集中する際にここが決定的なポイントになると考える会社が増加している。

アメリカ最大の小売店であるシアーズは、「マチュア・アウトルック・クラブ」を開発し、五十歳以上の消費者で、入会費七ドル五十セントを払えば眼鏡から庭仕事用品まであらゆる商品が二十五パーセント以下の割引で買えることにした。

私設療養院での治療は、保険がカバーするもののなかで需要が供給に追いつかない領域の筆頭である。推定によれば、一九八五年半ばに長期療養保険に入っていた人は十万人に満たなかった。しかし、制度の潜在能力は、今後五年間だけで三十億から五十億ドルと推定されている。

ダラスにある、パール・ヘルス・サービス（パール・ビジョン）は処方箋に従った眼鏡やコンタクトレンズの販売では全米一である。パールがとくに関心をもっている年齢層は、四十代に近づこうとしているベビー・ブーム世代である。第一に、全人口に対する割合が大きく、第二に、四十歳になると多くの人々は視力が落ちはじめるからである。歯や歯ぐきもこの年齢層から悪くなりはじめる。そこで、商魂たくましいパールは、まず、シアーズの店に歯医者のチェーン店を出そうとしている。

マーズとハーシーの競争で争点となったのは、年間八十億ドルにのぼるアメリカのキャンディー市場でどちらが甘党を勝ち取るかであった。この二つの会社がアメリカで最も売れている十種のキャンディーを、それぞれ五つずつ製造し、キャンディー市場の七十パーセントというシェアを握っている。三番目に大きい企業、ピーター・ポール・キャドベリーは九パーセント程度である。

マーズはキャンディーの他にも事業を行なっており、ハーシーの規模はマーズの三分の一に過ぎない。しかし、ハーシーの方が技術革新により積極的で、年齢にもとづいた集中作戦でマーズを追い詰めている。キャンディーを食べる人口の五十五パーセントは十八歳以上であることから、ハーシーは大人向けのキャンディー製品を開発した。一九八一年以来ハーシーは、甘さを押さえ、子ども向けのキャンディーより〝チョコレート味〟を利かせた二種類のキャンディーを売り出した。また、「ビッグ・ブロック」という五十セントの棒状キャンディー菓子を売り出したが、それは歯ごたえがあり、大人、とりわけ、男性向きの製品だった。

「移動住宅」はきわめて競争の激しい産業分野だ。この業界では、ウィネバゴーは第二の規模をもつ大手メーカー会社だが、過去五年間だけでも競争相手の三分の一のビジネスを受け継いだ。ウィネバゴーは非常に幅の狭いニッチに力を集中することに成功した。将来的にはそのニッチはウィネバゴーが独占することになろう。事のはじまりは、ウィネバゴーが、これまでの手を広げる方式はもう止めて、一番力のあるところで、すなわち、移動住宅の製造で勝負すると決めたことだった。次に、大きな資本を投入して、どのニッチが最も有望かを調査し、生産性の向上につとめ、製品の品質を上げるべく努力した。ウィネバゴーは、年齢層にもとづく「土地」をとることにした。移動住宅購入者の三分の二は五十五歳以上であるが、ウィネバゴーはこれを自分の市場とは考えなかった。その代わりにもっと若い買い手に焦点を合わせたのである。調査によれば、一九八〇年代後半には、三十五歳から四十四歳までの年齢層が購入者の四十パーセントを占める、と期待されている。

地域的、地理的なポイント

一つの製品がある土地でよく売れ、別の土地では売れないということがあるが、これは地域ごとに「決定的なポイント」が異なるためである。地域別のマーケティングの傾向は『アメリカの九つの国』(The Nine Nations of America)に書いてある。著者のジョエル・ガローはこの本のなかで、北アメリカにははっきりと異なった九つの「国」がある、と指摘している。それぞれの国に住む人々は、それぞれに他の国とは異なった価値観や態度やスタイルを共有している。

シアトルの住人は、他の都市に比べて、購入する歯ブラシの一人あたりの本数が多いが、これはなぜなのか。ソルトレーク・シティーは棒状キャンディー菓子とマシュマロの最大の市場であり、ポップコーンではダラスとフォートワース、アイスティーではフィラデルフィアが一番だが、これがなぜなのか、は誰にもわからない。わかっているのは、地域的なマーケティングを推進する会社が次第に増えているということである。たとえば、殺虫剤「レイド」のメーカーである、S・C・ジョンソン&サンは、地域的な消費者の傾向を詳細に検討している。一年間地域的なマーケティングに力を集中しただけで、ほぼすべての地域で(十八のうち十六の地域で)シェアを伸ばし、全体としてもシェアを伸ばし、年間四億五千万ドルのアメリカ殺虫剤市場の五パーセントに達した。この「レイド」を戦略商品として、ジョンソンは地域的な攻撃を行なった。会社の経営責任者たちは、マキャベリの、「これから戦いを行なおうとしている土地を将軍は完全に知り尽くしていなければならない」という忠告を深刻に受け止めたのである。

新聞社も経営するメディア・チェーンのスクリプス・ハワードは地域性に関する重要なポイントを切り替えることで会社としての若返りを図った。この会社は日刊紙ではない新聞を数多く出していたが、そういう小さな市場への力を集中を止めて、都市部、あるいは、都市部周辺の日刊紙に資金を投入している。

証券ブローカー、エドワード・D・ジョーンズ社はアメリカのどの証券ブローカーより多くの事務所を開いている。その数は九百七十で、多くは一人か、二人で運営している。この会社の戦略は小さな町に力を集中することである。他のブローカーは普通この点を見逃して、ニューヨークやロサンゼルスに焦点を合わせている。ジョーンズ社はアメリカ中にあるサウスダコタのスピアフィッシュのような小さな町に力を集中したのである。従業員三千人以上のジョーンズ社は、ファースト・ボストン・コーポレーションより多くの従業員を抱えていることになる。

一九八五年の夏、カリフォルニア・クーラーはワインとフルーツをミックスした飲物の宣伝を中西部で開始した。そのコマーシャルではバーの常連が、「カリフォルニアの連中はクレージーだ」と言ってぼやいているが、「だが、いいものはいいんだ」と言ってカリフォルニア・クーラーを注文するのである。半分冗談とは言え、このコマーシャルは巧妙に、中西部の人々のカリフォルニアへの矛先を鈍らせている。この土地の人々には、カリフォルニア人がつくったものやカリフォルニア人が好むものは、何であろうと買いたくないという気質がある。自らを謹厳実直だと思っている中西部人にとって、カリフォルニア人はホット・タブにつかり、日焼けした変わり者に映るのである。

競争に勝利した多くの企業は宣伝費用を、国全体にではなく、地域的に集中している。ローカル放送を通じた、ローカルな催し、ローカルなパーソナリティ、ローカル色、ローカルな好みなどを宣伝する。宣伝のローカル化では以上の点が目立っている。テレビ広告委員会によれば、一九八〇年以来、宣伝における全国ネットのシェアは五パーセント下がっている。

過去においては、ホテルの部屋の需要は供給を上回っていた。しかし一九八七年以来、部屋の販売率はおよそ七パーセント落ちている。昔ながらのダウンタウンや近郊の市場が飽和してくると、ハイアットやマリオットといったホテルチェーンは成長し得る場所を他に求め始めた。小さな町や都市の周辺部に人口を求めて広がっていった。

「チャンスは新しい土地にありました」というのはジレット社国際部門の副社長、ロドニー・S・ミルズである。メキシコ人の男性のうちシェービング・クリームを使うのはわずか八パーセントに過ぎないという事実にチャンスを感じとったジレットは、一九八五年、安価なシェービング・クリームを試験的にガダラハラで販売した。今日、ガダラハラの男性の十三パーセントがシェービング・クリームを使用している。そして、ジレットは新しく特別にデザインした製品、プレストバルバ（スペイン語で〝クイックシェーブ〟の意）を、メキシコ、コロンビア、ブラジルの全域で発売する予定である。これに加えて、きれいに髭を剃るとどれほどメリットがあるか、という教育プログラムを第三世界の男性向けに実施するマーケティング・プログラムも作成中である。髭の剃り方のデモンストレーションに人員を派遣し、目の前で田舎者がどれくらい垢抜けるかを実演して見せるというわけだ。

決定的なポイントとしてのライフスタイル

今日発刊されている特選品雑誌のなかで、「豊かさ」が、力を集中すべき幅の狭い重大なポイントになりつつある。経済的に豊かな暮らしをしているアメリカ人の数はかつてない数にのぼっている。アメリカン航空の雑誌『プライベート・クラブ』が読者と想定しているのは、平均年収十四万四千ドルの人々である。テレビガイドのような大衆向けの雑誌でさえ、読者が次第に豊かになっていることに注目している。

もう一つの重要なライフスタイルは、忙しい独身成人である。『レンタ・ワイフ』サービスが躍進している。ここで言う「ワイフ」は独身者（通常、女性）のために家にいて、配達や修理の人を待ち、ある程度の買い物もする。

アトランタに本社のあるアーロン・レンツ社は年商約一億ドルだが、そのおよそ半分は家庭用、あるいは、オフィス用の家具調度の貸し出しから得ている。未来予測では、将来アメリカの人口は移動傾向が進行していく、と考えられている。そこでレンタル家具は八〇年代から九〇年代の理想的なビジネスになると思われる。もう一つの要因として離婚があげられる。離婚率の高い時代と地域はレンタル家具ビジネスの狙い目である。

九年前のこと、ダグラス・シューマンはまだ誰も手をつけていなかったニッチを見つけた。ニューオリンズへの旅の途中、シューマンは誰かが、「ニューヨークのレストランにニューオリンズのイセエビがないのは何とも残念だ」と言うのを小耳にはさんだ。そこでニューヨークのレストランのシェフに尋ねてみると、「手に入るなら買う」と言う。ルイジアナで適当な供給業者を見つけたシューマンはそれから数ヶ月のうちに、一週間契約で三千ドル相当のイセエビをニューヨークに運び込むようになった。現在、ダグラス・シューマンはドーバー産生鮮舌ビラメ、ヨーロッパ産のマッシュルームや野菜、ハワイ産エビなど、珍味の大手輸入業者として発展している。この会社の一九八五年の売上げは三百五十万ドルにのぼり、年成長率三十パーセントが見込まれている。

国際的なポイント

マッキンゼー社の東京支社で経営支配人を務める企業戦略コンサルタントのケネス・オーマエ（大前研一）は、ビジネス戦争に勝利する多国籍企業は、国際ビジネスの幅の狭い部分に力を集中していると見ている。オーマエは、「新しいグローバルな企業は、少数の国に、より深く、より戦略的に関わるようになる。少数の国家を選び、その制度や指導者たちを研究する方向をとるだろう」と述べている。

小売業界のポイント

一九八〇年代後半から一九九〇年代にかけて、小売店が力を集中する際の合言葉は「マイクロ・スペシャリゼーション」（個別的な専門化）である。消費者の層の違いを明確にし、その後、販売目標、宣伝そして、店のデザインも精選して、その消費者層にアピールするという考え方である。小売店戦争に勝つためには、今後数年の間に店の経営者に許される選択肢は二つしかない。特定のニッチで優位に立つか、地理的な領域で首位に立つか、である。

ネオン電話やその他の変わった品物を扱う「趣味の店」や大雑貨店は、消費者のユーモアのセンスというポイントに力を集中することで他の競争相手との違いを出している。カタログ販売のパイオニアであるシアーズは、一九八二年、こうした特製品への流れをつかみ、こまごまとした特製品を扱うカタログ『スペシャログズ』を発行した。

小売業界の「マイクロ・スペシャリゼーション」と「力の集中」はきわめて幅の狭い領域を狙ったものだが、極めつけは「カテゴリー・キラー」であろう。これはある一種類のカテゴリー、たとえば、玩具、レコード、家具などについて、膨大な品数を扱う店である。

私の家族の運動用品の大部分はスポーツ用品の「カテゴリー・キラー」、シカゴの「スポーツマート」で購入している。典型的なスポーツショップの五倍の広さをもち、たとえば、スリーピングバッグは七十種類、魚釣り用ルアーは一万五千種類置いている。「カテゴリー・キラー」という名前はそのマーケティング戦略から由来している。力の集中で相手を寄せつけないのである。驚くべき量を仕入れ、安く売り、ある特定のカテゴリーについての全消費者を満足させることにより、消費者を自分の店から出さず、競争相手の店からはたき出す。たとえナポレオンであっても、敵をやっつけるのにこれ以上の物量戦は考えられないであろう。

❖フリードリッヒ大王の中小企業向けアドバイス

「将軍が戦場を選ぶ際には、味方の兵士の数と種類、そして、敵の強さとを考慮しなければならない。敵の方が強い場合、敵は平原を狙うだろう。なぜなら、優勢をもってこちらを包囲したいからだ。しかし、味方が劣勢だからといって諦めるには及ばない。ただ、自らの技術以外には頼るものはないことを肝に銘じよ。敵より規模の小さい軍隊が狙うべき戦場は、味方が正面きってこちらに向かえないような土地だ」（フリードリッヒ大王）。

味方が劣勢の場合には、必然的に戦場の選び方も敵の選び方とは違ってくるという指摘は正しい。優勢に立つ敵は「平原」を狙う。つまり、全国的な製品、全国的な流通、全国的な宣伝などである。劣勢に立つ軍隊は敵の正面に面と向かったのではどうやっても勝てない。一般的に言って、大企業は「スケール・メリット」を生かせるような場合は常に有利である。大きな「軍隊」をもつ会社は市場のシェアを牛耳りたいと飽くなき欲求をもつ。何がなんでも生産量を増やしてコストを下げなければならない。もしあなたの会社が小さければ、「スケール・メリット」規模の利法があまり効かない分野に力を集中するのが利潤を上げる最良の道である。たとえば、高度に特殊化されたニッチがそうである。フリードリッヒ大王が、「もし味方が劣勢であれば、技術以外に頼ろうと思うな」と言う時、その技術とは、土地を適切に選択する技術であった。ビジネス戦争ではこれは、競争相手、とりわけ、その市場で首位に立つような大企業には手が出せないような、有望だが、きわめて特殊な（あまりに幅が狭い、あまりに玄人好み、あまりに変わった）部分に狙いをつける技術である。

『ビジネス・ウィーク』誌、『フォーチュン』誌、『フォーブス』誌などは大企業という「土地」を押さえている。〝インク〟はこれら大手誌と対峙するのを避け、大手誌がそれほど優位に立っていない「土地」、すなわち、中小企業を狙った。他のビジネス誌は中小企業の市場を無視するのが普通である。この戦略はフリードリッヒ大王もお気に召すであろう。創設者のバーニー・ゴールドハーシュは、二年目にして『インク・マガジン』が利潤を上げはじめたので大変満足した。

ゴールドハーシュの戦略は注目すべき問題を投げかける。第一次世界大戦のおり、同盟軍はドイツ軍最強の戦略を攻撃すべく、自らの最強の軍隊を派遣した。一方、ドイツ軍の一番弱い部分は恐ろしく貧弱な装備のままで放置されていた。結果は、あらゆる戦線での膠着状態であった。ここから得るべき教訓は、あなたが真に優勢に立っている場合を除いては、味方の最強の軍隊を敵の最も弱い軍隊に向け、敵の最強の軍隊は相手にせずに放っておけということである。これこそまさに『インク・マガジン』のやったことであった。これは軍事の巨匠の言であるばかりか、ベンチャー資本家のほとんどがアドバイスしていることでもある。すなわち、「競争があまり激しくないビジネスに投資せよ！」ということである。

❖戦闘の二つのスタイル

野球のピッチャーが重大な局面で考えることは次の二つのいずれかである。それは、「オレの最高の球を投げてやる」か、「あいつに打てない球を投げてやる」か、である。

軍隊の将軍も会社の経営者も同じである。ある者は最高のピッチで臨む。それが「中核の強さで戦う戦士」（FCS）である。もう、一方は、敵の弱点に力を集中する「弱点を突く戦士」（AV）である。最終目的はどちらも同じで、あるニッチの重要ポイントに力を集中し、そこに足場を築くことである。

しかし、自分の会社の力量に従ってその目標に到達する会社もあれば、競争相手の弱点を突くことでニッチに食い込む会社もある。同じ丘にのぼりつつも、ＦＣＳとＡＶとではとる道筋が違うのである。

中核の強さで戦う戦士（ＦＣＳ　Fighters from cove strength）

ナショナル・フットボール・リーグの試合が終わった時、テレビのインタビュアーが身体のばかでかい守りのラインマンの一人に向かって、「あなたが巨体の持ち主だから、止めようとした攻め手のプレイヤーを吹き飛ばしそうでしたね」と言った。ラインマンが答えて言うには、「その通り。力の強さはぼくの弱点じゃないからね」ということだ。強さはＩＢＭの弱点でもない。ＩＢＭにも他の会社と同じように弱点はある。しかし、「中核の強さ」はＩＢＭの強さそのもの、そのパワー、いざという時に頼れるその膨大な資源である。パーソナル・コンピュータ業界の首位に立っていたアップル社を買収する時、ＩＢＭはそのパワーで戦い、勝利した。ちょうど偉大な軍隊はやりたいことがやれるように、ＩＢＭは策を弄することなく正面切ってアップル社に立ち向かった。小売店ネットワークや取扱店の契約、訓練プログラムなど、アップル社を成功に導いた経営戦略をそっくりマネしたのである。

中核の強さで戦う戦士が絶えず自問するのは「敵がどう出るか」ではなく、「われわれに最も有利な戦いはどういうものか」である。当然、その中核の強さが十分なものであれば、その会社は競争相手がどう出るかを気にする必要はない。企業向け人材派遣会社のセクレタリーズは、その市場では最もすぐれた会社である。その副社長、ジョエル・Ｉ・コーエンは私にこう語った。「うちがナンバーワンだ。率直に言って、他の会社が何をやろうと構わない」と。ＦＣＳは自分のルールでゲームを進める。競争相手の手には乗らない。

ステート・ファームはアメリカ最大の相互保険会社で、自動車保険では二千五百万ドルの自動車債権をもつ最大手である。他の競争相手各社は、証券ブローカーや従業員福利サービスや金融市場ファンドなどを手掛けて全面的な財政サービスを行なっているが、これに対して、ステート・ファームは単純明快に、大衆に保険を売ることに的を絞っている。飾りやおまけは不要、保険のみというわけである。

ステート・ファームの社長であり、CEOのエドワード・B・ラスト・ジュニアはこう言っている。「うちの会社はこの業務にはっきりと焦点を絞り込んでいます」と。この会社の「保険に力を集中する」という方針は歴史的に引き継がれたものである。ラストの父である、エドワード・B・ラストは一九八五年に死ぬまで会社を率いたが、彼はこう言っている。「市場の関心の大部分は保険だ。うちはその大部分である九十五パーセントを受け持つことで満足する。他の会社が残りの五パーセントを奪い合えばいい」と。

軍人であろうと経営者であろうと、FCSは、敵にはない（少なくとも同レベルにはない）自分の強みに焦点を合わせる。ウェリントンの軍隊の強みはウェリントン自身であった。戦術の大家として、ウェリントンは戦術を活かした戦いを選んだ。ローマ軍の強さはその組織にあった。いわゆる重装歩兵密集部隊である。モンゴル軍の強さは、世界史に類を見ない見事な騎兵隊であった。人的資源がその根本にあるわけだが、とくにモンゴル騎馬兵の強靭さは、いかなる困難にも耐え、何事にも負けずに前進するという見事なものであった。戦略、戦術的にみて、FCSは他人にはない能力、ビジネスという戦場で勝利に導いてくれるような特別な能力を最大限に生かす。相手が弱い部分で強くあり続ける努力をする。ユニークさのためのユニークさではなく、重要な領域でユニークであることが勝利につながるからユニークなのである。

どの産業分野であれ、一つの会社が競争で優位に立とうとする時、ここ一番という仕事や戦略が一つや二つはあるものである。そういう領域で優位に立つ会社が、勝利の確率を大幅に増やすことになる。

ほとんどの会社が商品開発やマーケティングですぐれていることを強調するが、利益に関係する分野であればたいていのことが会社の「中核の強さ」になり得るのである。たとえば、財政、サービス、人的資源である。石油ビジネスでは、かつては単純明快に穴を多く掘った方が勝ちだった。現在、石油踏査はあまりにリスクが大きい。世界第二位のエクソンは、市場が下落するにつれ、競争相手の生産油田を買収するのが最良の戦略だということに気づいた。一方、酒類のビジネスでは流通が決定的に重要である。

「中核の強さ」に力を集中するという戦略は、その事業で何をすれば成功するかをはっきりさせることが第一歩である場合が多い。あなたが関係する業界や商売で成功するにはサービスがカギだというなら、徹底的にサービスをして、消費者を虜にするのである。その業界で成功する秘訣が販売にあるなら、販売に焦点を合わせるのである。

競争相手とあなたを分ける決定的なポイントが技術革新である場合もある。グスタブス・アドルフスは、兵器庫を可動して、歩兵隊や騎兵隊と結びつけることによって軍隊を一層強くした。敵の兵器庫が一カ所にくぎ付けになっている時、グスタブス・アドルフスの兵器庫は、戦場の移動に伴い自由自在に動くことができた。これは計り知れない利益をもたらした。技術革新で「中核の強さ」を一層すぐれたものにすれば、競争相手の頭上を軽がると飛び越えてゆく可能性もでてくる。

「中核の強さ」は技術革新による局面打開に結びついている場合もあるが、必ずしもそうとは限らない。「中核の強さ」を獲得することは常に可能である。孫子の『兵法書』に曰く、「戦争で最高なのは国土全体を手中に収めることである」と。もしお金さえあれば、あなたに欠けている「中核の強さ」を買うのが一番手っとり早い。

イリノイ州ディアフィールドに本社を置くウォールグリーン社は全米に一千以上のドラッグストアを

もっているが、ニューヨークには数店舗しかない。ドラッグストア業界関係者は、ウォールグリーンは大企業であり、いかなる市場も財政的には大きすぎることはない、と考えている。三年間辛抱づよくニューヨークという「土地」の調査を続けた結果、ウォールグリーンは既存の競争相手の店舗を買収するという方向が適当だと考え、そこに大量宣伝と物量戦術という成功の処方箋を注ぎ込もうとしている。

二十年ほど前、通信機器のトップメーカーであるロルムを買収するまで、IBMは一つの会社も買収したことはなかった。十年間以上も通信機器の分野で努力したが実らず、IBMは通信機器業界に力を集中させるという課題を買収という方法で解決した。それ以後、情報処理市場ではAT&Tと戦えるまでにのし上がったのである。

場合によっては、「中核の強さ」に立ち帰るためにそれ以外のビジネスを売りに出すこともあり得る。関係の薄い分野を組み込み、なんとかものにしようとしたがうまく行かず、結局、その部分を切り捨てる会社が増えている。マキャベリは、「新しい秩序を打ち立てることほど困難、かつ、危険なものはない」と述べているが、これは今日でも通用すると改めて気づくわけである。関係のないビジネスを買収することを選んだ会社は、おそらくいつの日か、異質なものの混合調整という困難な作業に見切りをつけることになろう。

マーチン・S・デービスの指導の下、ガルフ&ウェスタンは会社の規模を半分に切り詰めた。利益率の悪い部門を切り捨て、娯楽とコミュニケーション・ビジネス部門三十七億ドル、財政サービス部門七十億ドルの身軽な会社に変身した。証券ブローカーのシアソン・レーマン・ブラザーズはある報告書でこう述べている。「いったんは目的もなく多くの資本集約的な事業に多角化したが、デービス氏の下でバランスの取れたサービス中心の会社へと焦点を合わせ直した」と。

同様に、現在、ベアトリス・カンパニーはブラジャーからソーセージまで売る、売上げ百十四億ドルの大会社から、合理化された食品製造会社へと変身を計っている。

コルゲートパーモリーブも多角経営の大企業で、現在、「中核の強さ」への回帰をはかっている。ほんの数ヶ月の間に、コルゲートはベビー用品部門をガーバーに、運動靴製造部門と米の加工部門を他に売却することで合意した。コルゲートが売り、ガーバーが買う。過去数年の間に、ガーバーは幼児服と子ども用家具会社を十五程も買収している。しかし、コルゲートもガーバーも、力の集中という点では共に前進している。コルゲートは「中核の強さ」に回帰し、ガーバーは「中核の強さ」を強化しているのである。

アメリカン・カン・カンパニーの名称は誤解を招き易い。アメリカン・カンパニーと言うべきところであるが、ＣＥＯのジェラルド・ツァイ・ジュニアは巧妙に、成長の遅い資本集約的な当初の事業から、サービス企業向けポートフォリオ事業へと重心を移してきた。そのなかには利潤の高い金融サービス業務も含まれている。製缶部門は今でも、アメリカン・カン・カンパニーのなかで小さな部門に過ぎない。

ほとんどの企業で支出をまかなっている黒字部門がほんの少数に過ぎない、ということは広く知られた事実である。繁盛している製品や市場こそ、いざ力を集中しようという時には中核の強さになる部分である。一方、あまり金にならない部門は切り捨てれば利益は上がるであろう。先に、金にならない三十四のプログラムを止めて、セールス・セミナーに力を集中する決心をした小さなトレーニング会社の社長の話をした。巨大企業でも力を集中する場合は同じことである。ハインツ、ゼネラル・ミルズ、キャンベル・スープ、デルモンテ、その他の大手企業が製品ラインを減らすことで力の集中を達成している。ウェスティング・ハウスが冷蔵庫の型を四十種類から三十種類に減らしたのも同じ理由からである。

もちろん、「中核の強さ」も開発は可能だ。もしあなたの会社が「中核の強さ」をもっていなければつくりだすことができるのである。たとえば、日本の大きな製造会社の重役と会談している時、私は次のように言ったことがある。「私が子供の頃は日本製品はすべてガラクタ同然でした」。その重役は笑ってこう答えたのである。「かつてはガラクタでした。でも、今は違います。私たちは学びましたから」と。

弱点を突く戦士（AV　Attackers of Vulnerability）

敵が戸を閉めずにいたら、突入すべきである。

――孫子

九〇〇年、コンスタンチノープルのレオ賢帝が著わした『兵法』（Tactica）には次のように書いてある。「だんびら（広刃の刀のこと）と槍で武装したフランク人の大軍に正面からぶつかるのは恐ろしいことである。しかし、フランク軍は組織が立て直されておらず、しかも、訓練もきわめてお粗末である。連中をやっつけるには、混乱に陥れて、背後か脇から攻めさえすればいい。たやすいことである」と。強いのは正面だけで、他はすべて弱いというのである。

「弱点を突く戦士」（AV）は、敵の弱点を利用すべく敵ごとに戦術を変える。そして、どんな敵にも弱点はある。敵を撃ち破るチャンスは敵自らが与えてくれる、と孫子も言っている。どんな国も、どんな軍隊も、どんな会社もどんな人も、必ず一つ以上、しばしば多数の弱点をもつ。完全無欠な会社など存在しないし、これからも存在することはない。完全無欠になろうとするのはうまいビジネスのやり方ではない。そんなやり方では儲からないからである。どんな会社であれ、安全をはかるのはその分野が重要だと思うからである。その他の領域は、ほどほどか、あるいは、まったく無防備である。

どんな産業分野であれ、その先頭に立つ会社を見てみよう。エクソン、ゼネラル・モーターズ、ＩＢ

M、デュポン、ゼネラル・エレクトリック等々……。どの場合も、競争相手の存在が「巨大企業であれ自分の思い通りにはできない」ことを証明している。取り引き制限を阻止する法律は別にして、大会社が自分よりずっと小さい会社を苦しめることは可能であるが、自分が大切にしている所を攻撃されたのでない限り、小さな競争相手を苦しめるようなことはしない。大会社が市場を争ったとしても、いつも勝つとは限らない。たとえば、コカ・コーラとペプシという巨大企業がアメリカのソフトドリンク市場を握っているのだから、潜在的競争相手が生き延びる道はすべて封じられているかに思われる。しかし、割引価格で売る配達ボトラーはどこにでも存在するのである。そこに出てきたのがジョルトである。一九八六年に発表されたジョルトは、低カロリー、低カフェインと、あれもこれも〝低〟にうんざりしている人のための飲物だった。「全糖でカフェインは二倍」をモットーに、ジョルトは百パーセント天然砂糖を用い、米国食品医薬品局が許可するカフェイン最大許容量の九十八・三パーセントを投入したのである。ニューヨーク州ロチェスターに本社を置くこの会社の社長、C・J・ラップ曰く、「ソフトドリンクは健康食品だなどと誰が言った?」と。

AV企業は競争相手の弱点を突いてやろうとする。こういう企業はいい意味で競争相手に取り付かれているのである。処方箋2でわれわれはアレキサンダー大王が、ペルシアのダリウス王がうかつにも手を抜いた一点に可能な限りの大軍を注ぎ込んだのを見た。もしあなたがAVならば、アレキサンダー大王と同じことを試みるべきである。競争相手の弱点がマーケティングならば、AVはマーケティングを強力に行なう。競争相手が宣伝をあまり重視しなければ、AVは可能な限り宣伝に力を入れる。AVは競争相手の弱点に力を集中するのである。

孫子が言っているように、競争相手の力の中心を見い出したなら、そのごく近くに主たる弱点も見つかるだろう。敵の弱点を見つけるには、敵の強い領域をよく見ることである。同様にクラウゼヴィッツはこう述べている。「どんな点にも『重心』がある。その重心にすべてが依存している。つまり、力の中核、中心的な強さである。もしそこを突いて敵を撃ち負かすことができれば、敵は崩れる。中核の強さは失われる」と。クラウゼヴィッツによれば、敵の「重心」を見つけ出して攻撃することが勝利のカギなのである。このことは大規模なビジネス戦争でもカギとなる。プロクター&ギャンブル（P&G）はアメリカ第十六位の大企業である。タイド、クレスト、パンパースなど、P&Gの製品はわれわれの日常生活の一部である。P&Gは家庭製品業界に長年君臨し、アメリカで最もすぐれたマーケティングを行なう会社と見なされてきた。経済評論家のなかには、P&Gは完全無欠である、と考える者もいた。

はじめのうち、P&Gの競争相手の戦略は、P&Gの「魔術のようなマーケティング・システム」を最大限マネることであった。現在、それが変化しつつある。競争相手たちはうまくP&Gの弱点が突けるようになってきたのである。孫子が二千四百年前に指摘したように、P&Gの弱点はその主たる強さのすぐ近くにあった。クラウゼヴィッツの言葉を借りれば、P&Gの「重心」はそのマーケティング・システムにある。まさにそこを競争相手たちは突いている。ブレンハイムの戦い（一七〇四年）でマールボロ公爵が立てた攻撃計画は単純、かつ、大胆不敵なものだった。マールボロ公爵は、誰も予想しないという理由で、敵の最も強い部分を突いたのである。マールボロ公爵は何をも、誰をも恐れず、敵の最強の部分を喜んで攻撃した。これと同様の鋼鉄の神経をもち合わせている者はビジネス戦争でもいるようである。そのなかの幾人かがP&Gに突撃した。

キンバリー・クラークの会長でCEOのダーウィン・スミスは、「もうP&Gにいい思いはさせない」と誓った。キンバリー・クラークが自社の紙おむつをP&Gのパンパースに対抗させた時、攻撃目標として選定したP&Gの弱点とは、P&Gの伝統的マーケティングの一連のステップである。すなわち、市場にはゆっくりと入り、徹底的に市場テストを行ない、すべてが整ってから大規模な宣伝プログラムを開始する。キンバリー・クラークが突いたのは、こういう慎重な方法によるスピードの遅さである。たとえば、P&Gとキンバリー・クラークは、とめ直しのできる紙おむつのテストをほぼ同時に開始した。P&Gは製品に間違いないことを確かめるために、よけいに時間をかけた。一方、キンバリー・クラークは一気に駆け込み、売上げをかっさらったのである。ナポレオンは、「私はまず、着手する。何をするを考えるのはそれからだ」と言った。まさにそれをキンバリー・クラークは実行し、P&Gにはできなかったのである。マクシシンの製造元、タンブランズはP&Gの重心を攻撃したもう一つの会社である。P&Gの半分の時間で製品を開発し、市場に出した。P&Gのダンカン・ハインズ部門は、新しいクッキーを開発しはじめた時、伝統的なP&Gの手法に沿って徹底的な消費者の嗜好テストを行なった。その隙に乗じて、ナビスコ、キーブラー、フリトト・レイは独自のクッキーを市場に送り出した。その頃、P&Gはまだ全国規模の市場調査すらすんでいなかったのである。

P&Gの競争会社がその遅さを攻撃したように、低コストでIBMのパーソナル・コンピュータの類似品をつくる小規模企業グループはIBMの遅さを攻撃した。こうした企業グループに有利に働いたのは（より進んだ製品がより低価格で市場に出るまでの間ではあるが）、規模が小さく、ガレージを工場にしたような気軽な経営体制である。そのような経営ではIBMのような巨大企業より素早い動きが取れる。

レーバー・ブラザースは高価格というP&Gの弱点に力を集中し、コルゲートパーモリーブはP&Gの「流行を追わない」という点に目をつけた。品質のよい製品を提供するP&Gは価格も高くなるのが普通である。レーバー・ブラザースは柔軟仕上げ剤、〝スナッグリ〟を、P&Gの〝ダウニー〟より十五パーセント安い値段で市場に出し、柔軟仕上げ剤市場のシェアを奪った。「ファディッシュ」という液体洗剤の場合も、P&Gはとくに売り込みはしなかった。一方、レーバー・ブラザース側は積極的に売り込み、その製品ウィスクは液体洗剤市場のシェアの四十パーセントを占めた。

ブラック&デッカーがゼネラル・エレクトリックの家庭・事務用電気製品部門を買収した直後のこと、GEの競争相手はにわかに出現した弱点を感じとり、迅速に行動を取った。サンビームは、家庭・事務用電気製品の製造会社として、一番名の通ったGEにとって代わるべく、宣伝予算の四百パーセントアップという驚くべき大幅増額を行なった。ノレルコはGEに直接対抗すべく、アイロンのマーケティングを開始した。

突然姿を現わし、各社の過激な行動を引き起こした弱点とは、名前の変更に関係がある。買収の一環として、ブラック&デッカーは買収したGEの製品に自社の名前を付けなければならない。ビジネス史上屈指の大ブランド転換である。ブラック&デッカー社は動力機械だけでなく、優秀なオーブントースターもつくるのだと言うことを消費者に、とりわけ、女性に納得してもらう必要があった。ノレルコ、ハミルトン・ビーチ、サンビームなどの会社は、もし「ブラック&デッカーの製品は地下室にあるべきもので、台所ではない」と女性を説得することができれば、この戦争に勝利することができるであろう。狙いは何か。五億ドルというGEの家庭・事務用電気製品売上げのシェアである。

❖戦力を集中し、敵が戦力を集中してきたら、再度戦力を集中せよ!

「戦力の集中」というのは、一度だけやって、その後は椅子にふんぞり返って投資が増えて戻るのを待てばいいというものではない。第一次世界大戦でフランス軍はマジノ線を急造してほっとしていた。ドイツ軍は例の電撃的集中攻撃（その本質は「戦力の集中」である）で押し寄せ、フランス軍は大混乱に陥った。軍事とは違い、ビジネス戦争に終わりはない。果てしない行動の連続である。あなたの行動、競争相手の行動、あなたが力を集中し、それに対抗して競争相手も力を集中する。これが永遠に続くのである。引き分けになった時は常に焦点を合わせ直して、対集中、対対集中、対対対集中……。たとえば、アメリカ力における過激な競争の一つに、ファストフード・レストランの客の獲得戦争がある。アメリカ国内だけに限っても、七万五千店舗のファストフード・レストランがあり、専門家の多くは数が多すぎる、と分析している。ファストフード産業は飽和状態にあり、淘汰が起きる、と予言されている。小さなチェーン店の中には「戦力の集中」という原則を破り、余りに早く手を広げてお手上げになるものがでるだろう。一九八三年のこと、〝ワン・ポテト、ツーインク〟はファスト・フードのハンバーガーショップをベークド・ポテトで駆逐するのではないかと思われた。ところが二年も経たないうちにこの会社はレストランの二十パーセントに近い数を閉店することになった。この会社のもともとの戦略は、ショッピング・モールでベークド・ポテトを売ることにあった。しかし、経営幹部は手段に見合う目的を立てるという原則からはずれて、直営店を急速に拡大していったのである。

新しいチェーン店が戦力を集中する際の主な形態は、目先の変わった食べ物である。たとえば、タコサラダ、ベークド・ポテト、低カロリー・ハンバーガーなどである。これに対抗するために、大手チェーンは他社が力を集中している点を攻撃する。たとえば、ウェンディーズは現在、ベークド・ポテトと低カロリーの軽食を提供している。ウェンディーズ・インターナショナルの会長である、ロバート・バーニーは、「もはやハンバーガーだけ出していればいいというわけにはいかない」と言っている。

競争相手の「戦力の集中」に対抗するために、自分自身の戦力の集中点を変更するというもう一つの例は、ガソリンスタンドである。アミコ、シェル、モービル、テキサコといった大手のガソリンスタンド会社は、修理工場や交換部品や高い技術をもつ整備士を置くという金のかかることにもう頭を悩ませるのは止めた。こうなると、ガソリンスタンドは「ガソリン・ポンプ」である。ガソリンを入れ、わずかばかりの雑貨を売る。デンバーの「グリース・モンキー」はさらに進んでガソリンを入れることさえ止めてしまった。オイル交換と潤滑油を注入する業務に戦力を集中したのである。

❖経験則——戦力の比率は三対一

敵に向かって進軍する時は一塊になって進め。数で敵を圧倒するためである。進む方向は敵の戦力をそぐ方向である。

——ナポレオン

ナポレオンはこう明言している。「数の上で優位に立つものが常に勝利する」と。皇帝ナポレオンのこの言葉とこれに類する発言は、身体の大きいものが常に勝つという考え方を支持するものと性急に結論されている。この発言はナポレオンも墓場で後悔しているに違いなく、また、運動場から会議室まで人間の努力が行なわれるあらゆる場で、こうした解釈がばかげた誤りであることが証明されている。ナポレオンはほとんどいつも数の上でまさっており、ほとんどいつも勝利を収めた。しかし、彼が本当に言いたかったのは明らかに別のことである。

ナポレオンはさらに続けて、自分の軍隊が劣勢にあることがわかった場合は、どのように敵の大軍に立ち向かうか、を述べている。そんな事態が頻繁に起きたのである。「私はいつも敵の軍隊の一翼に稲妻のごとく襲いかかり、完全に打ち負かしたものである」と。この戦術は常に敵の間に混乱を引き起こしたものだが、ナポレオンはその混乱に乗じて速やかに別の部分を攻撃した。「しかし、常に全軍をその一点に注ぎ込んだ」のである

したがって、ナポレオンの意図は、決定的なポイントでより戦力のある方が勝利を収めるということ

である。「戦力の集中」を競う戦いでは、全般的に優位に立つ必要はない。しかし局所的には、つまり、重要なポイントでは、敵より強くなければならない。全体としては劣勢でも局所的に戦力を集中し、そこで優位に立てれば勝つことは可能である。この処方箋3のはじめに、GMが成長して強くなり、フォードが弱くなった様子を見た。現在、GMは最大の企業である。ところが実際は、ヨーロッパではフォードがGMより多くの車を売っているのである。全体としては小さくとも、一つのニッチ市場や一つの製品でうまく力を集中すれば、大きな相手をうち負かすこともできる。あなたがこの文章を読んでいる間にも、アメリカ中の至るところで中小企業がこの事実を証明している。

軍事的には広く受け入れられていることであるが、攻撃する側は、攻撃の時点で重要な点については、少なくとも三対一で優位に立っている必要がある。もしあなたが攻撃をする側であれば、攻撃する点については相手より三倍の強さをもって行なうのが賢明である。「戦力の集中の原則」は守る側にも適用される。あなたが守りの側ならば、重要だと考える点については三対一で優位に立つのが賢明である。競争相手が突然、あなたの最大の得意先を奪おうとしたとしよう。三対一の法則に従えば、それを守るために、三倍の努力をしなければならないということになる。このアドバイスは役に立つ。

しかしながら、この三対一の法則は経験則に過ぎない。この法則は覚えておいて、一般的な指針とすることであろう。しかし、金科玉条だと考えてはならない。この法則を証明する例がどんなにたくさんあろうと、それとほぼ同数の例外もあるのである。そうした例外からわかることは、

・局所的にも三対一以下でしか優位に立てなくとも、攻撃側が勝てる場合がある。
・攻撃側が数で圧倒されていながら、勝利する場合がある。

三対一の優位が取れなくとも攻撃側が勝った例を集めるのは大してむずかしいことではない。一八〇五年から一九七三年までに起きた四十二の有名な軍事戦争の研究によれば、たいていの場合は攻撃側が数の上で圧倒されていながら勝利しているのである。攻撃側が誰で、守りが誰かということはひとまず置いて、四十二の有名な戦闘のうち、二十四の場合について、勝者は数の上で劣り、十八の場合について勝者が数の上でまさっていた。ビジネス戦争にはいくつかの神話がある。その一つは、大企業は必然的に守りにまわる傾向があるということである。これはまったくの嘘である。巨大企業が大きくなり、大きくあり続け、そして、さらに大きく成長しているのは、ほとんどの場合、それが攻撃的な性向をもつからである。もう一つの神話は、巨大企業と面と向かって対決した中小企業は必ず負けて無一物になるというものである。これもまた、嘘である。たとえば、WD—40カンパニーはたった一つの製品をつくる会社であるが、多目的潤滑油のビジネスで、デュポン、3M、ペンゾイルといった巨大企業をうち負かしている。WD—40の従業員は世界中で五十五人いるに過ぎない。

大きな軍隊が勝つべきところをしばしば小さな軍隊が勝つ。これはなぜだろうか。一つの理由は（おそらくこれが最大の理由になるだろうが）、勝利した小さな軍隊がうまく戦力を集中したからである。軍事の巨匠たちの教えに従ったアプローチをとったのである。すなわち、戦場の狭い部分に全面攻撃をしかけ、大きな部分に分散した攻撃はしないこと。適切な製品を最も適切な市場に送り、競争相手の弱点に自社の最も強い部分を対抗させる。しかし、こうした要因がすべて自分にプラスに作用しなくても、勝つことはあり得る。戦争、そして勝利する経営のあらゆる面で、勝つために必要な最小限の力というものが存在する。しかし、この最小限の戦力がきわめて小さくても、それに代わるものを用いて強化することが可能である。その代用物はしばしば無形であり、力を数倍にもすることもある。

規模は重大な要素である。しかし、規模を補う何か他の要素を見つけることはできる。序論で見たように、ギデオンは大勢の烏合の衆より専門家からなる少人数の部隊を選んだ。アレキサンダー大王の部下は、通常、数の上でははるかに劣勢であった。しかし、戦闘に熟達し、指導者に最高の満足を抱いていた。

リーダーシップは戦力を倍増させる無形の等価物の一つである。プロイセンのフリードリッヒ大王は、たとえて言えば国の大砲であった。完全に敵に包囲されたことも何度かあり、大きな軍隊をもつ多数の敵国と戦ったこともあった。「小さな軍隊が勝利する最大の希望は、その指導者にある」とフリードリッヒ大王は言っている。小さな軍隊でも指導者がすぐれていれば、勝つことができる。フリードリッヒ大王は指導者としての自らの力量に大きな自信をもっており、敵に囲まれるのはどの敵にでもすぐに手が届く絶好の機会だ、と考えたのである。ナポレオンの敵が言っているように、戦場にナポレオンがいるだけで四万の兵に相当した。ナポレオンがフランス軍にとって四万の兵に相当したのなら、自動車戦争でリー・アイアコッカがクライスラーの側についたのはどれほどに相当するだろうか。ビクター・キアムがレミントン側についたのはどれほどに相当するだろうか。

技術革新や従業員の力量も等価物である。スウェーデン王、グスタブス・アドルフスの軍隊は、たいてい敵の軍隊よりはるかに小さなものであったが、一人一人の兵隊はすぐれていた。彼らは決して「敵はどんな大軍ですか?」とは尋ねなかった。ただ、「敵はどこですか?」と尋ねた。チンギス・ハンのモンゴル兵はほとんどいつも数の上では圧倒的に劣勢であった。モンゴルの一人の騎兵は、おそらく敵の最良の兵隊十人分に相当しただろう。

それでは、すぐれた実践的なアイデアは兵力や金銭的価値に直せばどれほどになるだろうか。軍事の歴史が示すように、戦略、戦術のアイデアがすぐれている方が優位に立ち、より速やかに、より低いコストで目的を達成する。換言すれば、もしあなたの会社の経営担当のハリーやサリーやビルが競争相手の経営担当者より戦略的にすぐれたアイデアを出せるのなら、競争相手に対して、鋭利な武器を手にしたことになる。三対一の法則は経験則としては役に立ち、一般的には正しいものではあるが、数の上で圧倒的に劣勢でありながら、それでも勝つことはできるのである。クラウゼヴィッツが言うように、「もしそれが達成できれば、自動的に結果は二倍になる」と。無勢で多勢を撃ち破ることにより、あなたは当面の戦いに勝利するだけでなく、競争相手にない、あなたの強みを相手に気づかせることになるからである。「この点を相手に気づかせれば、敵は今後、用心深くこちらに対応するようになる」とクラウゼヴィッツは言っている。クラウゼヴィッツの言葉は正しい。たとえば、ワシントンD・Cのジャイアント・フード・インコーポレーテッドは名前と違って大きなスーパーマーケット・チェーンではない。小さな会社である。しかし、戦力を地域的にうまく集中し、経営者の強力なリーダーシップもあって、パントリー・プライドやラッキー・ストア、アメリカン・ストアなど、はるかに強力な競争相手をうち負かした。ジャイアントに二度と立ち向かうことを望まず、こうしたチェーン店はこの地域から出て行った。

あなたがもし攻撃する立場にあって、もし事情が許すなら、決定的なポイントでは競争相手の三倍の力をもつようにする。

守りの立場にある時は、決定的なポイントで競争相手が三倍強くなることを阻止する。

もし数の上で圧倒的に劣勢であれば、規模を倍増してくれる無形の代用物を利用する。あなた自身のリーダーシップも代用物の一つである。

❖集中するためには勇気をもて！

言うべきことを言い、なすべきことをなしたら、「決定」こそ司令官に要求される最大の資質である。

――モンゴメリー将軍

すべてを理解し、維持し、守り、獲得することはできないかも知れない。それだからこそ、必然的に危険を冒すことになる。もし故意に自滅的な戦略を立てるとしたら、まず第一になすべきことは、手を広げすぎることである。十五のすばらしい商品を製造する、または、七つ、あるいは、一つでも、世界一の商品をつくるのではなく、五十のまあまあの商品をつくることである。じりじりと歩を進めるのではなく、今すぐ二百の小売店を開店するのである。ピーター・ドラッカー教授の観測では、健全な経営の必要条件のなかで最も頻繁にミスをしでかす要素は、「戦力の集中」である。

戦力を集中するにはガッツがいる。戦力の集中と勇気は表裏一体である。ビジネス戦争で戦力を集中する時はいつも、あなたは一つの賭けをしている。ナイト・リダー・ニュースペーパーズはビデオテキストのビュートロンを開発するのに七年の月日と二千六百万ドルの金を注ぎ込んだ。ビデオテキストは旅行情報や金融情報、ホーム・バンキング、買い物情報などを消費者に結びつけるべく考えられたメディアである。しかし、消費者はビデオテキストを欲しいとは思わなかった。ビュートロンはお蔵入りとなった。自動車戦争ではＧＭが、工場の製造工程の技術革新は十分投資に見合うと賭けた。イタリアの自動車会社は流行の先端をいく車に戦力を集中している。ＶＷ（フォルクス・ワーゲン）は高価格車と超低価格車に賭けている。フォードは小型車を追求し、マツダと合弁した。戦力を集中して、戦略の天才だ、と証明される場合もある。しかし、失敗に終る場合もある。戦力を集中する場合は、自分に優先権があることを明確に大胆に宣言する勇気をもたなければならない。「重要なのはここだ。われわれはここで勝つ。他は付け足しだ」と。これこそまさにＩＢＭが行なったことである。ＩＢＭはシステム三六〇シリーズのために、可能性のある他の製品や市場を犠牲にし、このシリーズに五十億ドルを投資したのである。ダン＆ブラッドストリートも同様の勇気を示した。十八ヶ月という短期間に出版部門とテレビ関係部門を売却し、情報産業に戦力を集中するために、十八億ドルをかけて三十三の会社を買収したのである。戦力の集中は臆病者には決してできない。

❖弱さのメリット

弱くて守れないから、私は攻撃するのである。

――ロバート・Ｅ・リー

もし弱くて全面攻撃ができなければ、部分的に攻撃するというのが原則である。全体的には競争相手より弱いが、ある領域では実は相手にすぐれているという場合、いやでもその線にそって戦力を集中することになる。

ところが会社が成長して機構も複雑になってくると、たくさんの領域で他にすぐれた点が見られるようになり、どこに戦力を集中するかがなかなか決定しにくくなる。たとえば、あなたが一つの製品をある特定の地域の市場に出している場合、戦力を集中するのは比較的容易である。しかし、事業を拡大して多くの地域で多くの製品を市場に出している場合は、急に選択肢が増えてくる。全部どころか、いくつかのものにさえ戦力を集中するのは容易ではない。では、何に集中するか。もしますます成長して多角経営企業になれば、可能性はますます増え、そのなかからどれかを選ぶのはますますむずかしくなる。

先に触れたWD―40カンパニーは、この会社の唯一の製品、WD―40から離れて他に手を出すことに抵抗している会社である。WD―40は、キーキーきしむタイヤに注《さ》し、錆ついた部品を磨き、硬いドアのカギをスムースにするために、三十年にわたって消費者に利用されてきた多目的潤滑油である。WD―40の年間売上げは五千七百万ドルである。小さな会社ではあるが、これまで一度も多目的潤滑油の王座を他に譲り渡したことはない。デュポン、ペンゾイル、3Mといった巨大企業が挑戦したが、すべて失敗に終った。WD―40カンパニーは非常にすぐれた製品を手にしており、その製品とともに歩み、新しい利用法を消費者に紹介してきた。たとえば、もともとWD―40は男性が使うものと考えられていたが、会社はこれが女性にとっても完璧な商品であることを示そうと努力した。また、社長のジャック・S・バリーによれば、「いろいろな面白い所で新しい利用法がないか、といつも考えてきた」のである。たとえば、埋葬用品会社、獣医機器供給会社などで、器具の掃除に使うことができる。バリーのアイデアは「一家に二本のWD―40を」である。一本はガレージに、一本は台所の流しの下に。一つの製品にこだわるというのが、この類まれな会社の基本戦略なのである。

きわめて競争力のある個人を調べると、経営者ならみんな知っていることが浮かび上がる。すなわち、たくさんの事をうまくこなすのが最良の従業員だということである。会社や軍隊のなかにも多くの事をうまくこなすものがある。そして、それが戦力を集中する時に問題となる。たくさんのことができるとしたら、それを全部やろうとするだろう。それもすべてをうまくに、である。しかし、それは不可能である。余りにたくさんのことが起きる。あるいは、余りにいろいろな、相互に関係のないチャンスを追求している。あるいは、バラバラな企画が多すぎる。そんな時はいつでも、そのなかで一番うまくできる一つか、二つのことに立ち帰ってみる価値はある。たいていの場合、製品製造や利潤を上げる可能性を開拓する最良の戦略が一つだけ存在するものである。

❖強さの中心から戦力を集中せよ！

この軍隊で自分は勝利をかち取るぞと思っている軍隊を分割するよりは、一地方を失う方がましである。

——フリードリッヒ大王

「領土から遠く離れて作戦を展開する軍隊は、多大な困難に遭遇するであろう」。これも偉大な軍事の巨匠たちが残した教訓である。

フリードリッヒ大王はそれをこのように述べている。「国境から遠く離れて行なう戦争はどれも、国の近くでやる戦争より勝算が薄い」。多くの企業が同じ問題で苦い経験をしている。

『シカゴ・トリビューン』紙は、「解体するコングロマリット」（複合企業）と題する記事のなかでコングロマリットの失敗を扱った際、この問題を簡潔に述べている。『ビジネス・ウィーク』誌と、コンサルタントのマッキンゼー社、およびスタンダード&プアズ・コンピュートスタットの調査によれば、『エクセレント・カンパニー』に優良経営のアメリカ企業としてあげられている四十三の企業のうち、ほぼ三分の一までが、熟知している市場から他の市場に手を伸ばしたり、あるいは、市場の変化に適応できなかったりして失敗している、という。これは二流、三流の会社の話ではなく、アメリカの超優良企業の話なのである。熟知しているホームグラウンドから近いところでやるのが成功の秘訣であることはわかっていたはずである。それでも戦力が集中できなかった。それほど犯しやすい過ちなのである。

一目置かれるようなすぐれた企業でさえ、関連の薄い事業を統合しようとして深刻な困難に直面する。シアーズ、アメリカン・エキスプレス、メリルリンチ、シティ・コープなども、銀行経営、融資、投資、不動産、保険などに手を出して困難に直面している。第二位の規模をもつ巨大企業のエクソンも、十年の月日を費やし、五億ドルの投資をした事務製品事業を手放さざるを得なかった。ゼネラル・ミルズも玩具とファッションの部門を手放し、一般消費者向食料品、レストラン、特選品小売業に戦力を集中することにした。

Ｊ・Ｃ・ペニーはアメリカ第三位の規模をもつ小売店であるが、二つの誤りを犯して戦力が集中できなくなった。第一に、Ｊ・Ｃ・ペニーは適正価格の製品で知られていたにも関わらず、その点を強調しなくなり、もっと高価な、流行を狙ったデザイナー衣料に重心を移したこと。第二に、アメリカの田舎町という「領土」を手放し、大都市地域に店を出したことである。三年の間売上げと利潤は下り坂をたどり、Ｊ・Ｃ・ペニーはもともと戦力を集中していた点に立ち帰る決断を下した。値段の張らない衣料品が再び棚に並び、大都市地域の店の多くは閉店した。ペニーの社長、デービッド・Ｆ・ミラーはこう語っている。「われわれがやろうとしていることは元に戻ることだ。われわれは町一番になれる部門に戻る」と。

会社の「領土」から一歩も外にでないというのは自殺行為とも言える愚行であろう。市場が飽和し、成長が鈍った時、会社の指導者たちは外に打ってでなければならない。たとえば、日本の巨大企業である松下は、創立七十年のほとんどの期間、家電製品に戦力を集中してきたが、一九八三年以来、事務機、工場のオートメーション、半導体に力の一部を移している。松下の企画部長のＴ・フカハラはこう述べている。「二桁台の成長を維持するためには、手を広げなければならない」と。

他の領域に手を広げることは、後退を避けるための手段である。ゼネラル・モーターズは副次的な財政サービス部門で自動車部門の損失を補っている。どんな会社でも一度や二度は手を広げることを考える。たとえば、一世紀以上も写真業界にあったコダックも、もはやそれだけに戦力を集中しているわけにはいかなくなった。一九七〇年代半ば、十八ヶ月という短期間に、コダックは五つの副次的な事業部門を買収した。そして、フロッピー・ディスクとビデオの市場に突き進み、バイオ素材の製造部門を新設した。一つの技術革新は永遠にはもたないことを指摘して、コダックの社長、ケイ・R・ホイットモアは次のように言っている。「われわれは世界でただ一人のリーダーという環境にあった。誰にも対抗できない技術を手にし、この分野で他の追随を許さなかった。しかし、もうそんな状況が許される世の中ではない。われわれは変わらなければならない。これは厳しい試練だ」と。

戦力の集中点を拡大する時、どんな場合にも成功する秘訣は、もともとの戦力の集中点からどれくらい近くに止まるか、あるいは、新しい分野に進出する前にどれくらい慎重に経営のノウハウを手に入れるかにかかっている。軍事の巨匠が戦線を拡大する必要性を認めた時は、戦力の中心から拡大する。その場合でも戦力の中心から遠く離れた所にまで延長することは決してないであろう。軍事の巨匠は戦力の中心を手放すことは渋るであろう。手を広げた企業について包括的な研究をした、リチャード・ルメルトは、最もうまくいった例が示す結論は軍事の場合と同様であることを見い出した。ルメルトは次のように書いている。うまくいった会社では、その会社の戦力の中心、競争力の中心となる所を土台として、あるいは、そこから戦力を借り、そこを拡大する形で新しい事業に参入するという戦略をとっている。そうした会社は頻繁に新製品を開発するが、経営に慣れていない分野に投資することには抵抗を示す。

関係のない分野に打って出る一つの戦略は、大きくなる以前の小さな会社を買収することである。日本の会社はまず、小さな会社を買収することが多い。買収した会社から、その分野で戦力を集中するにはどうすればいいかという経験を得ることができるからである。また、小さな会社の買収では投資が比較的小さくてすむため、リスクを最小限にできるからである。

「ガソリン・ポンプ」に雑貨店をくっつけたガソリンスタンドは、その戦力の集中の中心から出発して拡大している。こういう戦力の集中点の拡大の方法は理にかなっている。というのは、ガソリン入れも雑貨販売も、高度な技術をもつ人員は要らないからである。こうした会社は現在、デリカテッセンをつけ加え、一見の客をさらに引きつけようとしている。これは戦力の集中の原則を犯すものではない。

戦力の中心部から手を広げるという原理は、技術や競争力の面で共通する部分が多いけれども、一見かけ離れた分野に打ってでた会社では表立っては見えない。経営幹部を探し、勧誘するという事業は会計や会計検査の分野とはかけ離れて見えるかも知れない。しかし、会計事務所のビッグ・エイトは、スカウトによる幹部人事へのシフトは自然なものだった、と考えている。自社の顧客を満足させる技術であり、本質的には同社はこの技術はすでにもっていた、ということである。

❖目的には「戦力の集中」をもって挑め！

処方箋2で論じた目的の維持の原理と、本処方箋で論じた「戦力の集中」という原理の間には密接な関係があることにみなさんは気づかれるであろう。いったん目的を決定したら、それを達成するために戦力を集中するのである。しかし、目的がはっきりしなければ戦力を集中することも不可能である。

❖「戦力の集中」に関するその他の事例

会社経営について言えば、積極的に戦力を集中することはほとんどすべての面でメリットがある。ここではいくつかの例をあげる。

宣　伝　消費者の記憶は時間的にも長くはもたないが、量的にも乏しい。人々は一つの宣伝のなかから、たった一つの事柄を記憶する傾向がある。メッセージをいろいろと変えるよりは、一つのテーマに絞り込んだメッセージを送る方がはるかに効果的である。

販　売　あなたの「販売のユニークさ」、すなわち、あなたのブランド、流通、製品、サービスなどを他と区別するような何かに戦力を集中せよ。もしあなたがセールスマンであれば、他の誰よりも行動の自由があるわけであるから、それを利用して戦力を集中せよ。実際に売ることに、なかでも締めくくりの言葉に戦力を集中せよ。「ご注文をよろしく！」と言うだけで、売上げは二十パーセントから四十パーセント伸びるのである。

企業戦略　企業戦略を立てるには「戦力の集中」を要する。戦略は、会社がいかに機会を捉えるか、あるいは、競争相手を打倒するか、あるいは、危機に対応するかについて、中核となる単純明快なアイデアを中心に据えてつくり上げなければならない。もし経営者が企業戦略を三つの文より短い言葉で述べることができなければ、その会社は戦略には戦力を集中していないのである。

意思決定　意思決定のなかで最も重要なものに戦力を集中せよ。あなたが経営者であれば、あなたの給料はすべての決定に対して支払われているのではない。たった一つの決定、すなわち、失敗すれば会社はほとんどを失い、成功すれば会社は最大限に発展するような決定である。

リーダーシップ　人を引っ張る大胆な行動に戦力を集中し、ここぞという時には見事なリーダーシップを発揮せよ。

問題点とチャンス　普通、会社経営者は問題をどう解決するかについては訓練を受けている。しかし、ほとんどの場合、問題の見つけ方は習っていない。もっと重要なことに、チャンスの見つけ方も習っていないのである。

中小企業　幅の狭いニッチに戦力を集中して最高の結果を得るためには、ユニークであること、すなわち、ブランドを確立することである。

❖「戦力の集中」の強度

「戦力の集中」があり、その上で、さらに「戦力の集中」がある。ナポレオンは古今最高の戦力の集中者であった。軍事の巨匠たちすべてを研究し、巨匠たちの手法と自分の手法とを比較した後、ナポレオンは同じ結論に達した。「余の方がよりうまく、より強く戦力を集中している」と。ナポレオンは大規模に戦力を集中した。敵が完全に潰れるまで、衝撃を与え、圧倒し、圧力をかけた。企業が戦力を集中する際も、これと同じくらいに強烈である。一時的な、パワーの低い、および、腰の「戦力の集中」では貧しい結果しか得られないことは繰り返し示されてきた。

ナポレオン流の激しい「戦力の集中」が勝利をもたらす。そこで、何に戦力を集中するのであれ、いったん決定したら、可能な限り最高の強度で集中せよ。そうでなければ集中する意味などない。

❖永遠の問い

企画が目の前にある時は、いつもこう自問せよ。「戦力を集中するだけの意味がこの企画にあるだろうか」と。

処方箋4

攻撃側に立ち、機動力を維持せよ

私は諸君の王である。そして、諸君はフランス国民である。目の前に敵がいる。さあ、攻撃せよ！

——フランス国王アンリ四世・アイブリーの戦い（一五九〇年）

❖紀元前四九一年、マラトン平原で

紀元前四九一年、十万の兵士からなるペルシアの侵略軍は、ダチスの指揮の下に、艦隊で、ギリシアの都市アテネの北方約二十五マイルのところへ上陸した。一万の兵士からなるアテネ軍は、アテネでの市街戦を避けたかったので、ペルシア軍が待ち伏せしているマラトン平原に向けて北に向かって進んだ。アテネ側の戦争評議会は、マラトン平原を見下ろせる山の中腹で開かれた。会議で討議される問題は、自分たちのいる場所の下のマラトン平原で野営しているペルシア軍と戦うべきかどうか、ということであった。その当時、一年間の統括権をもっていた戦争統括長が、アテネ軍の組織統括管理を行なっていた。この評議会は、アテネ軍を構成している十部族のそれぞれの将軍からなっていた。実際の作戦命令は、十人の将軍が毎日交替で出していた。つまり、各部族の将軍は十日に一度、作戦命令を出す責任を負ったのであった。ペルシア軍と戦うかどうかについて、十人の将軍の間で投票が行なわれた。結果は五対五であった。

今すぐ激しい速攻をかけるべきである、と攻撃論を唱えた将軍の一人は、最もすぐれた熟練戦略家の一人のミルティアデスであった。粘り強く、決断力があり、自信家であったミルティアデスは、チェルソネ族の長であった。ある時一時、ミルティアデスはダリウス王に服従してペルシア軍で働かされた経験から、アテネ軍は人数でペルシア軍の十分の一と劣っていたものの、アテネ軍は優勢である、と確信していた。戦争評議会の他の将軍たちは、ダリウスがそういった攻撃論をもち出すものと思っていた。ミルティアデスと他のギリシアの傭兵士官がペルシア軍で働いた時、ダリウスは彼らにも、自分が敵に囲まれたら、非常緊急避難時に使用するためとして、ドナウ川に架かっていたある橋を守るように命令した。ダリウスが自分の軍を連れてその橋を渡った後、ミルティアデスは仲間の者に、その橋を破壊してしまうことを提案した。そして、ダリウスから避難道を奪ってしまった。

戦争評議会で、ミルティアデスが自分の速攻の戦略が正しいことを証明する際、以下のことをあげた。

（1）ペルシア軍は人数的に比較にならないほど大きいので、ギリシア軍が攻撃してくるなどとまったく考えていない。だから、大胆な奇襲攻撃でペルシア軍の不意を突くことができるであろう。とくに、ミルティアデスが自分の目で見て知っている騎馬隊は戦闘準備まで何時間もかかるので不意を突くことができるであろう。

（2）ペルシア軍は統合力に欠けている一方、一万人のアテネ軍は統合されているので一体となって戦えるであろう。ペルシア軍はペルシア人だけから構成されていなかった。ペルシア軍は、ペルシアが征服したいろいろな国のいくつもの小隊から構成されていた。だから、隊同士でも同じ言葉すら話さなかった。

（3）猛攻撃を加えれば、ペルシア軍の兵はわれ先に勝手な行動をとり、ペルシア軍は分裂するであろう。一方、アテネ軍は最後の最後まで戦うであろう。たまたま、ペルシア軍は、アテネ軍に心理的に有利な影響を与えてくれる場所を戦場として選んでくれた。マラトンはギリシア人にとって、神聖な土地であった。ギリシアの伝説によると、先祖がかつて侵略者を破り、追い払ったことのある特別の地であった。

（4）アテネ軍は、ペルシア軍の明らかな戦術上の優位性を無にしてしまう無形の要素をもっていた。ペルシア軍の歩兵には大勢の弓兵がいた。アテネ軍には弓兵は一人もいなかった。ペルシア軍には千の騎馬兵がいたが、アテネ軍にはまったくいなかった。アテネ軍の統制力、リーダーシップ、自信という無形の強さが不利なところを補うことになった。ミルティアデスは結局、軍勢のスピードこそが勝敗の分け目であることを訴えたのである。

ミルティアデスが自分の意見の根拠を説明した後、決定票は、戦争統括長のカリマチュスによって入れられた。彼は攻撃に票を入れた。アテネ軍は攻撃することになった。ミルティアデスは勝利の日まで司令官を務めることになった。

九月二十一日の午後、アテネ軍の兵の鎧に明るい太陽が輝いていた。一万人のアテネ軍はマラトン平原に向かって前進した。ミルティアデスは自軍の前中央に陣取った。一マイル先に、ペルシア軍が地平線の端から端まで並んでいた。アテネ軍高官のひそひそ話が終り、トランペットの音が高々と鳴り響き、アテネ軍は前進した。ペルシア軍は自分の場所で待っていた。ミルティアデスの主な目的は、①敵の騎馬兵が馬にまたがり、軍の態勢を整え、こちらに向かってくる以前に、また、②敵の部隊長が命令を各隊に伝達する以前に、③敵の長い弓が自分の兵士を大勢倒す以前に、ペルシア軍に到達することであった。ミルティアデスの解決策は簡単であった。しかし、それは、歩兵はゆっくりと規則正しいペースで前進する、という従来の方法とまったく異なるものであった。ミルティアデスは自分の軍に一マイル思い切って突進するように命令した。ミルティアデスの軍の体調は万全であったので、ここ一番の重要な所で兵隊が息切れしてしまい、戦えないという心配はなかった。ミルティアデスの戦術は正しかった。彼の軍はペルシア軍に到達し、しかも十分に戦える態勢にあった。

戦いは午後一杯かかった。ペルシア軍の騎馬兵はまったく戦いの態勢に入れなかった。アテネ軍は敵の側面を攻撃し、ペルシア軍の弓兵と歩兵を剣で切り倒した。何時間にもわたる激しい戦いでアテネ軍は疲れたけれども、彼らはまだ攻撃する勢力を温存していた。ミルティアデスが予期したように、夕方早く、突然、無敵のはずであったペルシア軍の戦闘意欲が萎えた。見掛け倒しの組織統制はすぐメッキが剝がれ、ペルシア軍は船に向かって必死に突進した。アテネ軍は勝てそうに思い、敵を追い、大勢のペルシア軍の兵が船に逃げ込み、出航し、見えなくなるまで海岸で戦った。この戦いで、六千四百人のペルシア兵と、一九二人のアテネ兵が犠牲になった。これほど犠牲者数が不釣り合いの戦いは歴史上、ほとんどなかった。

ペルシア軍の船が無防備のアテネに直行するだろうということがわかったので、ミルティアデスは兵士を休ませることなしに、戦場の向こうにあるアテネに向けて、兵士を一晩中行進させた。ペルシア軍の船がアテネの港に入港したその朝、ペルシア軍の兵士は、昨日自分たちを撃ち負かしたアテネ軍が槍を上に上げて整列し、自分たちを待ち構えているのを見た。このため、ペルシア軍は船の向きを変え、アジアに向けて出航した。

❖原　則

先に攻撃せよ！激しく攻撃せよ！攻撃し続けよ！

——サー・ジョン・フィッシャー

この処方箋4で、私は、「攻撃力の原則」とそれに密接に関連している「機動力の原則」という戦争の二つの原則がどのようにビジネスに応用されるかを説明する。「攻撃力の原則」は、あなたがある地点で攻撃に出なければ、勝利はあり得ないということを言っているにすぎない。野球で言えば、あなたの守備がどんなに堅くても、スクイズでもして一点でも多く取らない限り、勝利はあり得ない。軍事的には、攻撃的作戦は、敵軍を破壊し、軍事的に重要なポイント（要所）を押さえ、敵の戦い継続の意気込みをくじかせ、敵を騙し、敵の注意をそらし、情報を入手するためにとられる。ビジネス戦争で、あなたは、競争相手のマーケット・セグメント、または、地理的要所に入り込み、競争相手のとくに大きい取り引き先を奪い取り、競争相手より先に狙いをつけたマーケットに到達し、マーケットに新製品、イノベーション、新しい価格を導入するために、敵の攻撃に出る。

「機動作戦の原則」とも呼ばれる「機動力の原則」は、競争相手より有利な場所を確保するためには、柔軟な動きが必要である、と考える。軍事理論家のヘンリー・ロイド少将は、彼の『ミリタリー・ラプソディ』とすばらしい題がつけられた本で、「現在の状況からだけ判断しても、最大限の速さで行動し、前進する軍が最終的に勝利を得るに違いない」と書いている。要するに、あなたは勝利するために、ただ攻撃にでればよいのでなく、攻撃する時、速く行動しなければならない。

軍事研究によると、守備側の戦闘力より攻撃側の戦闘力の方が少なくとも十パーセント大きくなることを明らかにしている。

車の企業戦争で、小型車を生産している攻撃側の戦闘力の優位性は十パーセント以上である。フォルクスワーゲンがアメリカの市場に初めて姿を現したのは一九四九年であった。GMが最初の小型車を生産するのに要した十年という長い歳月を考えると、アメリカ側が、小型車マーケットで多大な損失を被って当たり前であった。

攻撃する側の有利な点はたくさんある。たとえば、マーケットにある製品を最初に導入した企業には、次のような有利な点がある。

（1）同じような製品を後から導入する企業が容易に崩すことができない強いブランド・イメージを

築ける。
（2）最初に利益が上げられる。
（3）経験曲線から一番先に恩恵が受けられる。
（4）業界の基準フォーマットを築ける。
（5）問屋、小売店と堅い関係を結べる。
など。最初に攻撃に出る企業はしばしば長い間、業界のリーダーとして残ることができる。

❖「攻撃が強いか、防御が強いか」の論争

戦争で唯一の確実な防御策は攻撃である。そして、大切なことは攻撃の効率は戦争を行なう者の戦闘精神次第だということである。

——ジョージ・S・パットン著『私の知っている戦争』（一九四七年）より

攻撃か、防御か。ビジネス戦争であなたが選択できるコースは、このいずれかである。クラウゼヴィッツは、「戦争では守備の方が攻撃より性格上、強い」と書いている。しかし、クラウゼヴィッツより新しい最近の軍事専門家たちは、クラウゼヴィッツの考えを今や通用しないばかげたものとして、その考えを覆し、「戦争では、攻撃の方が守備より性格上、強い」と書き改めた。さて、クラウゼヴィッツの考えが正しいのか、それとも、修正された考えが正しいのか。答えは、あなたがどのような目的をもってビジネス戦争を展開しているかによる。つまり、あなたの目的が競争相手を負かすことにあるのか、

競争相手に負かされないように現状を維持することにあるのか、による。

歴史上の名将たちが教えてくれた教訓によると、あなたの目的が競争相手に破られないことにあるなら、守りに徹するべきである。しかし、あなたが競争相手に大きく差をつけ、競争相手を大きく引き離そうと思うなら、ある時点、ある場所で攻撃に転じなければならない。守りは敗北を防止する手段とはなるが、競争上の優位性をもたらす手段とはならない。「敵を破る力とは、すなわち、攻撃力である」と孫子は書いている。クラウゼヴィッツでさえ、「われわれに弱点があってどうしようもない場合、守りを重視するべきである。しかし、われわれが十分強くなった時点ですぐに、守りだけを重視する戦略を止めるべきである」という数行を、彼の有名な言葉「戦争においては、防御の力は攻撃にまさる」につけ加えて、「攻撃が防御より好ましい」ことを認めている。ナポレオンは、「防御に専念するだけでは、やがて戦いに負けてしまうだろう」と考えた。「塹壕に長く隠れている者が、やがて撃ち破られるのは、戦略上の常識である。経験と理論がここでは一致する」と彼は書いている。

「能動的防御」は「受動的防御」より好ましい

経営者であろうと企業であろうと、常に攻撃側、常に防御側にいたりできるものではない。ある時点で、どちらに回るかは、あなたの気持ちとあなたのいる状況次第である。ビジネス戦争は、永久に続く攻撃と守りの繰り返しである。プロクター＆ギャンブルのＣＥＯ（最高経営責任者）のジョン・スメイルは、すでに確立されていた分野でリーダーシップを維持し、新たな分野で自社の地位を確立する、という同社の挑戦振りを次のように書き記している。

一九八〇年代に入るまでに、わが社はすでに参入していた分野で大きな存在となっていた。だから、われわれは、いくつか新しい分野に再び参入する用意ができた、と考えた。一九八〇年以来、わが社はクラッシュ、ノーウィック・イートン、フロリダにある、ベン・ヒル・グリフィン社などを買収した。わが社は引き続きシトラス・ヒル・オレンジジュースを開発し、市場に導入した。また、わが社はダンカン・ハインズ商標のクッキーで、クッキー・マーケットに参入した。このようにして、われわれはいくつかの新規分野に参入をはかった。

スメイルは、企業が軍と同じようにとるべき、「前進攻撃―守備固め―再び前進攻撃―再び守備固め―またまた前進攻撃」という永久に続く攻撃と守りの連続を書いている。ここで要求される人間的資質は、新しい分野にあまり性急に入らない忍耐力である。通常、企業というものはすぐに成長するものではなく、ゆっくりと少しずつ成長するものである。

成功の秘訣は、決してたんに「守備」で満足するのでなく、「守備」を将来の攻撃への布石として利用することである。事実、あなたは、自社のある部門が攻撃に出るのに必要な資金を都合するため、別のある部門を守りにあてているかもしれない。多くの者は、「守備」は「守備」で一種類の「守備」しかないと考えているが、これは間違いである。事実、肯定的意味の「守備」と否定的意味の「守備」の二種類があり、この二つはまったく別のものである。「受動的守備」とは、敵が将来必ず仕掛けてくるとわかっている攻撃に対して、まず、可能な限り自分の守備を固め、塹壕を掘り、油断なく見張り、待つことである。これに対し他方、「能動的守備」とぎこちない言葉で呼ばれる「守備」があるが、これは正確に言うと「攻撃的守備」である。この「守備」は、あなたがやがて機会が到来したらすぐに逆襲攻撃を仕掛けるためのものである。「能動的守備」をとれば、たとえあなたが全体として「守備」の態勢にある場合でも、小規模な攻撃や地域的な侵略を行なう。あなたはいつでも能動的な態度でいられるのである。キンバリー・クラークのＣＥＯである、ダーウィン・スミスが、「もはやプロクター＆ギャンブルのマーケット支配を許さない」と言った時、彼は「能動的守備」の態度を本当に示した。

どんな場合でも、「能動的守備」は「受動的守備」よりましである。価値があり、生産的で、将来を約束する「守備」は、「能動的守備」だけである。歴史上、「受動的守備」に反対しなかった名将たちはいなかった。一般的に言えば、物事を正しく考える人なら、「受動的守備」の態勢をとるはずはない、と思われる。しかし、実際には、われわれも企業も得てして、「受動的守備」の態度をとってしまうのである。

この本の一つのテーマは、ビジネス戦争を含めたすべての「戦争」は「心理戦」である、ということである。勝利や敗北は、まず、われわれの心のなかで生まれる。それから戦場で実際に行なわれる。攻撃側と守備側の間に生まれる心理的ギャップは大変大きい。攻撃は即効的に自信を高め、強めるが、「守備」側の心理状態は恐れである。だから、戦いで主導権を握った側が敵の攻撃に対して、反撃するのを待っているだけの守備側に対し、明らかに目に見えない優位性をもつ。あなたもこうしたことを自分で感じたことがある、と思う。戦争は熱情的な興奮のドラマと呼ばれている。だから、攻撃に回る方が、より興奮し燃え、より攻撃的になる。あなただって、会議で敵に対して、仕掛ける新しい攻撃について話し合う方が、敵が仕掛けてくる攻撃に対して、いかに守備を固めるかを話し合うより、ずっと気分よく積極的になれるであろう。あなたが、全体として「守備」の態勢にあるとしても、時折、攻撃的行動をとるのは、賢い戦い方であるというだけでなく、心理的にも大変よい影響がある。

何年か前、私がクライスラー社の最も厳しい時代にコンサルティングを行なった時、ビジネス戦争でもこれと同じことが起きていることがわかった。リー・アイアコッカがクライスラーに来る前、同社の何人かの経営者は、同社の経営苦境を救う対策を時間をかけて真剣に検討してさえいなかった。クライスラーには、「守り」の態勢を一環してとり続ける者が必然的に迎える、「敗北の空気」が蔓延していた。私がある会議に出席した時、ビジネスとはまったく関係ないこと、誰が次にクビになるだろうか、ということが話し合われていた。その後もう一つの会議に出席したが、そこで彼らは、二時間かけて、クライスラー全体として、毎週、毎日、毎時間の支出はどのくらいになるか、の予想を立てていた。

リー・アイアコッカがクライスラーの再建に成功した鍵は、彼が即刻、「攻撃中心の守り」に転じた策をとったからである。クライスラーが「守り」の態勢にあったとしても、リー・アイアコッカが連邦政府に貸付け保証を依頼したのは攻撃的行動であった。こうしたことで、クライスラーのマネジメントとスタッフの士気（モラール）に基本的な変化が起こることにあなたもすぐに気づいたかもしれない。彼らは防御的態勢に入る一方で、突然、攻撃的な姿勢に入ることに強い自信をもったのだ。

「防御」に対する「攻撃」の主な優位性

防御に対する攻撃の優位性とはどのようなものであろうか？　左記の六つの優位性が考えられる。どんな場合でもこの通りだとは言えないが、大方これらはあたっている。

・すでに見てきたように、一般的に攻撃側の士気は防御側より高い。フランスのアルダン・デュ・ピック大佐（一八二一—一八七〇年）は、攻撃を受けている時の防御側の心理的反応を研究した。防御側がとるべき態勢は、冷静さを保ち、敵を迎撃するためにもしっかりと狙いを定めることである。しかし、実際にはそうはいかない。敵の攻撃を受けると、防御側は不安に陥り、計算通りに敵を迎撃できないとか、敵を前にして手も足もまったく出せなくなるとか、の状態になることもある。また、防御側はパニックに陥り、敗走することもある。一方、攻撃側の士気は高くなる。クラウゼヴイッツは次のように記している。「われわれは、迅速な集中攻撃には士気を高める効果があるということを絶対に見落としてはならない。迅速な集中攻撃を行なえば、進撃する兵士は危険に対する恐怖を忘れる。一方、じっと動かないでいる防御側の兵士は心理的に平静さを失う」と。

・広範な土地、長い地形の土地を防御している側は、自軍を分散しなければならないが、攻撃側は、自軍を攻撃目標箇所に集中できる。

・能動的な攻撃側は主導権をとれるが、受動的な防御側は「待機状態」である。このように、攻撃側はいつでも防御側より一歩リードしている。

・防御側は、攻撃側がどこを、いつ攻撃してくるか皆目わからない。攻撃側は奇襲効果を狙えるのだ。

・防御側は自軍の勢力のすべてを有効に利用できないが、攻撃側はそれが可能だ。攻撃側は防御側の戦線の一、二カ所に狙いを絞り、集中的に攻撃できる。攻撃側にこうして狙いをつけられ、攻撃された場所に直接いない防御軍は敵の行動を見ることさえできない。

・攻撃側は、戦いの多くに敗れたとしても、大局の「戦争」には勝てる可能性がある。一方、防御側は戦いの一つに敗れただけで、苦境に追い込まれてしまう。攻撃側は十の重要な場所を攻撃し、成功した一カ所からうまく突破をはかれば勝利できる。防御側は十の場所すべてで敵を押さえ、破らなければならない。

新しいレミントン社は、企業戦争で「防御に対する攻撃の優位性」ということを見事に証明してくれた会社である。ビクター・キアムは、アメリカのビジネス界で誰にでも知られている有名人の一人であるが、自分が愛用していたレミントン・マイクロ・シェイバーが大変気に入ったために、レミントン社を買収してしまった。一九七九年、キアムは、将来予想される売上げと会社の資産と自分の百万ドルを抵当にして二千四百万ドルの資金を借り入れ、スペリー社からレミントン社を買収した。その後の四年という短期間で、買収以前の三年間に三千万ドルの赤字を出していた会社を一億ドルを上回る売上げを計上する優良企業に変えた。驚いたことに、レミントン社の全米でのマーケット・シェアは二倍の四十一パーセントになった。キアムは、「まず、自社を固め、敵を攻撃する」というすぐれたリーダーの用いるアプローチに従い、最初の行動は「防御」であった。彼はスタッフを削減し、生産性の低い工場を閉鎖した。「戦力の経済性の原則」（処方箋7を参照のこと）にしたがって、彼が次に行なったことには、製品と人事に対して注意を払うことが含まれていた。品質基準の百パーセント厳守とインセンティブ・プラン（能率向上のための動機づけ策）が導入された。また、キアムは、経営に現場主義を取り入れ、彼は平日、自分のオフィスを離れて、工場のラインで何時間も過ごした。攻撃の準備が万全となった時、彼は攻撃に出た。彼のとった攻撃は、具体的には「広告戦術」と「キアム自身を有名人化する戦術」という互いに関係ある二つのものから成っていた。キアムという人間を必ずしも好きでない業界の者でさえ、「キアムの個性」そのものを、レミントンをここまで成功に導いた重要な鍵である、と見ている。いつでもリーダーは、自分の率いる人間に大きな個人的影響、および、感化を与えるのは事実であるが、リーダーの個性が、企業、または、軍の主要攻撃的兵器となるケースは本当に例外と言える。

❖攻撃

中心が負けている、作戦展開ができない、それでも状況は最高だ。私は攻撃しているのだ。

——マルネの戦いにて、フェルディナン・フォッシュ攻撃は、敵に自分たちが負けている、という錯覚を与えるために行なわれるものだ。攻撃には、①前から攻撃する、②横から攻撃する、③後ろから攻撃するといった三つの方法がある。このように、前面攻撃、側面攻撃、背面攻撃の三種類と六つの基本的な機動作戦がある。こうした基本的な機動作戦は大昔から存在している。

（1）中央突破する
（2）敵軍の側面の一方を包囲する
（3）敵軍の側面の両側を包囲する
（4）迂回攻撃をする
（5）撤退を装う
（6）防御の態勢で攻撃する

これら六つの機動作戦をすべて合わせると、言わば、あなたが攻撃する時に使用する道具を選べる「攻撃の道具箱」となる。あなたはどれか一つだけを選び使用するのでなく、二つ以上、場合によってはすべてを使用してもよいのである。たとえば、状況に応じて、アレキサンダー大王は事実、これら六つのすべての機動作戦を用いた。ナポレオンはよく「防御の態勢からの攻撃」という機動作戦を用いたが、目的達成のために有効であると考えた時には、他の機動作戦を用いたことで知られている。

敵のディフェンスの選手に体当たりしてみたが駄目で、別の方向に突進するアメリカン・フットボールのランニング・バックのように、一つの攻撃を試して効果がないとわかった場合には、別の攻撃を試せばよい。一〇六六年のヘイスティングズの戦いで、ノルマンディー公ウィリアムはアングロ・サクソン軍の頑強な陣地突破を試みた。この攻撃は成功しなかったので、ノルマンディー公は、撤退するような振りをして、アングロ・サクソンの防御兵を誘い出した。そして、そこで向きを変え攻撃に転じるという「撤退を装った攻撃」を行なった。ビックスバーグで、グラント将軍は試行錯誤の実験的攻撃を行なった。他の人間には、これらの攻撃は失敗のように見えた。しかし、こうしてグラント将軍はどの攻撃方法が最も有効か実験していたのであった。

どんな戦略、戦術が有効かを知るためこのような実験を試みるのは、戦い、および、戦争に勝つために柔軟に対応する戦略的、戦術的工夫にすぎない。組織の再編成をはかっている企業には、たとえば、RCAがあるが、利益が出ない部分を切り捨て、利益が出る部分に戦力を集中させている(マス・メディアからの関心を集めるためだが)。ノルマンディー公ウィリアムやグラント将軍が行なったのとまったく同様のことを行なっている。

中央突破

IBMは「中央突破」作戦にもとづいて、パーソナル・コンピュータ(PC)市場でアップルを首位の座から引きずり降ろした。IBMは単純にアップルが成功したのと同じやり方をそのまま踏襲した。ただし、IBMはアップルより大規模に、より上手に、より大胆に行なった。

「中央突破」という機動的な攻撃方法の目的は、敵前線の要所への入口に一撃与えることである。おそらく最も古い機動戦術である前面攻撃は、ある指導者が意図的に予備軍を温存しておき、終盤戦に投入し、疲労している防御兵を圧倒し、破るという方法を採用することによって、この作戦はより精巧なものとなった。「ワン・ポイント突破」は一カ所を突破することであり、「ダブル・ポイント突破」は二カ所を突破することである。「ダブル・ポイント突破」は、敵が広範囲にわたっている時に用いられる。

防御側が陥る危険は、自軍の中心に力を集中してしまうあまり、側面の守りがつい薄くなり、敵の逆襲に簡単に破られてしまうことである。たとえば、あなたがフロリダという一地域の競争相手に勝つことに夢中になりすぎ、その結果、あなたのイースト・コースト地域での競争力が弱まり、別の競争相手が強くなり、あなたはその地域で破られてしまうというようなことである。

シアーズもIBM同様、どんな競争相手でも、その中央を突破して破ろうとする。伝統的に、シアーズは防御の大変堅い強敵を攻撃する。シアーズの最近のこうした大胆な攻撃には、自社の〝ディスカバー・カード〟でクレジット・カード市場の中心を突破しようとする試みがある。

インディアナ州コロンバスにあるカミンズ・エンジン社は、北米の重量大型トラック市場で他社を圧倒する業界の代表企業であった。カミンズ・エンジン社は、日本の強敵トラック・メーカーが低価格政策を前面に打ち出して、その北米マーケットに乗り込んで来ようとしているのを事前に察知した。そこで同社は、日本の強敵メーカーが上陸する前に、いくつかのモデルの価格を大きく三十パーセントも値下げする価格政策を採用し、先制攻撃を仕掛けた。カミンズ・エンジン社の会長、ヘンリー・B・スチャットは、「われわれは、日本のトラック・メーカーの北米市場上陸を阻止しようと決心したのだ」と言っている。

小さいながら、最近、注目を浴びている激しい戦争の現場の一つに、〈翌日配達メール〉がある。一九八五年の中頃、UPS社が〈翌日配達メール〉の料金を八・五ドルに値下げした時、同社は敵軍戦線の重要な一拠点であった〈料金問題〉を突破した。UPS社が提示した八・五ドルという配達料金は、フェデラル・エクスプレス社、エミリー・エア・フレート社、ピュロレイター社などに比べて、メール一件あたり、三―五ドルも安かった。UPSのこの料金は、その当時メール一件あたり十・七五ドルもの料金を取っていた郵便局に大きな影響を与えたが、この業界の代表であったフェデラル・エクスプレス社にはそれほど大きな影響を与えなかった。なぜだろうか？　それは、フェデラル・エクスプレス社、およびその他競合企業が〈回収サービス〉を重要な戦術として実施していたが、UPS社は〈回収サービス〉を行なっていなかったからである。UPS社の運転手は巡回配達中を利用して〈回収サービス〉も一応行なうようになったが、顧客の近くに行く巡回配達がない場合には、顧客がわざわざ郵送物をUPS社の集配センターにもって行かなければならなかった。UPS社は〈回収サービス〉を行なわなかったために、専門職の顧客、および、小規模の法人顧客をものにすることができなかった。カートンに入った大きな貨物をほとんど毎日郵送する大きな法人顧客と違って、弁護士、会計士、歯科医などの専門職の顧客、および、小規模企業顧客は、オフィスまで書類を取りにこないUPS社をたまにしか利用しなかった。UPS社が〈回収サービス〉を行なえば、「翌日配達メール市場」で二つの重要な戦術ポイント（料金／回収サービス）を制覇、突破することになり、この市場で勝者となることができるであろう。

重化学工業は今では、斜陽産業となってしまい、産業各界に大きな影響を与えた。打撃を受けた一つに〝ビッグ・エイト〟（米国八大公認会計法人事務所グループ）がある。〝ビッグ・エイト〟の重要な顧客であった企業のいくつかがコングロマリットに吸収されてしまったのである。新規顧客を開拓しなければならない状況に追い込まれて、ビッグ・エイト各社は積極的に新規マーケットの発掘にかかった。PW（プライス・ウォーターハウス）は中国本土に進出をはかっている。これは、他の会計法人がまだほとんど手をつけていない市場への進出であるので、側面攻撃と言える。TR（トウシュ・ロス）は中央突破攻撃にでようとしている。そして、TRはDH&S（デロイト・ハスキンズ&セルズ）の本拠地である、ウォール・ストリートでの顧客獲得、マーケット・シェア拡大を考えている。「フルーツ・アイスクリーム戦争」で、ユナイテッド・ブランズ社はドール・フーズ社と互角の戦いをしている。ユナイテッド・ブランズ社が、同社の商品〈チキータ・ポップス〉で用いたマーケティング方法は、マーケット・リーダーである、ドール社が同社の商品〈フルーツ＆クリーム〉で用いたマーケティング方法をそのまま真似したものである。その手法とは次のようなものだ。

（1）子供がいる女性をターゲットにし、広告費をふんだんに投入し、全国ネットのテレビ・コマーシャルを打つ。
（2）大規模な〈クーポン割引キャンペーン〉を打つ。
（3）何種類もの味のバリエーションが楽しめる商品を揃える。

側面包囲

戦争の歴史を見ると、側面攻撃にこそ神髄がある。
——陸軍元帥　アルフレッド・フォン・シュリーフェン（一八三三—一九一三年）

多くの企業はフリードリッヒ大王が用いた戦術を使用しているが、そのことに気がついていない。フリードリッヒ大王の戦術は単純だ。絶好のチャンスが到来した時、彼は敵の側面を攻撃した。ビジネス戦争でも、側面攻撃は他の機動方法より成功の確率が高いと言えよう。

戦いでは、自軍の側面と後方をしっかり守り、その一方で、敵の側面と後ろを攻撃するのが常道である。「側面攻撃は大変効果があるので、他の機動方法をとらないで、敵の側面攻撃を繰り返している側はやがて敵の司令官の首を取るだろう」と孫子は書いている。ビジネス戦争にあてはめてみれば、競争相手の側面を攻撃していれば、やがて競争相手を倒せるとともに、そのＣＥＯを早く退職に追い込めるということである。

側面攻撃には「狭い」攻撃と、「広い」攻撃がある。どちらの攻撃を用いるかは左記の（1）（2）によって決まる。

（1）あなたの会社の製品力は、競争相手と大体同じなのか、かなり劣っているのか。

（2）その特定マーケット（マーケット・セグメント）で、あなたの会社の総合力は競争相手と比べて大体同じなのか、かなり劣っているのか。

また、側面ならどこを攻撃してもよいというのではない。敵にとって重要な意味をもっている「戦略側面」を攻撃してはじめて意味がある。あなたがそこを攻撃破壊すれば、敵軍全体が崩れ、危機に瀕する部分が「戦略側面」である。

「敵の側面を包囲する」ということは、包囲しようとする敵の側面の一カ所で、自軍の兵隊の人数を敵軍の人数より大きくすることである。また、「敵の側面を包囲する」というのは、敵軍の最重要拠点を攻撃するため、自軍の一部を上手に指揮し、動かすことでもある。自軍の一部を巧みに動かし、敵を取り囲み、敵の側面を包囲してしまうことだ。

「包囲」という機動作戦をとるのが有利であるのは言うまでもない。しかし、不利な点もある。敵を包囲するには、自軍の側面をまず、増強しなければならないが、そうするために、自軍のある部分を削減・弱体化させなければならないというところに不利な点があるだろう。

会計監査サービス業界には〝ビッグ・エイト〟（米国八大公認会計法人事務所グループ）があり、第九番目に急成長しているL＆H（ラベンソール＆ホワース）がある。「どんな会計法人事務所でも〝ビッグ・エイト〟を抜くことは無理である。〝ビッグ・エイト〟は〝ビッグ・エイト〟である。それは、チョコレートはチョコレートでなければ駄目で、他のもので代替できないのと同じである」とL＆Hの会長である、ケネス・I・ソロモンが言っている。L&Hは、巨大な多国籍企業へ全会計監査サービスを提供できる〝ビッグ・エイト〟と正面からぶつかるのを避け、〝ビッグ・エイト〟の無防備な側面、つまり、正式な会計監査業務ではなかったが、〝ビッグ・エイト〟が手掛けていない小企業への財務管理、税務対策サービスをビジネスとして選んだ。L&Hは〝ビッグ・エイト〟の一つを追い越せるであろうか？　L&Hは現在、〝ビッグ・エイト〟に追いつきつつある。なんとこの六年間で、L&Hは目立たないように三十八の会計法人事務所を吸収合併している。

TWA（トランス・ワールド・エアライン）は、年中飛行機を利用している常連客をターゲットとした、他の航空会社も行なっているような広告を止め、ヨーロッパへ旅行をしたことがない人々をターゲットに広告を打った。この側面攻撃だけで利益が上がった時期があった。

成熟産業では、多くの会社が同じような製品（たとえば、アスピリンなどは実質上、どこの製品でも全く同じである）を販売している。こうした企業は、マネージャーに、「当社のビジネス環境を考えた時、どうすればマーケット・シェアを上げられるか？」という質問をする。そして、多くのマネージャーは、「容器（パッケージ）を変更して、側面攻撃をしたらどうか」と答える。つまり、競争相手と何ら内容が変わらない製品をただ容器を工夫、差別化し、売上げを伸ばそうというわけである。消費者は、〈新しい〉とか、〈改善された〉とか、というメーカーの訴求コピーにうんざりしている。また、そんなコピーを信じていない。しかし、消費者は容器が新しくなると、製品そのものは内容が昔と同じでもその製品を購入する。たとえば、ジレットは、同社の〈脂性の髪専用のシャンプー〉が市場に数多く出回っている普通のシャンプーと本当に違うことを消費者に説得するのに大変苦労した。しかし、同社が、「ヘアブラシ・プラス」と名付けられた商品を年間二億ドルのシェービング・クリーム市場に導入した時、これはヒット商品となった。「ヘアブラシ・プラス」がよく売れたのは、ヘアブラシからシェービング・クリームが調度よい具合に出てくるように、特別な工夫がしてあったからである。

他の企業も、容器に工夫をこらして、敵の側面を突こうとしている。たとえば、ディー・コン社は、殺虫剤の宣伝によく使う文句を用いていない。その代わり、同社の考えた特別な容器（殺虫サインペン）を大々的に宣伝をしている。その容器とは、殺虫剤が入れてある大きなサインペンである。殺虫剤をスプレーできない場所に、このサインペンで線を書いて害虫を殺すのである。

「歯磨ポンプ」もまた、容器を工夫した側面攻撃である。「歯磨ポンプ」が市場に導入されてちょうど一年で、この国の歯磨き市場で十二パーセントのシェアを獲得した。ニューヨークにある商品開発会社の社長である、チャールズ・ケインは、「歯磨チューブは使用途中で汚らしくなるし、また、歯磨を最後まで絞り出して使うのは至難である。長い間、消費者は現在の歯磨チューブは使いづらい不便な容器（パッケージ）と思ってきた。もし誰かが、頭を使って歯磨をもっと使いやすくすれば、たとえそれがちょっとしたアイデアであっても、大きなヒットになる」と言ったが、彼も「歯磨ポンプ」が考案され、大ホームランになるとは予想していなかった。

小型コピー機のメーカーであるサビンは、ゼロックスを正面から攻撃するのを避け、ゼロックスが不得意で弱い低価格帯を狙って攻撃した。

サイプレス・セミコンダクターの社長である、T・J・ロジャースは、「側面攻撃に徹して、日本の巨大な強敵と競合しない戦術をとった」と言っている。日本、アメリカの巨大半導体メーカーは、半導体の大規模大量生産に力を入れていたので、サイプレス・セミコンダクターは、注文生産の半導体の販売に力を入れ、巨大半導体メーカーと市場衝突するのを避けた。ここ三─四年、世界のＩＣマーケットは年二十パーセントの成長率で伸びる、と予想されている。しかし、サイプレスが、側面攻撃戦術として選んだマーケット・ニッチの部分は毎年、何と百パーセントの勢いで成長しそうである。

エマーソン・ラジオ社の利益は、同社がコンポーネント・ステレオ、ラジオ、レコードプレーヤーのビジネス戦争で敗退してちょうど四年経った一九八五年の中頃までに、四十六パーセントの成長を遂げ売上高も千三百三十万ドルに達した。このエマーソン・ラジオ社の成功は、絶好のタイミングで戦略的側面攻撃（敵の最も重要な側面への攻撃）を行なった結果もたらされたものである。エマーソン・ラジオ社は、ビデオ・ゲームとホーム・コンピュータの普及に伴うディスプレーの需要が急激に伸びてきた時期に合わせて、同社の主要製品をテレビに転換した。エマーソン・ラジオ社は、広告宣伝予算を倍増し、価格政策で敵の側面を巧みに攻撃した。その結果、同社は、日立と東芝の二社のテレビ販売台数を合わせた二倍の台数を販売して確固たる地位を占めるようになった。エマーソン・ラジオ社は、同社のテレビを無名ブランド・メーカーのものより高く値付け、有名ブランドのものより低めに値付けた。

より低価格の製品、または、より高価格の製品を市場に導入して側面を攻撃するというのは、一つの側面を包囲するのによく用いられる方法である。また、製品のサイズを大きくしたり、小さくしたりすること、または、競合他社と違う製品特性を製品に追加することによっても、側面攻撃は可能だ。

両側面を包囲する

二重の包囲作戦は俗に〝挟撃戦〟といわれているが、これは敵軍の両側面を混乱させて、敵軍を包囲する作戦のことだ。二重の包囲作戦は非常にすぐれた軍事策略と言える。敵軍にとっては、この作戦は自分たちが降伏するか、全滅するか、いずれかの結末になる。カナエの戦いはこうした包囲作戦の典型的な事例だ。この戦いでは、五万人の軍勢を率いているハンニバルが八万人の軍勢を率いるローマ軍執政官、ヴァロを二重に包囲したが、これは歴史上でも最も完全に戦術を駆使した勝利と言われている。

ハンニバルが両翼に騎兵を、中心部に歩兵を置いた、いわゆる三日月型の軍形に自軍の戦力態勢を敷いたのは、紀元前二一六年八月二日のことであった。ローマ軍の騎兵を倒した後、ハンニバルは敵の歩兵隊が自軍の中心部を攻撃するのを辛抱強く待っていた。ローマ軍の歩兵隊が自軍の歩兵隊へと進撃し、ハンニバル側が戦線の増強をしなければならなかった時でも、ハンニバルはしばらくじっと立っていた。ローマ軍が大勢進軍してきて、まさに危機的状況になった時、彼は両側面にいる歩兵隊にローマ軍を包囲するために内側を向きを変えて、進撃するように命令した。ハンニバル軍の騎兵隊が両側面から突撃した時、この包囲作戦は完了した。ローマ軍は一万人を除いてすべての兵士が殺され、残った兵士も捕虜となった。

フィリップ・ペトロリアム・カンパニーは、金融業者、カール・イキャーンの八十億ドルにのぼる買収提案を拒否するために、二つの反撃作戦を開始した。その一つは、同社の株式に対する優先権を新たに設定したこと、もう一つは、もしこの会社が人手に渡れば、多額の借金を抱えるようになるだろうという提案を発表した。この結果、一九八五年三月、イキャーンはこの会社に対する買収工作をあきらめた。

競争相手の製品を〝挟み込む〟ということも、二重の包囲作戦の一つだ。たとえば、競争相手よりも価格は高く、しかも、高級な製品を市場に提供する一方、競争相手よりも価格の安い製品を市場に提供していく、といったやり方だ。このような方法をとれば、敵に勝つことができる。

ＩＢＭのパーソナル・コンピュータの低価格の模造品を製造している小規模メーカーグループがあるが、こうした業者の大半はＩＢＭに対して、価格という一つの側面からのみ攻撃を仕掛けている。彼らの考え方は、できるだけＩＢＭの製品に似せた品物を販売することによって、価格の動きに敏感な市場で競争していこうということだ。しかも、彼らはできるだけ価格の安い製品を市場に提供しようとしている。こうした動きに対して、ＩＢＭは一つの側面包囲作戦、ならびに、必要とあれば挟撃作戦のような二重の包囲作戦を計画していた。ある業界関係者によれば「ＩＢＭはこの種の問題への対応はよく知っている」ようだ。一九八六年夏、ＩＢＭは最初の側面攻撃作戦として、自社のパーソナル・コンピュータの卸売価格を値下げした。ＩＢＭはこの問題に対して一言も発言せずに、次のような作戦を考えていたようだった。それは、彼らがどんなにＩＢＭの技術の複製をしようとしても、真似のできないようなデザイン・ソフトウェアの変更をしていくことを検討していた。もし、こうしたことが実行されれば、ＩＢＭの挟撃作戦は完了したことになるだろう。

斜行攻撃

あなたが「斜行攻撃」を行なう時には、敵軍の戦線の一方に対して、ブルドーザーのように戦力を増強して押し込むことだ。敵軍の戦線がバラバラに分断されるまで、特定のターゲットに自軍の戦力を注ぎ込んでいくことだ。「斜行攻撃」は一般にフリードリッヒ大王がルーセンの戦い（一七五七年）で使ったものと言われているが、これは非常に古くからある作戦だ。

スクリプト社と東海精機は業界の大手である、ビック社を倒して、顧客を自分たちに引き寄せることができる、と信じていた。スクリプト社は一九八四年、世界的なライター・メーカーである日本の東海精機によって買収された。東海精機は毎月、約九千万個のライターを生産している。スクリプト社と東海精機は、とくにライターのような使い捨て商品の顧客でも、商品選択を強く求めているとの考えのもとに、ビック社に対して攻撃的な戦略を基本とした。スクリプト社に攻撃を仕掛けられるまで、ビック社は新製品を市場に導入したことが一度もなかった。同社は商品ラインの中心である価格の安い商品では圧倒的な強さを発揮していたが、商品ラインの両翼、つまり、顧客の個性にあった商品を一つ一つ提供することに弱点があった。スクリプト社がブルドーザーのように攻撃を仕掛けている両翼とは、まさにこのことであった。

同社は価格を意識している顧客に対しては、値段の安い商品、〝マイティ・マッチ〟を提供している。また、同社は中間価格帯の顧客に対しては、金銀製の〝ウルトラ・ライトモデル〟を購入するように勧めている。さらに、比較的価格に対する意識が少ない顧客に対しては、〝ファンシエー・エレクトラ〟と呼ばれる商品を提供している。この商品は従来の石を使った点火方式のライターと違って、電気点火方式の新しい特性をもったライターである。この〝エレクトラ〟は女性の顧客を対象としたもので、従来のライターには汚れやすくて、指のツメが折れる等の苦情が主として女性からあったが、こうした要望に応えたものだ。いたずら心のある顧客に対しては、スクリプト社は、「ばかになりましょう」とか「セックスがなければ、気が狂ってしまう」などと印刷したライターを商品化した。

〝段階的な支配〟という言葉は軍事用語であるが、ビジネス用語でも使われているもので、そのコンセプトは同じだ。この言葉の意味は、急襲して一度で敵を倒すことではなく、徐々に、かつ、段階的に、支配権を獲得していくということだ。〝段階的な支配〟という言葉は市場にも段々と浸透し、ビジネス関連分野でも拡大しつつあるばかりでなく、新製品で自社の製品の質的向上をはかることにも利用されているようだ。〝段階的支配〟は、〝斜行攻撃〟と同じように、競争相手に突撃していたことには変わりはないが、この場合は徐々に攻撃をしていくのが特徴だ。

退却を装う

敵に自分が退却しているように装い、自分の跡をついてくるように敵を誘い込み、それから復讐の念をもって、敵を襲撃することだ。不利な点は、退却から一転して攻撃に転換させる場合、タイムリーに行なわなければならないことだ。退却を装った軍事行動は歴史上、何回もあったが、そのうちでも最も大きな戦争のいくつか（ヘイスティングズ、アウステルリッツ、カデッシュ、サラマンカ）ではこうした作戦を用いて勝利をあげた。

モンゴル人は敵軍をずるがしこくおびきよせる策略にかけては、本当の意味でエキスパートであった。彼らは自分たちが何の疑いのない敵でもゆっくり時間をかけ、追いつかせないようにしながら、何日もかけて敵を攻撃した。一二二一年、ペルシアの大都市メルの包囲作戦では、チンギス・ハンの息子で大変すぐれた軍事的才能をもった指揮官、トルイは防御態勢が万全なこの町に対して総攻撃を仕掛けるように命令した。モンゴル人は戦いでかなりの損害を被った後でも、反撃を行なった。勝利に酔っていたペルシア人はトルイが予想していたように、モンゴル人の立ち去った後、その姿を現す、というミスをした。モンゴル人の戦いやすい広い大地にペルシア人側はいたために、ペルシア人は即座に戦いに敗れた。

プロクター&ギャンブルは競争相手の誘導作戦に引かかったために、手痛い失敗を喫してしまったことがある。P&Gがある地域で自社製品のテスト・マーケティングをしていた時、クリーニング・スプレーをつくっている小さな会社が意図的に小売店から製品を引き上げたことがあった。その会社はP&Gが小売店に大量の製品供給をするまで、じっと待っていた。こうした後、その会社は自社の製品の値段を下げ、すばやく広告で大々的に販売攻撃にでた。この結果はすぐに出たが、お客が買ったのはこの小さい会社のスプレーであった。P&Gは何ヶ月も製品が売れないままの状態となり、その市場をあきらめ、小売店から同社のスプレーを引き上げた。

「防御」の姿勢から、「攻撃」に転ずる

進撃してくる敵が川をわたる時には、敵と川の縁で出食わしてはいけない。戦力の半分に川を渡らせ、それから敵に攻撃をするのが有利なやり方だ。

――孫子

「防御」の姿勢から、「攻撃」に転ずるというやり方はナポレオンが得意とした戦闘スタイルであった。彼はこう言っている。「戦争技術のすべては、十分、かつ、周到に準備された防御にある。と同時に、迅速で大胆な攻撃を機を見て仕掛けることだ」と。

防御態勢を確固たるものにするには、塹壕を掘って万全に準備することだ。さらに、敵軍を攻撃で疲れさせることだ。そして、敵が十分に疲れ切った時に、敵を攻撃することだ。最近まで、ヨーロッパにおけるシティ・コープの市場におけるポジションは、〝用意周到な防御態勢〟にあった。一九七五年から七年間、同社はヨーロッパの企業を一度も買収したことがなかった。一九八二年、同社の競争相手である、ウェルズ・ファーゴ、マリーン・ミッドランド・バンクスが海外の支店を閉鎖しはじめるやいなや、シティ・コープはフランス、スペイン、イタリア、ベルギーの銀行を買収するなど大胆で攻撃的な企業活動を展開した。さらに、ロンドンにある大手証券仲介業者を二社、保険仲介業者を一社買収した。また、ヨーロッパの十四都市に投資銀行の事務所を開設し、西ヨーロッパ、イギリスにある支社の開設準備に相当な投資を行なった。あるヨーロッパの銀行関係者はシティ・コープのことを、多様な資源をもち、何事にも積極的に行動する、世界でも有数の銀行だ、としている。

ナポレオンは大砲・歩兵銃の発砲音をよく聞いていた。そして、その音を聞いて敵が進軍してくるまでじっと待機作戦をとっていた。こうしたやり方は、ウェンディーズがファストフード戦争で行なった

方法とまったく同じだ。ウェンディーズはベークド・ポテトやダイエット用ハンバーガーを目玉商品として、比較的小さな店舗の定着をはかった。こうした特別メニューをウェンディーズのメニューに入れることによって競争相手の反撃をかわそうという狙いであった。

ピッツバーグ・プレート・グラス社（PPG）は攻撃――防御戦略を駆使した企業の一つだ。ここ五年間、PPGはずっと攻撃から身を守るという防御態勢を敷いていた。そのため、同社の資産、一億四千万ドルを売却するとともに、従業員も十五パーセント以下に削減した。これはダウ・ケミカル社の副社長、ロバート・ダンカンが〝生き残り方策〟と呼んだものだ。現在では、同社は攻撃態勢に転じ、新しいハイテク・ビジネスへの移行を具体化するとともに、企業買収に対しても六億ドルを投入する計画を立てている。

〝ポジショニング〟というマーケティング理論では、市場に最初に参入した企業、さらに、製品を通じて消費者の心を最初につかんだ企業が常に、ビジネス戦争に勝つ、としている。こうしたことは結婚の場合でも必ずしもあてはまるわけではないが、離婚することによって、二番目の配偶者が前よりもよいことがよくあるそうだ。ビジネス戦争でも、このようなことが必ずしもあたっているとは限らない。最初に市場参入した企業には確かに有利な点はあるが、ナポレオンの例に見られるように防御から攻撃に転じて大変成功した企業の例もある。こうした企業は時節を待っているのである。つまり、製品が市場を開発していく機をじっと待って、観察しているのである。さらに、他の企業のミスから教訓を学んで、その上で攻撃を仕掛けるのである。

これまでのところ、〝市場に対して一番乗り〟をする日本企業はほとんどないけれども、必要とあれば、今後、こうしたことを考えてくるであろう。日本企業はまず他の企業に研究・開発、最初の広告活動をやらせて、その高いコストをその企業に吸収させるというやり方をとっている。それから、製品改良をしたり、手頃な価格の製品を市場に導入したりして、市場に攻勢をかけるのである。

コカ・コーラとペプシ・コーラは、ダイエット・コーラ戦争で、お互いに防御態勢から攻撃を仕掛けた。ロイヤル・クラウン（RC）がダイエット・コーラを発明し、一九六二年、〝ダイエット・ライト〟という新製品を市場に導入した。コカ・コーラとペプシ・コーラは大規模な広告活動を展開したり、また、攻撃的な企業を強力な武器として使うなどして、RCの市場に強引に割り込んだのであった。

ゼネラル・ミルズ社が一九八一年に、〝ネーチャー・バレー・ブランド〟という商品（〝グラノラ・スナック・バー〟という菓子）を発明してから二年間、グラノラ・バー市場に参入し、クェーカー・オーツ社は防御的な立場にあった。二年後、クェーカー・オーツ社はグラノラ・バー市場に参入し、ゼネラル・ミルズ社に攻撃を仕掛けた。その結果、〝チューウィー・グラノラ・バー〟、〝グラノラ・ディップス〟の分野では、全体の市場の四十五パーセントを獲得した。

大半の企業の場合、ナポレオンのように、新製品・イノベーション・選択化政策を活用して、市場に最初に参入して、防御から攻撃に転ずるような積極的な企業はまれだ。しかし、IBM、ジョン・ディーア、デジタル・イクイップメント（DEC）、ヒューレット・パッカードのように世界で有数の企業は積極的な企業経営を行なっているよい例だ。これら企業は攻撃――防御態勢を効果的に企業活動に活かしているが、競争相手のミスに乗じて自社の利益にうまく結びつけているようである。

❖機動性・スピード・策略を維持せよ！

戦争技術は簡単な方がよい。敵がどこにいるか見つけることだ。できるだけ敵のいる場所に近づくことだ。それから、敵に可能な限り、強力な攻撃を仕掛け、移動し続けることだ。

――ユリシーズ・S・グラント

サラマンカの戦いでの競争

一八一二年七月十六日、ウェリントン率いるイギリス軍はデューロ川の対岸にいるマーモント将軍が指揮するフランス軍と対決することになったが、両軍の戦力はほぼ同じであった。七月十六日、マーモント将軍は巧妙な計画を思い立ち、突然、右側に戦力を移動させ、二個師団を引き連れてデューロ川を渡り、イギリス軍の側面を脅かした。しかし、ウェリントン将軍はどんな奇襲にも対応できるように十分な備えをしていた。彼は、フランス軍の意図をすばやく見破り、即座に対応した。彼は南部方面に移動し、二個師団を背後に残して置いた。しかし、ウェリントン将軍が進軍してきた時、マーモント将軍は突然、方向を転換させ、すばやく反対方向に進軍し、イギリス軍に向けて直接、前進した。ウェリントン将軍は部隊に迅速に進撃するように指示し、防衛態勢を敷くようにさせた。フランス軍は陣地を固めて、イギリス軍と並行に迅速に進軍した。

両軍の進軍レースがはじまった。約一万もの両軍の兵士が何マイルもの間相互に並行に猛烈なスピードで進軍している様はまるで喜劇を見ているようであった。時には、両軍は非常に接近することもあったようで、お互いの声や敵の将校が挨拶しているのも聞こえるほどであった。

「双方の歩兵縦隊、約半数の狙撃部隊は共通の目標に向かって猛烈に進軍した。両軍の将校は剣を振り上げて〝前進！〟と指示したり、自分の帽子に触ったり、丁寧に手を振ったりしていた。時折、指揮官が前進するように指示していると大声が聞こえ、両軍で前衛から、後衛に回るように命令を出していた。その後、イギリス軍に対して、フランス軍は集中的な銃弾を浴びせたが、この猛烈な戦闘はますますひどくなる一方であった」。

イギリス軍は勝つことは勝ったが、辛うじてであった。とにかく、イギリス軍はサラマンカの戦いに勝利を収めたのであった。

企業経営者なら誰でもサラマンカの戦いで両軍がレース（競争）をしたことを本で読むことはできるけれども、このレースがどのくらい接近して行なわれたかについて理解させないで、そのレースの模様を想像させるのはむずかしい。しかし、ビジネス戦争でも、実際に会議などで、あなたが反対側にいる役員に対して、〝手を振ったりする〟ことはあるかもしれないが、そんなことをすれば、喧嘩になってどちらか一方が倒されることになるだろう。レースは常に行なわれるものだ。この話でもわかるように、機動性のある方が戦いにはよく勝つのである。

戦闘力というものは、適切な場所・適切な時間で迅速に行使できなければ、ほとんど役に立たないのと同じだ。これは、機動性にもとづいた考え方だ。ナポオレンの戦術は、この機動性の原則から出てきたものだ。集中すべきポイントに突然、戦力を注ぎ込むというやり方だ。フリードリッヒ大王、ミルティアデス、グスタブス・アドルフス、シーザー、シャーマン、アレキサンダー大王、ロンメル、パットン、マッカーサー……など数え切れないが、こうした人たちはこの戦術を活用したのである。例外は除いて、歴史上のすぐれた名将は苦境に陥った時、こうした機動戦略は救世主であった。大半のすぐれた企業は機動性の原則のもつ潜在的力を認識しているばかりでなく、機動性の開発に力を入れている。ビジネス戦争のなかのもう一つの戦いは、競争相手よりも迅速に移動することだ。

サラマンカの戦いのように機動性のすぐれた行動力が要求されている例としては、現在、アメリカのビジネスで言うと、約二十億ドルにのぼる高価格帯の高級アイスクリーム・ビジネスのトップを巡る激しいレースがあげられるだろう。ピルスベリーは一九八三年、業界のマーケット・リーダーであるハーゲン・ダッツを六千六百万ドルで買収した。三年後、同社の売上げは二倍以上の約一億七千五百万ドルに達した。それから、フルーセン・グラッジェの場合はこうだ。同社は一九八五年半ば、ダート&クラフト社に買収されたが、わずか一年でマーケット・シェアを三倍にした。同社はハーゲン・ダッツに攻撃を仕掛けるために、「他のアイスクリームも楽しんでみよう！」というコンセプトを使って、大々的な広告戦略を展開した。同社の攻撃を感じたハーゲン・ダッツは従来の製品であるアイスクリーム・バーの他に新しい香りを加味した製品の拡大化をすばやく行なったり、こうした製品に対する広告費を増加させたりなどして、戦いに対応した。アイスクリーム業界の売上げは全体として横バイの傾向であるのに対して、高級アイスクリームの売上げは一九九〇年代までには、二桁の成長を遂げるものと期待されている。

ビジネス戦争では、戦場（市場・イノベーションなど）に最初に到達した者が常に勝つとは限らないが、たいていの場合は勝つことが多いようだ。インランド・スティール、イーストマン・コダック、ファースト・ボストン銀行などは自社の製品情報ターミナルと顧客の事務所のターミナルを直接つなぐことによって、販売戦争に勝った企業の例だ。こうした装置を設置することによって出てくる効果は、一般的に言って、顧客に自社の製品を購入させるばかりでなく、競争相手の製品に対する関心をいくらかでも薄めさせることだ。こうした〝チャネル・システム〟は確かに、攻撃的な武器になる。サラマンカと同じようなレースには、こうした新しいシステムを最初に導入することが大切なのだ。『フォーチュン』

の記事によれば、「市場に最初に登場してくるシステムは、決定的な勝利に結びつくことがよくある」としている。

ビジネス戦争では、戦闘のための戦線は決して固定化されていない。こうした戦線は移動するのである。戦力はこちらで前進し続ければ、あちらでは退却し続けるのだ。今、あなたがやらなければならないことは、競争相手の戦線がたえず動いていることを見るために、いつでも新聞のビジネス欄を読むことだ。ビジネス戦争の環境は流動的なものだ。競争相手の企業によって展開されている戦略的な動きは、全体的な競争状況を変えるばかりでなく、すべてに日に日に変化しているのである。あなたの企業がこうした戦略でイニシアティブをとっていけば、まったく予測できないような方向に波紋をもたらす。状況に最も対応する戦力とは、常に迅速、かつ、柔軟に動くことができることだ。さらに、苦境に陥っている企業が状況に対応していくためには、すぐれた決断力をもつことだ。ライホメッド社は、商標登録の保護のない製薬業界では、規模の小さな企業としては最も成長の著しい会社の一つだ。この会社はまるで、ウェリントン将軍がサラマンカのレースで行なったとそっくりのやり方をしていた。一九八五年には、同社の利益は百二パーセント伸びて、六百八十億ドルに達するとともに、売上高も百十六パーセントアップの六千八百三十億ドルになった。売上高を十億ドルにすることが同社の最初の十年計画の狙いであった。ライホメッド社の攻撃目標の一つは巨大製薬メーカーが開発した、特許のいらない注射薬の販売戦争でこのメーカーと互角に戦うことであった。特許法は特許者の権利を十七年間保護している。特許保護期間が終了し、製品が〝非特許製品〟となった場合には、誰でもその製品を製造することができる。ライホメッド社では、市場に参入しようとしている他の非特許製品メーカーに先駆けて戦略を開始し、特許をもっていても、動きの鈍い巨大企業の一部をつかまえるには、せいぜい二年で十分だと考えていた。

「移動戦略」こそが、戦争に勝つ手段だ！

戦争とは、きわめて簡単なことだ。戦争の決定的な特性とは、自信・スピード・大胆さだ。これらのどの要素が欠けても、完全だとは言えないが、これらの要素があれば十分だ。

——ジョージ・S・パットン

誰かが、かつて言ったことだが、アメリカ人にはロシア人・日本人・イギリス人と同じような肉体的特長がない。私たち、アメリカ人は、すべてのタイプの民族の混合体だ。しかし、戦争やビジネスでは明らかにアメリカ人の心理というものがある。これは、微妙さ、ニュアンス、無目的に対して軽蔑した考えがある、ということだ。第二次世界大戦当時、イギリスとアメリカの戦争戦略家、戦術家は全く見解を異にしていた。イギリスは周辺的な動きを好んでいた。しかし、アメリカはフランスに通じるイギリスの海峡を渡って、ナチス・ドイツ軍の心臓部を攻撃することを望んでいた。アメリカ人は、敵軍の周辺を攻撃することをよしとしていなかった。

アメリカ人は（1）立ち止まっているよりも移動することを、（2）何にもしないよりも行動することを、（3）慎重に考えることよりも決断することを、（4）細かなことにとらわれるよりも主目的に向かって突き進むことを、（5）防御よりも攻撃を、（6）受動的な姿勢よりも、能動的に動くことを、望んでいた。一八三五年、アレクシス・ドゥ・トクヴィルは次のように言っていた。「あなたはアメリカの大地に足を踏み入れるやいなや騒音にびっくりさせられるだろう。というのも、アメリカではすべてが動いているからだ」と。こうしたアメリカ風の騒がしさはアメリカ人の伝統的な戦争方法によくあらわれている。アメリカの戦争史上でも、スローペースの戦闘はほとんどなかった。私たちが名戦争家と呼んでいる人たちには、パットン将軍、マッカーサー元帥、シャーマン将軍などがいるが、彼らはすべて機動作戦のエキスパートであった。私たちは、攻撃的で機動的な戦闘を戦争術の最高の技であると同時にアメリカ人自身が生み出した最高の技術である、と考えている。こうした戦闘方法は機動的なビジネス戦争を行なうのにもまったくあったやり方だ。つまり、市場にすばやく入り込んで戦争をしたり、競争的な機会や脅威に対して迅速に対応したりするには、ぴったりの方法だからである。

プロトタイプ（原型）の研究

今から、約半世紀前、十分な訓練を受けたある師団は一日に二〜四キロ進軍することができた。一九三九年、ドイツ軍はドイツ語でいう、〝稲妻戦争〟の方法を導入した。フランスでは、ドイツ軍の第十九部隊は一日に、九十キロという最高の進軍記録をもっていた。ロシアに対して、ドイツ軍の第七機甲師団が一日に進軍した最高記録は百二十キロであった。この進軍記録は従来の師団に比べて、三十倍もの速さであった。

ドイツ語の「稲妻」という言葉はドイツ人によってうまく活用されたが、この言葉はドイツ人が発明したわけではなかった。孫子は紀元前五〇〇年、〝一気加勢に流れ込む激流〟といった表現を使った。イギリス人、サー・ベージル・リデル・ハートの著作では、ドイツ語の〝稲妻〟の意味を正確に活用して、彼なりに〝一気加勢に流れ込む激流〟としての基本的な考え方をつくった。次に、リデル・ハートは十三世紀のモンゴル人が得意としていた、敵に深く浸透していくための理論を開発した。ここで言っておくと、すぐれたアイデアというのは、必ずしも新しい考え方である必要はない。アメリカのマッカーサー元帥はモンゴル人、チンギス・ハンの研究者であったが、彼はチンギス・ハンから〝機動作戦〟、〝迅速な攻撃作戦〟、〝敵の主力部隊を回避して、輸送機関を攻撃する作戦〟を学んだ。マッカーサーはこう言っている。「たとえすべての戦争の歴史が突然失われるようなことがあっても、チンギス・ハンだけは例外だ。彼のおかげで、今でも兵士は無限の富を得ることになるだろう」と。

モンゴル人の戦闘方法は、最大の帝国をつくりあげることに成功したことで、歴史的に一躍注目されるようになった。モンゴル人にとって、〝機動作戦〟は最高の作戦であった。たとえば、ある地点まで彼らは五千五百キロもの彼方から馬を飛ばして駆けつけ、その地点に到着するとすぐに戦闘を行なった。彼らは、わずか二年の間に何十もの戦闘をこうしたやり方で行なった。彼らは移動するためにはすべての犠牲を払い、朝、髭を剃る時間さえも惜しんだ。彼らは髭をナイフで剃って、顔に傷をつけ、髭がのびてくるのを防いだほどだ。彼らの風貌は悪魔のように見えたので、ロシア人がモンゴル人に対して、〝タタール〟、つまり、〝地獄からきた人々〟という意味の名前をつけた。

モンゴル人に関連して、彼らの集団的性格を表現する言葉として、〝ホルド（大群）〟というのがある。このもともとの意味は一つのモンゴル人部族をあらわす言葉だ。この言葉は、モンゴル人に倒された相手がモンゴル人の勝利の秘訣は大群の兵士にあると考えたために、〝無数の人々〟という意味になった。もし、モンゴル人と戦った相手がモンゴル人の戦闘方法を研究することに時間を費やしていたら、モンゴル人は常にほとんど数で圧倒していた（時には、とてつもない大群で）ことに気づいたであろう。しかし、彼らはたとえ数の面でモンゴル人に劣っていても、（1）きちんとした訓練、（2）厳格な規律、（3）信頼できる情報にもとづいた入念な計画立案、（4）柔軟な組織体制、（5）頑強で練達の兵士、（6）驚異と欺きを用いた戦術の活用、のように欠点を補う方法はいくらでもあった。モンゴル軍がヨーロッパで対決した敵軍は、動きが鈍く、不細工であった。さらに、策略などはまったくなかった。小さいが、元気ですばやい馬に乗っているモンゴル軍を彼らは簡単に扱うことはできなかった。

モンゴル軍の実行した戦争の主要原則は以下の通りだ。こうした原則は、攻撃型の企業に容易に適用できるものだ。

・敵を分割し、混乱させるために、広範な拠点を数多くつくって、そこから攻撃すること。
・策略を用いて、敵を混乱させ、恐怖を与え、均衡を崩すこと。
・大規模な戦略との直接的な対決は回避すること。モンゴル軍が退却するほどの大軍に出食わした場合には、敵を防御的な位置から誘い出し、混乱させること。
・戦略的・戦術的な戦争哲学にもとづいて、猛烈な攻撃をすること。モンゴル軍はすばやく移動する騎兵だけを用いていたために、すべての兵士は馬に乗っていて、戦闘中でも馬から降りることはなかった。
・たった一つの戦術方法だけに固執しないようにすることだ。いろいろな戦術を組み合わせることだ。しかし、正面攻撃によって敵を押さえ込み、それから、敵の側面を包囲するために、敵を一掃することだ。
・他の部隊を使って、当面の部隊を増強すること。モンゴル軍は五横列の編成で、進軍した。最初の騎兵二横列は楯、槍、かぎ針などを使った重装備をして衝撃に耐えられるように工夫されていた。それから、三横列に位置している軽装備の弓射部隊が自分たちの前にいる部隊に猛烈な攻撃を仕掛けるようになっている。
・破壊的な波状攻撃を仕掛けること。町に防壁を巡らして、防御体制を敷いている敵軍の戦線に間隙ができると、モンゴル軍は大群をなしてなだれ込み、何日も敵軍を猛烈に攻撃した。
・敵を追撃する場合には、冷酷になること。モンゴル軍はいったん有利な状況になると、それを徹底的に利用した。
・敵軍には一つでもよいから、逃げ道を残してやること。もし、あなたが敵に対して逃げ道をふさいで戦うしか方法がないような状況をつくってしまうと、彼らは死ぬ気になって徹底的に戦ってくるだろう。モンゴル軍はいつも敵軍に対して逃げ道を用意していた。敵軍が逃げ道に向かった時には、モンゴル軍は敵軍を追い散らした。

❖「攻撃」とは、敵軍を自分のペースで踊らせることだ

戦局が明確になってきた時にはすぐに、自軍が有利に攻撃できるような軍事目標を常にもつことだ。自分のもっている策略すべてを動員すれば、この目的は達成することができるだろう。

――フリードリッヒ大王

「行動習慣」をしっかり身につけさせること

これまでの歴史からみて、こうしたことが変わることは一度もなかった。敵軍と戦闘中、あなたは敵軍に決して支配されてはいけないが、敵軍を支配するように常に努力すべきだ。あなたが敵軍を自分のペースで踊らせている限り、あなたは何も恐れるものはない。しかし、もし、敵軍が逆にあなたの方を踊らせるようであれば、あなたの方は苦境に陥ってしまうことになるだろう。

攻撃によって戦いの主導権を握ってこそ、あなたは敵軍と戦うことができる。そして、自分の有利な状況で意思決定をすることも可能となるのである。戦いでは、攻撃に対して頑固な能力をもつことが一番大切だ。

行動すること。本書の最初の部分でも述べたように、『エクセレント・カンパニー』で言われているようなマネジメントのすぐれた企業の第一の特性は〝行動志向型〟だということだ。さらに、こうした

行動特性は他の要素に対する基盤にもなっているようだ。業界のトップ企業は物事をしっかり実行に移すことができる習慣をもっていることだ。これと同じように、戦争でも勝利に最も貢献してきた要素の一つは簡単に言って、人間のエネルギーだ。

多くの企業はたんにこうした行動習慣を十分に開発してこなかっただけだ。同じことは、多くの軍隊にも言えることだ。「もし、私たちが軍事史をずっと見渡してみても、そこにあるのは敵軍に対する絶えざる進軍ではなく、戦争中でも、軍事行動の最中でも、〝じっとその場に止まって〟、しかも〝何もないこと〟が簡単に言って平常な状態なのである。そこには決して例外はないのである」。

軍隊や労働者のように大規模な集団を精力的に前進させることを阻むような要因とは何だろうか？ 軍事史は私たちに次のような三つのことをあげている。

(1) 責任をとることに対する恐怖心
(2) 平時よりも、緊張時に必要とされる判断力・認知力が十分でないこと。
(3) 攻撃行動を起こすよりも、防御体制を敷く方に気持ちが傾くこと。

人間はすべて、次のような二つの集団のいずれかに分類することができる。「少数派」とは、刺激的で、攻撃的な志向性をもった個人ということができる。「多数派」とは、変化対応型で防御志向性をもった人たちだ。企業のなかで、少しでも行動ペースを上げていく、最良の方法の一つはすべての従業員に「行動習慣」をつけさせるようにすることだ。戦車が発明された時、誰がこの戦車の指揮をとるのかという問題がでてきた。ある軍隊では、歩兵将校を戦車の指揮担当に配置した。しかし、賢明な人であれば騎兵将校を選んだであろう。というのは、騎兵隊の連中は迅速に前進し、移動しながら戦うことを常に条件づけられているからだ。人によっては、企業の販売収益にインパクトを与える要素は何かと考えるかもしれない。こうした要素とは、本社には従来のようなスタッフ的なスペシャリストは置かないで、行動志向型の販売部隊、つまり、騎兵部隊にあたるビジネス組織を配置しておくことだ。

私は数多くの企業を訪問した。会社を訪ねるたびに、企業間の戦力のテンポに大きな差があることに驚かされた。一部の企業の従業員は、ビジネスに従事していくようにハイ・テンポで活動している。他方、別の企業では、従業員はまるで水のなかで動いているように動きが鈍くなっている。これは大したことではないのだろうか？　歴史上の名将にさかのぼって考えるほどでもないが、機動力にかけては戦争の天才と言われた、アーウィン・ロンメル将軍は敵の人間からも賞賛された。ロンメルによれば、スタッフの動きをじっと観察するだけで、どちらが勝つのか、さらに、どちらに〝苦い教訓〟を教えられるのか、予測することも可能だ、としている。さらに、彼はこう言っている。「最初から、ハイ・テンポで事態が進行していないような場合は、結局、戦いに敗れる」と。

戦場における戦術

戦場における近代的な攻撃戦術に関するシステムを開発したのは、ドイツ軍の戦略理論家であり、主要参謀であった、エーリッヒ・ルーデンドルフ将軍であった。一九一七年九月、リガの戦いでオスカー・フォン・フッター将軍がはじめてこの攻撃戦術システムを実戦で使用したために、それ以来、この戦術システムは〝フッター・システム〟と呼ばれた。あなたが競争相手に攻撃を仕掛ける場合には、次のような要因を重視すれば、フッター戦術を活用することも可能だ。

（1）**驚異を与えること**——まず、戦場に関する情報をできるだけ収集することだ。製品情報・市場情報・競争相手の情報を活用することだ。さらに、顧客・競争相手のリーダーに関する情報もしっかりつかんでおくこと。自分の計画をきちんと立て、競争相手の関心を引くようにすること。自社の攻撃体制が十分に発揮できるようにしておくこと。戦いでは、あなたが戦場にいる間は自分で仕組んだ策略を敵に全体に感づかれないようにすること。

（2）**弱点を発見し、攻撃すること**――競争相手が強いような場所では、長期戦は避けること。競争相手の抵抗がまったくなくなった場合には、どこでもよいからすべて攻撃すること。あなたが〝安住の地〟を見つけ、そこに入り込むまでは、こうした攻撃を続けることだ。「シュワープンクト」というドイツ語は〝重点的な努力をするポイント〟という意味だ。そこで、戦いでは、あなたの「シュワープンクト」を見つけて、攻撃をすることだ。

（3）**成功要因を開発すること**――あなたの部隊が敵に進入していくためには、攻撃を先行させていかなければならない。攻撃をリードしていく部隊が制限を受けるようではいけない。こうした部隊は目的（Xという目的）を達成した後でも、攻撃を停止させてはいけない。さらに、この部隊はどんなポイントでも一切停止してはいけないが、両側面にいる部隊の進軍が遅れていても、それは無視して、前進し続けなければならない。たとえ、あなたが販売目標を突破しても、販売活動は今まで以上に積極的に行なわなければならない。たとえ、あなたの広告が成功しても、もっと強力に広告活動を展開しなければならない。他の部隊のために、先行部隊を待たせてはいけない。他の部隊に追いつくようにさせることだ。あなたが攻撃行動を起こす時には、次のような三つの段階があることを頭に入れておくことだ。まず第一に、敵の組織を混乱させるような侵攻を行なうこと、それから、敵を突破すること、次に敵の追撃を完全に行なうこと、などである。ナポレオンは、こうした三つの段階を一連の行動として継続できることを実際に証明した。

（4）**援護射撃は最大限に活用すること**――あなたの集中攻撃を受けると、敵は強力な広告キャンペーン、値下げ攻勢などの武器を使って反撃をしてくるだろう。背後から、前線に向けて予備戦力を突撃させることだ。そうして、先行部隊を擁護することだ。攻撃を開始する場合には、すべての要素を一致・調和させ、〝全面的な〟攻撃態勢のもとで戦いに挑むべきだ。これはちょうど、効果的なマーケティング・キャンペーンが特定のマーケット・ターゲットを狙って展開されるのと同じやり方だ。特定のポイントで、敵にショックを与え、敵を圧倒することだが、それは徹底的、かつ、継続的に行なわなければならない。全速力で敵を突破し、冷酷に敵を攻撃し続けることだ。統合化された資源・部隊を準備し、これらを攻撃に投入すること。これは企業で言えば、生産・財務・マーケティング・広告・販売などのすべての要素を含んでいる。

（5）**勢いを維持する**――戦いでも勢いを維持している方が勝負に勝つ。すぐれた軍事指揮官、企業経営者が工夫して、攻撃を継続的に行なおうとするのは、戦いに勢いをつけるためだ。あなたが敵の部隊を逃がしてしまうような場合には、パットン軍の言ったように「ロバに乗っている敵を蹴飛ばしてやることだ」。

合理的な対応――自殺的な攻撃はしないこと

攻撃側の精神とは、常に敏感であることだ。狂気的な攻撃の不合理性は第一次世界大戦中のゾンムの戦いで例証されている。この戦いでは、前線に多くの部隊が狂ったように投入され、戦いがはじまって最初の三時間のうちに六万名のイギリス軍兵士が死んでいった。攻撃を開始した後も、冷酷に果敢な攻撃を加えることは必要だが、戦う以前に十分に警戒し、注意して計算しておくことだ。一つでもあなたよりも敵の方がすぐれている場合には、決して攻撃は仕掛けないことだ。「攻撃側は常に攻撃し続ける」

という態度をとり続けて敗れたのが、第一次世界大戦の時のフランス軍だ。「攻撃側は攻撃を続けるべきだが、もし、不合理な場合には攻撃は止めること」の方が戦いとしてはすぐれている。たとえ攻撃的行動をとらないで、戦いに勝てなくても、ビジネス・市場であなたよりも強い競争相手に対して、戦いを起こしている場合には、あなたは当面は防御的な姿勢を維持していくより他に方策はないだろう。

マールボロ公は当時、戦争で行なわれていた慣習的な防御方法を止めさせた。彼は攻撃的な戦略を選んだ。なぜかと言うと、火打ち式石銃と銃剣という二つの攻撃用の武器が自分の方に有利に働くとみて、彼は攻撃していく方がはるかに優勢だと考えたからだ。彼は戦いに勝つための必要な手段をもっていたために、戦いを仕掛けたのである。そうでなければ、彼は戦いを避けていただろう。

「目的を維持する／プランを調整する」（処方箋２）を思い出してもらいたい。もし、現在、あなたの保有している手段が〝攻撃的〟でないとしたら、防御姿勢を固めることだ。しかし、あなたが攻撃を仕掛けるための手段をもっているのであれば、できるだけすぐに攻撃を開始することだ。

攻撃の時期

どんなにすぐれた将軍、有能な経営者でも直面してきた、古くからの問題がここにある。それは、防御要素と時間要素との均衡をはかることだ。たとえば、あなたが次のようなことを考えているとしよう。もし、あなたがもっと多くの情報を入手し、競争相手が何をしようとしているのかを見るために、じっと待っているとしたら、あなたは自軍をもっと強力にすることもできるし、十分な戦闘準備をすることもできる。しかし、一方、あなたは次のようなことも考えているだろう。「しかし、われわれが今、動かなければ、チャンスを失うかもしれない」。「こういう場合に、どうしたらよいか？」という質問にはっきり答えられるような将軍や経営者は残念ながらいなかった。しばらくの間、待機作戦をとって勝った場合もある。敵が十分に戦闘準備ができていないことを知っていて、とにかく進軍して勝った場合もある。できれば、すぐれた情報システムをもつようにすることだ。一方、自分たちの方が知略の面で敵よりもすぐれているようにすることも必要だ。自分の方が敵よりも運がよいことを祈ることだ。これが、あなたが実行できることのすべてだ。

あなたは、将来のことを考えることができる。もし、あなたにとって将来、いいことがあるとすると、防御体制を敷いて、その時期がくるのを待つことだ。しかし、あなたの競争相手にとっても将来的に見通しがあるようであれば、今すぐに、攻撃態勢に入ることだ。ロング・アイランドにあるレコントン・コーポレーションはすばやく、ステレオ・テレビ改造ビジネスに参入し、その製品は〝F・R・D―Friendly Reconten Entertainment Decorder〟(親しみのあるレコントン娯楽用デコーダー)と呼ばれて知られていたが、製品生命は短くわずか二～三年であった。会社としては待つことはできないが、迅速に移動しなければならない。F・R・Dはステレオ・テレビの音声をつくりだしたが、こうした製品を買う顧客はいなかった。ローマ人は敵と戦うことが不可避だと感じた場合にはいつでも、すぐに戦争を宣言した。というのは、戦いを遅らせていると戦争を準備している敵を有利にさせると信じていたからだ。ローマ人は不可避な戦争を待つことはしなかった。レコントン社も同じように待つことはしなかった。

あなたが敵を待つ方がいいのか、それとも、攻撃した方がよいのか、を比較検討する場合に考えなければならないもう一つの要因は、あなたの競争相手の〝パーソナリティ(個性)〟だ。

どんな企業でも顕著なパーソナリティ(個性)がある。これには、次のようなものがある。

・攻撃はしないが、防御はする企業がある。もし、敵が自分よりも強いとしたら、敵を迂回することだ。敵とは異なった市場ニッチを見つけることだ。しかし、敵の防御態勢に何も恐れるものがなく、自分たちの欲しいものを敵がもっているとしたら、すぐに攻撃することだ。
・戦闘に疲れ切った企業もある。こうした企業は敵からの攻撃を受けやすい。
・性格の弱い経営者が管理している企業もある。こうした企業には、突然、攻撃を加えることだ。その企業から従業員の士気（モラール）を盗み出すことだ。
・戦士が数多くいる企業もあるが、そうした企業は解体する。各部門が独自に戦うからだ。こうした企業には攻撃を仕掛けて、困らせるのが一番よい。
・十分に組織化された戦士のいる企業もある。こうした企業は十分に注意することだ。
最後に言っておくと、機動作戦・攻撃的な行動を好む経営者や企業は常に大胆だということははっきりしているようだ。もし、あなたが大胆な戦士の一人だとすると、機甲師団長である、ハインツ・グーデリアンのアドバイスがあなたにはふさわしいかもしれない。つまり、「状況が不明確な場合には、まず、攻撃をすることだ」。

防御を固めている敵を攻撃すること

もし、あなたが防御を固めているマーケティング上の敵を攻撃することを決めている場合には、フリードリッヒ大王の次のようなアドバイスが役に立つだろう。
・自分の態度を決定する前に、できれば実行に移すこと。
・あなたが成功するには、自軍の防御態勢の長所・弱点を知っているかどうかだ。
こうした弱点には、一般に次のような二つのタイプがある。

（１）防御態勢が十分に固められていない。
（２）部隊の数があまりにも広範に配置されていること。

最初の弱点が防御態勢にあるとすれば、防御の弱い所を攻撃すべきだ。第二番目に弱点があるとすれば、一つのポイントに対して偽装攻撃をすること（攻撃の〝掩蔽《えんぺい》行動〟と一般に呼ばれている）。敵が戦力を増強している場合には、自軍の大半の戦力を敵のいない場所に投入し、そこから攻撃を開始すること。

・敵の防御拠点を獲得した後は、自軍の全戦力をそこに集結させること。

ブランド・ロイヤルティの強い市場に対して、成長製品を導入しようとしている企業の場合には、防御姿勢を固めている競争相手を攻撃することだ。フォルジャーズ社はそのいい例だ。同社はコーヒー市場に参入してきた時、防御態勢を敷いている競争相手を打ち負かすとすれば、豊富に資金投入をしなければならないことに気がついた。同社は、地方を対象とした広告活動に、〝私たちは、山をもってこようとしています。〟というコピーを使って、事前に十分な攻撃準備をした。軽装備の銃と同じように、準備段階の導入的な広告では、競争相手の防御の壁を破ることはほとんど無理だということに気づいた。競争相手の強力なブランド・ロイヤルティを打ち破るためには、重装備の大砲、つまり、無料のサンプルを顧客に配布していく方法を活用していかなければならない。最強の広告活動を展開していくためには、大変な費用がかかる。結局、フォルジャーズ社は百万ポンド以上の無料コーヒーを顧客にサービスしたのであった。

連動性のある攻撃を開始すること

いったん攻撃に入ると、競争相手は戦闘を止めることはしないだろうが、援軍を送り込んでくるだろう。これは、あなたがすでに攻撃をしたポイントに対して敵が戦線を〝増強〟していくというやり方だ。

あなたのマネージャーがすでに戦力を固められたポイントで戦いをする場合には、敵と直接戦うことはしないで、敵を包囲するようになるだろう。もし、誰もがこのような回避作戦をとっているとすると、マネージャーが単独で戦うような状況もすぐにくるだろう。これと同じようなことが第一次世界大戦のドイツ軍に起こった。

この戦争では、フランス軍の将軍、フェルディナン・フォッシュがあの有名なドイツ軍のルーデンドルフ将軍を打ち破った。フォッシュは、ルーデンドルフのプランは戦術面からみてもすべて完全であったことを指摘しながらも、彼の勝利戦略について説明をした。これ以上、すぐれた戦略はなかったかもしれない。しかし、ルーデンドルフは、たとえ完全であっても、たった一回の攻撃だけでは戦いには勝てないことに気づかなかった。戦いに勝つためには、一つの攻撃が他の数多くの攻撃と連動していなければならないのだ。一回の攻撃に全戦力をかけるべきではなく、全体的な攻撃プランの一部として考えるべきなのである。フォッシュによれば、「ルーデンドルフはこのことを忘れていたようだった」と。

フォッシュは〝連続攻撃〟、つまり、攻撃と攻撃との連動性、さらに、いろいろなポイントに対する迅速、かつ、連続的な攻撃を強調したが、すべて全体的な大きな目的に役に立つような戦略を統合化させることも主張した。ドイツ軍が一つのポイントで抵抗をした時には、フランス軍は別のポイント、第一のポイント、第二のポイント、さらに、第三のポイント、といったように次から次へと攻撃ポイントを変えて攻撃していった。ドイツ軍はこうして無力になっていったのである。

ビジネス戦争でも、強力な企業に対して継続的な機動作戦をとり、連続的な攻撃をしていく方が大切だ、ということがこれまで何度も証明されてきた。

テキサス・インスツルメンツ社はこれと同じような連続攻撃方法を用いた。ある時、同社は数多くの市場機会を狙っていたことがあった。どの機会も十分なスタッフ態勢で臨んだが、個々の機会の進捗過程と結果を比較するシステムをつくり、それを通じてすべての機会を全体的に統合化するようにしていた。

広告活動もまた、連続攻撃の考え方に立って行なわれるべきだ。ある調査によれば、大規模な広告活動を展開したにもかかわらず、自分が買った商品に対して、企業が前の週に打った広告を何らかの形で覚えていたのは、四人の女性のうちわずか一人だけだった。しかし、何年もすると、こうした広告活動の効果はこれらの女性が商品選択の際にはっきりとしたコンセプトをもち、自分の価値観で商品を購入することに影響を与えてくることになる。

広告コンセプトには、〝協力作用〟と〝累積効果〟ということがあるが、これはフォッシュが用いた統合的な攻撃アプローチと同じようなものだ。単一のメディアだけを使用した広告効果は、二つ以上の複数のメディアによる広告効果と比べてあまり強力な効果があるとは言えない。個々のメッセージは先行するメッセージにもとづいて構築されるべきである。二十年以上も前、ジェームズ・O・ペックハムは次のようなことを例証した。新製品の市場導入を成功させるためには、連続的、かつ、攻撃的な広告活動が必要となってくる。導入期の広告活動は、市場・顧客に対して行ない、重点的な広告活動は自社が達成しようとしている販売シェア、一・五に対して一の割合の広告量の投下を二年以上にわたって行なうことだ。さらに〝製品の市場でのポジションを少し先行させる〟ために、製品のシェアを維持していくための方策として、数ヶ月先まで広告活動を展開していくことも必要となってくる。

つまり、企業のもつ武器と組織をうまく組み合わせることによって、戦いに勝つことができるのである。また、こうした手段を別々に使うことによって、敵を打ち破ることもできる。

最高のポイント（拠点）

クラウゼヴィッツによれば、「〝最高のポイント〟とは、攻撃側の勢いが防御側に転じていくようなポイントのことである」としている。さらに、彼はこうつけ加えている。「このポイントを越えてしまうと、戦争の規模が変わってくる……。そして、進軍している味方の攻撃よりも、敵側の攻撃の方が一般に一層強くなってくる」、「こうした動きに敏感に反応していくには、再び攻撃態勢を整備して、新しい方向に攻撃をしていくことだ」等。

ビジネス戦争でも、個々の製品に、〝最高のポイント〟はある。どんな製品にもライフサイクルはあるが、それは導入・成長・競争・衰退・削減というパターンだ。あなたが製品ラインから当該製品を排除したり、製品改良・新しい製品活用法／新しい市場の発見という形で新しい攻撃を仕掛ける場合には、その製品はライフサイクルの最終段階、つまり、削減の段階にきているということだ。

これまで、従来のドラッグストアは思い通りのやり方をしてきた。ディスカウントストアが健康・美容分野に進出してきた時、彼らの販売活動は頂点に達していたと言える。スーパーマーケットが市場に参入してきた時も、彼らの抱えている問題は複雑であった。スーパーマーケットも健康・美容製品を売っていたからだ。レブコ、エッカード、その他のドラッグストア・チェーンは製品価格を大幅に下げ、利益率も減少させた。攻撃力の衰えた軍隊のように、彼らも新しい方向を求めて攻撃を開始した。この新しい方向というのは、比較的競争の少ない店舗政策をとることであり、値段の安い商品を買う顧客の多い、二十四時間営業のコンビニエンス・ストアのような市場ニッチに成長を求めることであった。

クェーカー・オーツ社はライス・ケーキ（米の粉でつくった菓子）の分野では、最高のポイントに達した。さらに、同社は製品に改良を加えて、幅広い市場にアピールするような製品をつくった。現在、アメリカの全世帯のわずか四パーセントしかライス・ケーキを使っていない。クェーカー・オーツ社は広告戦略の転換を計った。同社は健康管理に気を配っている家庭の三十―四十パーセント、さらに、一度でもダイエットの経験のある家庭の約十パーセントを対象にして、重点的な広告活動を行なった。いったん頂点を極めた製品が衰退してきた時にとるべき対応方策は、新しい製品特性を開発するとともに新しい市場を見つけていくことだ。さらに、製品の新しい利用法・パッケージングの改良などを積極的に行なっていくことだ。

❖投資する

勝者に比べて、敗者の方が偶然の要素に出食わすことが多いという考え方は必ずしも正しいとは言えない。南北戦争当時、勝利者である北軍は南軍に比べて、十四万回以上の偶然的要素に苦しんだ。第一次・二次世界大戦では、連合軍は敗北した枢軸国に比べて、約二倍苦しんだ。

企業が戦いに勝つためには、結局、攻撃的な態勢をとらなければならない。そして、ライバル企業を攻撃し、敵に侵攻し、さらに、敵を包囲しなければならない。こうした活動を支えていくためには、費用がかかるし、そのための投資をしなければならない。たとえば、新製品の優位性を十分に発揮させるためには、市場開発・人材・施設などに相当な初期投資をする必要がある。大半の業界では、トップ企業はライバル企業の対販売当たり広告費を比較してみると、あまり広告費に投資していないことが多い。したがって、新製品で、しかも、短期間で戦いに勝っていくためにマーケット・シェアを確保していくには、広告費の面でライバル企業を出し抜いていなければならない。

販売活動で利益をあげていこうとするのであれば、あなたは攻撃に全力をあげることだ。とくに、競争相手がしっかり防御を固めて、自分の領土で安全に戦っている場合には、あなたが競争相手に攻撃を仕掛けると最初は大変なコストがかかることになる。あなたが販売している製品に対しても高い費用がかかることになるだろう。

たとえば、一九七〇年―一九七一年にかけてシック社が投入した広告費は年間二百万ドル以下であった。同社は〝フレクサマティック〟という電気カミソリの売上げを増やすために、一九七二年に四百五十万ドル、一九七三年に五百二十万ドルという広告費を投入した。一九七二年後半までには、シック社のマーケット・シェアは八パーセントから、十六パーセントへと二倍に達した。

ある企業のエグゼクティブがかつてこう言ったことがある。「私が広告活動に費やした金額の半分は浪費だった。しかし、それがどの半分かはよくわからない」と。別の人がまた、次のように言った。「あなたが金を儲けるために企業を経営しているとしたら、あなたが失敗するかどうかは問題ではないが、いつそうなるかということだ」と。

あなたも予想外の資金を使わなければならないこともあるはずだ。たとえば、ライバル同士の発電会社が真っ正面から戦ったことがあるが、その時、相手よりも企業規模の小さくて、企業コストに金をかけている会社の方は戦いに負けないように多くの資金を投入しなければならない状態に追い込まれてくる。日本の企業は特定のターゲットの市場に参入する時はいつでも、個々の製品が売れなくても、相当な資金投資をしてきた。彼らは、短期間では競争に負けても、長期的には利益を得るとの考え方から、競争相手よりもかなり低い製品価格の設定を行なっている。競争相手は戦いで踏み止まるために、大変なプレッシャーを受けている。

問題なのは、「あなたの会社に、激しい攻撃的な戦争を遂行していくだけの資金源があるだろうか？」ということだ。

❖脅威の心理学を理解せよ

動物学者は動物が脅威に対してもつ、さまざまな反応を観察した後で、〝危機的反応〟という言葉をつくりだした。脅威に対する動物の反応は脅威が動物からどの程度の距離（遠いか、近いか）にあるかによって、決められる。脅威を与える者が一定の距離外にいると、動物は逃走していく。これは、〝逃走距離〟と言われるものだ。しかし、脅威を与える者が一定の距離内に近づいてきた場合には、動物は攻撃してくる。これは、〝危機的距離〟と呼ばれるものだ。これは種によっても、人によっても、会社によっても、変わってくるものだ。これは非常に個人的な性質のものだ。人によっては、顔に砂をかけさせる者もいるが、そうでない者もいる。企業もこれと同じだ。一九七八年、ビール・メーカーのミラーのトップ・マネジメントは同社はビール業界でナンバー・ワンになるつもりだ、と公言した。クアーズ・ビールの会長、ウィリアム・K・クアーズはアンハウザー・ブッシュ社のトップである、オーガスト・ブッシュ二世と一緒であったが、その時こう宣言した。「私は、今日の彼の表情を決して忘れないだろう」、「彼は、〝私の死体をのりこえていけ〟と言った。彼はその一言ですべてを言い表していた」等。

〝縄張り上の絶対要素〟という言葉も同じようなアイデアからでてきたものだ。生物は本能的に自分たちの縄張りを守る。自分の縄張りの中心から人間が離れていればいるほど、動物は人間に関心をもたなくなってくる。しかし、人間が境界を越え、自分の領域に入ってくると、動物は大変攻撃的になってくる。あらいぐまは自分の縄張りの周辺におしっこをして、自分の縄張りに印をつけておく。企業の場合は、もう少し微妙なところがあるようだ。

ある企業経営者は兵士と同じように、競争相手の〝逃走距離〟と〝危機的距離〟との間の微妙で目に見えない境界線をずっと歩き続けている。他の企業経営者の場合には、競争相手の〝危機的距離〟には一切、足を踏み入れない人もいる。

コカ・コーラとペプシ・コーラは現在、激しいビジネス戦争を展開している。何年もの間、ペプシ・コーラはコカ・コーラをいらいらさせてきたが、コカ・コーラはペプシ・コーラ側が〝危機的距離〟への関心を示さなかったのと自分たちの領域に参入してこなかったために、これに対抗して厳しい対応をすることはしなかった。ペプシコーラは大変に攻撃的な会社だが、他の企業の市場の観察にはあまり関心を示していなかった。ペプシと同じように戦闘的な企業がある。その会社はペプシが所有しているタコ・ベルという企業だ。ペプシはマクドナルド、バーガー・キングを含めて、ファストフード・ハンバーガー業界に攻撃を仕掛けている。同社は〝危機的距離〟についてはあまり心配していないようだ。同社は顧客を数多く獲得していくためには、他の店から顧客を奪うことだと気づいて、タコ・ベル社は競争相手のハンバーガーを馬鹿にしたような内容のコピーをつくって、大々的な広告キャンペーンを展開し、この広告活動に七千万ドルを投入した。あるスポット広告では、他のハンバーガーを食べるのを怖がって、棚の上に飛び上がるようなシーンを作っていた。

マクドナルドのエグゼクティブは人前ではめったにスピーチはしなかった。同社の社長と会長の法定相続人がスピーチをした時があったが、競争相手もその話を聞くべきであろう。最初のスピーチでは、マイケル・キラン社長が同社との比較広告をしている競争相手に攻撃ののろしをあげた。「もし、あなたがマーケティング部門をもっていて、そこであなたが今、すぐにやるべきことがXブランドを倒すことであるとすれば、私は新しいマーケティング部門をつくるだろう」と。いかに強力なマクドナルドと言えども、こうした〝危機的距離〟には随分、悩まされているようだった。

成熟化した産業では、企業は一般的に次のようなことに注意している。つまり、企業が求めている攻撃的な行動は他の企業にとっては破壊的な脅威に思えないこともあるということだ。言い換えれば、企業によっては、他社の〝危機的距離〟にまで侵入しようとは考えていないのである。

〝戦力を誇示すること〟は戦争では、長い間の伝統であった。この目的は敵が〝危機的距離〟に侵入してくるのを回避すると同時に〝逃走距離〟に止まって、どんなパワーを爆発できるのかを提示することであった。すなわち、敵に降伏する機会を提供することである。マクドナルドの例からいうと、競争相手に競争を止めるように伝えることだ。ワーテルローの戦いの朝、ナポレオンは再確認のために自分の目の前で自軍を行進させた。それはあくまでも自分の目の届く範囲であって、彼が脅威を与えて戦うことを放棄させようとした、ベルギー軍・イギリス軍の行動範囲すべてを考慮に入れたのではなかった。残念ながら、文字通り、ワーテルローで出食わす予定であったナポレオンに対しては、彼らは容易に脅威を与えることはできなかった。

〝緩衝地帯〟という言葉は、防御側が〝危機的距離〟を擁護するための必要性から出てきた表現だ。これは、企業に安らぎを与えるような場所にある小さな空間のことだ。もし、あなたが競争相手の緩衝地帯に攻撃を開始する場合には、防御側は自分の〝危機的距離〟にあなたが攻撃してくる意図を感じている。つまり、防御側は戦闘を挑んでくることがよくある。

航空機業界に見られるように、〝航空運賃戦争〟（航空会社のエグゼクティブはこの戦争のことを〝大虐殺〟と呼んでいる）は他の航空会社の〝危機的距離〟に一部の企業が侵入したことから火花が散ったのである。これはある企業が〝片道航空運賃〟という〝緩衝地帯〟に侵入して、他の企業の市場の中心部に攻撃を仕掛けたものだ。この航空運賃戦争は、直接的なもので、正面衝突であった。この戦争はたびたび、〝回転花火型戦略〟といった結果をもたらしたが、これは相互が攻撃をし合い、競争相手を排撃しようとする戦略だ。このような業界全体の価格破壊という運賃戦争に対して、ある航空業界が防御のためのとった対応策は攻撃的で防御的な武器、コンピュータを使ったことだった。これまで、航空機運賃戦争は全国的に波及し、自動的にすべての座席に影響を与えた。現在では、旅行パターン、座席数をコンピュータでモニターすることで、安い航空運賃で旅行できるが、航空会社は特定の都市・特定の座席に対して運賃の値下げをターゲットにすることができる。

広告戦争は航空運賃戦争ほどひどいものではなかった。業界の広告が増えることによって、すべての企業は製品に対する需要が増えるという利益が出てくるかもしれない。ビクター・キアム・レミントン社の「私は会社を買いました！」という広告は大変効果的で、すべての企業が利益を上げた。キアムが広告活動を開始してから数年後、アメリカのシェーバー市場は五十パーセントの成長を遂げた。

どの市場がどちらのものか、という領地の問題はビジネス戦争にとっては大変重要な問題だ。孫子は戦場となる地域の〝地形〟を九つの型に分類し、それぞれの型の地形に必要な戦術的な手段を講じている。

（1）**散地**——これは自分の領地が攻撃を受けている場合のことである。すぐれた企業経営者なら知っているように、この考え方は敵を自分の領地に近づけないようにすることだ。自分の領地内で戦わないようにすることだ。しかし、どうしても戦わなければならないような場合には、自軍の決断力を一つにまとめることだ。また、敵軍の領地で戦うことによって、敵軍に復讐することもできるかも知れない。

（2）**軽地**——これは、敵軍の領地にそれほど深く進攻しない場合のことをいう。敵軍の国境で止まってはいけないが、進攻してもよい、と孫子はアドバイスしている。

（3）**争地**――敵軍、自軍にとって、奪取すれば有利になる地域のことを言う。もし、敵がしっかりと領地を占拠している場合には、攻撃はしないこと。敵軍の背後・側面を包囲すること。

（4）**交地**――敵軍、自軍の双方が同じように進攻できる地域のことをいう。このような場合には、自軍の戦力を集中させることだ。戦力を分断させるようなことは決してしないことだ。さらに、自軍の陣地を防御するように、しっかりと注意を払うことだ。

（5）**く地**――諸外国（三国以上）と隣接している地域のことを指す。その地域を押さえるために、同盟を結んだりする。他国との同盟に重点を置いたやり方だ。

（6）**重地**――敵軍の領地に深く進攻し、引き返すこともできなくなって、危機的な状況に陥っている地域のことをいう。その地域にいる間は、できるだけ多くの敵を倒すことだ。

（7）**ひ地**――進軍が困難な荒地のことをいう。こういう場合には、突進するのみだ。

（8）**囲地**――敵軍に包囲されて、それを突破するためには戦略、驚異戦術、策略、戦争計略（ビジネス計略）を必要とするような地域のことを指す。

（9）**死地**――全力をあげて戦わなければ、生き残れないような地域のことを言う。死にもの狂いの勇気を出して、敵と戦うこと。迅速に行動することだ。決断を決して遅らせてはいけない。部下に戦闘の重要性を知らせておくことだ。「これは、逃げ道がなくなって兵士が敵と死ぬまで戦わなければならない性質の戦闘だ」。少なくともこうした事態では、最良の策だが、生き残った者は苦境から脱出することができるだろう。

脅威からの教訓

・企業の経営者は所有欲、領地欲の強い動物だ。彼らは敵の領地を獲得するために攻撃的な行動をとるよりもむしろ、自分の領地（製品ニッチ、市場、評判など）を守るために、防御的な行動をとる時の方が一生懸命戦う。先手を打って、逆に相手をやっつける方法の一つは敵の高価な代償物（領地）に攻撃を仕掛けることだ。モトローラ・コーポレーションの会長である、ロバート・ガルビンはアメリカ市場で値下げ攻勢によって、アメリカの企業を痛めつけている日本企業の〝統制〟について語ったことがある。他のアメリカ企業と同じように、モトローラは日本市場に対して、反撃を開始している。ガルビンはこう言っている。「私たちは日本市場ではすでに負けないことはわかっているので、私たちは日本企業の市場行動を統制する能力をもっている」と。さらに、彼は次のようにつけ加えている。「日本企業がアメリカ市場で私たちの鼻をつねっているように、私たちも日本市場で日本企業の鼻をつねることはできる」と。

・ライバル企業の〝逃走距離〟に脅威を与えれば、その企業を撤退させることができるだろう。しかし、相手の〝危機的距離〟に脅威を与えると、相手はあなたの企業に戦いを挑んでくるだろう。

・国家にせよ、企業にせよ、個人にせよ、攻撃的なタイプの組織・人間は宥和させることはできない。しかし、彼らが戦力に反応してくるのであれば、彼らは脅威を受け入れやすい。もし、彼らがあなたを攻撃してくれれば、反撃することだ。

・あなたの攻撃にあくまで抵抗するような企業経営者の場合、彼らは最初はあなたと戦うことを望んでいなかったはずだ。しかし、彼らの防御の態勢には感心するはずだ。

・競争相手が反撃してくるかどうか、とくに心配していない場合には、相手の〝危機的距離〟に攻撃を加えることだ。日本軍がパール・ハーバー（真珠湾）に奇襲をかける数週間前、日本側はワシントンに和平協定を結ぶための使節を派遣した。当時のアメリカ合衆国の大統領、ルーズベルトは、「日本側の方から戦争を起こすように、彼らを追い込む策略を立て、しかもアメリカ側にはあまり危険を与えないような方法を使う」ことを望んでいた。アメリカ側は日本側に対して十項目の厳しい内容の返書を与えたが、日本側は別に驚きもせず、その返書をアメリカ側の最後通牒と解釈した。

・競争相手に接近する前に、自問することだ。「相手の〝危機的距離〟とはどのくらいなのか？」これは人によっても、企業によっても異なるはずだ。自分の相手はどうだろうか？　もし、あなたが相手の距離を知っていて、とにかく移動しようと考えている場合には、〝いつ、相手の反撃がくるのか？〟、〝それはどのような形態なのだろうか？〟、〝それはどの程度効果的なのだろうか？〟ということを自問することだ。

・相手の地域の中心部（敵の〝殺人ゾーン〟）で大失策をやらないように、十分に注意することだ。防御側は攻撃部隊を待ち伏せることができる。相手の報復行動の動向に関する情報があれば役に立つし、報復を抑えるために予備軍を確保しておくこともできる。

❖追撃によって、勝利を確固たるものにせよ！

勝利の次に必要なこと、それは追撃だ。追撃は戦争でも、最も重要な要素だ。

――クラウゼヴィッツ

よく言われることだが、企業がすばらしい攻撃を敢行して、ついに戦いに勝ったとする。それでは、その勝利の後に起こることは何だろうか？

大半の企業では、何も起こらない……。積極的なことは何もしないからだ。戦いに勝ってしまうと、相手を攻撃している時の勢いはなくなっているのである。一七〇〇年代後半のことであるが、ヘンリー・ロイド陸軍少将によれば、イギリス軍は最終的な決着をつけるための追撃は一切しないという悪い習慣をつけてしまったそうで、彼はこのことを大変嘆いていた。彼はこう言っている。「わが国の軍隊制度は、迅速に行動するという考え方を全く排除している。こうした考え方があるために、イギリス軍は戦いに勝つには勝っても、本当に完全と言えるような勝利を獲得していない。つまり、決定的な勝利をあげたとは言えないのである」と。イギリス軍の攻撃が尻すぼみになると、敵軍は逆襲に転じて、領土の一部を占拠していく。こうして、イギリス軍はせっかく手中にしつつあった領土を失い、再び、最初から敵に対する攻撃を再開しなければならないという羽目に陥っていたのである。

一九四四年九月八日、アメリカの第一一五歩兵師団のG中隊はドイツ軍の猛攻撃のもと、まったく無防備の領土の獲得をめざして、五分間で七百ヤードほど前進した。そして、彼らは、戦いに有利な位置から攻撃を開始し、大声をあげながら突撃をしていった。大半のドイツ軍は逃げだしていったが、ごく少数の兵士は隠れ家に隠れていた。アメリカ軍がごく少数の兵士を相手に最終的な勝利をあげるためには、たったの五ヤード進撃すればよかったのであるが、G中隊全員が一ヤード進むのに、何と七時間もかかっていたのである。勝利があと少しで自分たちの手に入るところだったのに、どうしてこのような攻撃になったのだろうか?

これは、激しい戦闘の後で兵士たちが精神的、行動的なスランプに陥ったからである。人間というものは全力をあげて戦闘を終えた後には、仕事をした充実感のためにリラックスして、勝利の酒に酔い、満足感に浸りたいという欲求が時にでてくるのである。とくに、目標に非常に近づいたり、目標を達成したり、目標を越えたりした場合には、人間は目標を前にして、リラックスする傾向があることはよく伝えられている。こうした現象は運動でもよく言われていることだ。最終ゴールに近づくにつれて、リラックスし、ペースが落ちてくるような選手を奮起させるためには、選手にゴールテープに向かって走るのではなく、ゴールテープを走り抜けるように指導しているそうだ。つまり、「ゴールテープを突っ切っていくこと」が大切なのである。

戦いに勝った後は、人間は安息を求め、戦いに敗れた相手のことは忘れがちである。フリードリッヒ大王は、戦いに勝利した後でもすぐに相手のことを考えるようにアドバイスしている。つまり、戦いに負けた相手の立場に自らを置き、次のように自問することだ。「自分がもし、相手の立場であれば、今すぐに何をしたいだろうか？　自分ができるプロジェクトは何だろうか？」ここで言わんとすることは、とくに戦いに勝った後では、競争相手のことに常に気を配っておくことが必要だということなのである。

「追撃」ということは、戦争の第二原則だ。しかし、これは誰もが例外なく、無視してしまう原則でもある。「追撃」とは、自軍が前進している場合、もしくは、突然、進軍に障害が発生した場合に、〝退却〟することではない。そうではなく、最初の戦闘の結果をゆっくりと評価する前に、攻撃を継続させ、さらに大胆な攻撃を加え、新しい行動を起こさせるようにすることなのである。「いったん戦いで得た勝利の感触は決して失われるものではない」。

「追撃」の原則を企業活動に活用して、利益を得た唯一の会社の例としてあげられるのは、クアーズ・ビールのメーカーであるアドルフ・クアーズ社だ。あるビール業界のアナリストによれば、「クアーズの場合は、まさにあっという間に市場に参入して、それから六ヶ月後にはロケットのようなすばらしい業績を残した珍しい事例だ。しかし、その後、突然、わけがわからないうちに、その神秘のベールが剥がれていって、売上げは急激に低下していった」。

戦略が有効だとわかり、機会が今なお、存在している場合には、戦略に全力を注ぐべきだ。つまり、「追撃」をすることだ。競争に敗れるような企業は一つのプログラムに対して、予算以上に大きな費用配分をすることには消極的だ。一方、競争に勝っている企業は機会が適切だと判断すれば、予算以上の費用配分を思い切ってする。クラウゼヴィッツは次のように言っている。「追撃行動がなければ、たとえ戦いに勝ったとしても大した効果はない」と。徹底的に勝利を勝ち取るべきなのである。軽装備のモンゴル軍の騎兵部隊は敵軍を非常に迅速、かつ、猛烈に追撃し、敵軍の門が閉められる前に門まで追い掛けたそうである。マネジメントのすぐれた企業であれば大半は、これと同じような方法で競争相手を追撃し、徹底的に戦いを挑んでいる。こうした会社は市場にいったん足掛かりをつかむとすぐに、市場の広範なセグメントに到達するために製品ラインの拡大化を行なう。

広告計画は、ビジネス戦争では小さな要素ではあるが、追撃の大きな力となる要素だ。

・週単位で広告活動を出すことは、長期間、同じ回数の広告活動を実施するよりも消費者の製品想起率は非常に早い。
・消費者に対して継続的な広告活動を行なわなければ、消費者は製品のことは忘れてしまう。
・広告活動が頻繁であればあるほど、消費者の忘却率も低下してくる。

プロシアのフリードリッヒ大王はさまざまなイノベーションを行なったが、具体的には自軍の騎兵部隊を大変ダイナミックな騎手の一大集団へと組織化し、世界にその名をとどろかせたのである。歴史的に見ると、騎兵部隊は戦線の後衛に集結していたようだ。プロシア軍の騎兵部隊は戦線の前衛に集結するように訓練されていた。言い換えれば、追撃中でも、攻撃を仕掛けた後、再び集結できるようになっていたのである。フリードリッヒ大王は軍事的に重要な戦闘を二十二回経験したが、彼のすばらしい騎兵部隊は少なくともその戦闘のうち十五回は勝ったのである。もし、企業が競争相手との戦いに勝利した後でも、攻撃の手を緩めずに、社員を戦いの前衛に集結するようにさせたならば、戦いにもっと勝つことができるようになるだろう。

❖攻撃的なプランを立案せよ！

フリードリッヒ大王は攻撃的な戦闘の名手であったが、移動を前提にしてすべての行動を計画し、騎馬砲兵隊を新たに組織した。軽くて、移動できる曲射砲を利用するとともに、兵士が迅速に行動ができるように徹底的な訓練をほどこし、そのための策略も教え込んだ。彼は、こうした攻撃パターンをいったん確立してしまうと、それを必ず維持していこうとした。つまり、彼はこうしたパターンを行動に活かしていくようにしたのであった。元来、騎兵部隊は移動することを目的としてつくられたものだ。しかし、十四世紀末までには、典型的な騎兵部隊で使われる馬には騎手の重さの他に、装備・武具を含め、百五十ポンドの重さが加わっていたのであった。この結果、最初の考え方とは違って、移動性というメリットは失われていったのである。

「組織倫理」とは何だろうか？　それは、自分たちの社員に対して過剰な負担――レポートの提出・ミーティングの開催・重箱の隅をつつくような方針・過度に用心深いマネジメント――を強いて、苦しめないようにすることだ。すべても活性化させることだ。それには、追撃を敢行することだ。

処方箋5

抵抗が最も少ない方策に従え

「一人の兵士がペロピダスに、〝私たちはすでに敵の手に墜ています〟と言ったのに対して、彼はこう答えた。〝どのようにして、私たちが敵の手に墜ちるというのか？　墜ちるのは敵だ〟と」

――プルターク

❖ハンニバル――紀元前二一八年

二十九歳と言えば、今では大手企業の若手エグゼクティブの年齢である。この年でハンニバルは五万人のカルタゴ軍歩兵、九千人の騎兵を率いて、かの有名なピレネー、アルプス越えを行なった。ピレネーは北イタリアに姿を現し、ティキヌス川沿いでローマ軍のすぐれた指揮官、スキピオを打ち破った。さらに、紀元前二一八年九月二十六日、激しい吹雪のなか、彼はトレビア川でローマ軍の二部隊を粉砕した。

二部隊以上のローマ軍が調達され、ハンニバル軍のローマへの進路を妨害するために、北部方面へ派遣された。これらの軍隊はローマ帝国の執政官、フラミニウスとジェミニスの指揮下にあった。ハンニバルは自軍がローマへの進路をとると予測していた敵側の読みに気がついて、急拠予定を変更し、湿地帯を抜ける最短だが、危険なルートを進み、ついにフラミニウス軍の全く無防備な側面に辿り着いた。二十世紀最大の戦争理論家である、B・H・リデル・ハートはこう書いている。「普通の兵士であれば、知らない所よりも知っている所の方を好むのが常である」と。しかし、彼は「ハンニバルは他のすぐれた指揮官と同じように〝異常で〟、自軍の決めた戦場で敵を迎え打つという確実さを捨てて、最も危険な状態にある戦場を選択した」とつけ加えている。

ハンニバル軍は三日三晩、不眠不休で洪水でぬかるんだ湿地帯を苦労して行軍しながら、ついに陸地に辿り着いた。彼らの眼前にはフラミニウス軍の野営している姿が見えた。ローマへ進軍できたかもしれなかったが、すぐれた戦闘家であるハンニバルは直接の目標をローマにしないで、ローマ軍にしたのであった。

他のすぐれたリーダーと同じく、ハンニバルも苦労して敵軍の将フラミニウスの研究をした。フラミニウスが非常に誇り高く、頑固で、しかも傷つきやすい人間であることを彼は知った。そこで、ハンニバルは敵軍を馬鹿にした攻撃を仕掛け、彼を傷つけるようにした。彼は大胆にもフラミニウス軍の正面に自軍を移動させ、道を隔てて、ローマ軍と目と鼻の先にキャンプをした。ハンニバルはフラミニウス軍にわからないようにすでに自軍の軽・重歩兵、騎兵を隠していたのであった。フラミニウス軍はそれとも知らずに道沿いに進軍し、ハンニバルが溝のなかに隠していた部隊の先頭部分を通り過ぎた。その日は、深い霧が大地を覆い、カルタゴ軍をうまく隠してくれていた。何の疑いももたず、ローマ軍は進軍を続けた。キャンプに最も近い場所にいたカルタゴ軍が突然、敵軍の足元に現れ、大声をあげて攻撃をした。それとともに、溝に隠れていたハンニバル軍すべてが即座になだれ込んだ。ハンニバル軍はときの声をあげながら、ローマ軍を四方から包囲し、フラミニウスも含めて、ローマ軍を粉砕した。このハンニバルの勝利は、戦争史上、最も記念すべき〝待ち伏せ戦略〟であった。

❖最も抵抗の少ないルートは常に間接的なルートだ！

敵軍が最も予想していないことをやることが勝利への一番の道だ。

——フリードリッヒ大王

「戦略」と「戦術」は次の二つに分けて考えることができる。（1）直接的なアプローチ、（2）間接的なアプローチ、の二つだ。前者のアプローチは強力な戦力で真正面から攻撃をして、力で敵を圧倒することによって、進軍を行なうというやり方だ。二番目の「間接的なアプローチ」とは、敵軍がまったく予期していない地点に迂回し、進軍していくというやり方だ。これまでのところ、すぐれた将軍の大半は自分の防御範囲内で敵をとらえるという、間接的なアプローチを選んできた。ハンニバルと同じように、彼らもまた、山をよじ登り、湿地を進軍し、眼前の敵軍と直接対決するのではなく、あらゆる困難に苦しみながら、敵軍と戦ってきた。こうしたなかで、すぐれた将軍たちが選択した最良のルートとは、「最も抵抗が少ないルート」ということがわかった。最も抵抗が少ないルートを選択することは企業が競争相手に対して優位を確認するためにも、最も重要な要素の一つだ。このことから、次のことが言えよう。「ビジネス戦争で勝ち抜くための主要な競争の一つとして、最も抵抗の少ない戦略を見つけ、開発していくことが必要だということである」と。

Ｂ・Ｈ・リデル・ハートは二十世紀の軍事戦略家のなかでも最も影響力のある人間の一人であろう。彼は「間接的なアプローチ」の有効性を活用することによって、戦争に関する理論づけを行なった。彼は次のように書いている。「軍事戦略史とは、基本的には〝間接的なアプローチ〟の応用と進化の記録だ」と。もし、リデル・ハートが今日、最も進んだ軍事戦略家でないとすれば、次にあげられるのが彼の友人である、Ｊ・Ｆ・Ｃ・フラー（イギリス軍の陸軍少将）だ。フラーは「間接的アプローチ」が戦略の究極的な目的だという考え方に挑戦した男だった。彼はこのアプローチに対する批判を次のようにきわめて簡単な言葉で言い表している。「目的は敵を敗北させることだ。そうであれば、直接的なアプローチでこの目的を達成できるなら、その方がずっといい」と。

常識的な考えでみれば、この二つの考え方は正しい。ハンニバルの場合でも、もし彼がローマ軍を正面攻撃して倒すことができると感じていたなら、彼は自分の部隊に前進するように指示を出していただろう。しかし、ハンニバルは迂回戦術をとった方が敵軍に勝つチャンスがあると気づいて、そのようなアプローチをとった。もし、あなたが自分のライバルを直接的な競争で倒すことができるという自信があるなら、どのようにして競争相手を倒すかということが必要だ。仮に、あなたが自分のライバルの店の近くにガソリンスタンド、あるいは、店を構えるということにしよう。しかし、自分のライバルは避けた方が勝つチャンスがあると判断したとすると、あなたはライバルから迂回する方法を考えつくだろう。たとえば、ライバルと戦うよりも、非常に交通量の多い街角を見つけて、そこに店を構えるように考えるだろう。

しかし、一般的に言って、ビジネス・軍事のいずれの歴史をみても、「直接的なアプローチ」よりも「間接的なアプローチ」の方が有利なようだ。たとえば、トーマス・L・バーグは企業のマーケティング・キャンペーンで失敗した事例を分析してみると、たいていの場合、その原因は直接的な方法を用いたことによるものだ、としている。つまり、「マーケティング活動が失敗しているのは、強力なマーケティング活動を展開しているライバルに対して真正面から攻撃をした結果である」と。バーグはこうした事例として、ゼネラル・フーズがガーバーや他のメーカーに対して無意味な「直接的アプローチ」を実施した後、ベビー・フード業界から退却した例やスワンソン、その他の企業が冷凍パイ・ビジネスの分野でゼネラル・フーズの直接的な攻撃を退けた例をあげている。企業戦略の専門家、マイケル・E・ポーターは同じような点を指摘している。「企業のなかには、競争的な手段とはたんなる力のゲームだと考えているところもあるようだ。しかし、どんな資源が十分にあっても、思い通りの収益を確保できないことがよくある」と。

『三＋一＝何十億ドル』という本は、ベンディックス・コーポレーションがどのようにしてマーティン・マリエッタを買収しようとし、さらに、同社がどのようにしてアライド・コーポレーションに買収されたか、についてまとめた本だ。本書はいわば、アメリカの大企業が中小企業を飲み込もうとして、「直接的なアプローチ」を用いていることへの告発の書だ。第一次世界大戦の間、「直接的なアプローチ」を用いて勝った戦いがわずかに二つ（エル・アラマインとスターリングラード）ある。一九三九年以前の二千四百年間（紀元前も含む）のうち、主な戦争は三十回あったがそこで行なわれた会戦三百回のうち、直接的なアプローチを用いて戦いに勝ったのはたったの六回であった。

企業と同じように、軍隊も自分より強い敵に対しては直接的な攻撃を仕掛けるよりも、もっと分別のある戦いをすべきだ。しかし、逆の戦いをした例がある。一九〇四年、日本がロシアと戦争をした時、日本はロシア軍と激しい戦闘を交えた結果、戦いは引き分けに終わった。日本は和平交渉にもち込むことができ、幸運だ、と考えていた。もし、日本軍の将軍たちが地図を十分に調べていたら、ロシア軍のアキレス腱はほんのわずかな鋼鉄、つまり、二台の鉄道用貨車――ロシア軍はシベリア横断鉄道を通じて、補給部隊や補給物資の調達を行なっていた――にあったことがわかっていたはずだ。もし、日本軍がロシア軍に対して簡単に迂回作戦をとり、トラックを破壊していたら、ロシア軍を早い段階で敗北させていたかもしれない。

ビジネス戦争では、ほとんどどの企業も「間接的なアプローチ」を活用・工夫することが当たり前となっている。「間接的なアプローチ」とは、マーケット・リーダーではない企業にとっては唯一の現実的な手段と言えよう。言い換えれば、直接的な手段による正面攻撃は一つの産業でわずかに一、二の企業に許される手段にしかすぎないのである。「間接的なアプローチ」は部分的な領土を獲得するのには最もよい方法だ。このアプローチのよさを企業が理解する最も手っ取り早い方法は自社の強力なライバルを正面からぶつかって、疲れ切った経営者に意見を聞くことだ。そうすれば、彼らはこう言うはずだ。「いいかげんにして、今からは敵の迂回作戦に切り替えよう」と。

競争相手の製品ラインのなかで最も抵抗の少ない部分に対して、「間接的なアプローチ」をとることに関心をもっている経営者はどのようにしてこのアプローチを進めることができるだろうか？　まず、あなたには競争相手を驚かし、今までにない考え方をすることができるはずだ。さらに、競争相手がどのような価値観をもっているか、どんな製品ラインを優先しようとしているか、などの考え方を開発していくことができるはずだ。次に、〝戦争の策略〟を用いて、最も抵抗の少ない製品ラインをつくりだすことができるはずである。こうしたやり方は次節で提示されているので、参考にしてほしい。

「驚き」によって、最も抵抗の少ないコースに敵軍を従わせる

戦争とは、予想外の出来事を反映する現実だ。

――B・H・リデル・ハート

ハンニバルとその兄弟マーゴ、ハスドルバル、チンギス・ハン、さらに、彼の戦略ブレーン、スバダイ、南北戦争時の南部連邦の将軍ロバート・E・リー、ストーンウォール・ジャクソンといった人たちは歴史上でも最強の戦闘集団をつくりだした。同時に、こうした人たちはもう一つの戦争原理、つまり、〝驚きの原理〟を開発した。ジャクソンの有名な格言に次のようなものがある。「敵軍を煙にまき、欺き、驚かせることだ」。クラウゼヴィッツによれば、「〝驚き〟は例外なく、すべての軍事行動にとってある程度の基盤になるものだ」ということになる。

「驚き」はかつて、「指揮官にとっての最も優秀な戦術的武器」と呼ばれたことがある。ハンニバルの場合には、とくにこのことが言える。しかし、一九四一年十二月七日の日本軍の真珠湾の奇襲から学んだように、「驚き」は戦略的レベルでもうまくいくものだ。それでは、「驚き」はなぜ、効果的なのだろうか？　それは「驚き」は最も抵抗のない方針だからだ。相手をあっと思わせるような「驚き」は奇抜で創造的なアイデアからでてくる。創造力は二つ以上の無関係なアイデアや事柄から出てくる。ナポレ

オンは歴史上でも非常に創造力のある指揮官だった。彼はかつて、馬の糞と大砲とをうまく使って、敵軍をすっかり驚かせたことがある。彼の目的は夜陰に乗じて進攻し、朝夕にはまったく別の場所から敵軍を驚かせようということであった。岩の多い山道が唯一の通り道であったため、彼の考えは「不可能だ」と部下からは揶揄された。大砲輸送車の車の車輪の音がうるさくて、敵軍を驚かせることは不可能だと考えたのかもしれない。しかし、ナポレオンは山道、大砲、馬をじっくり観察した上で、車輪の音を消すために馬の落とした糞で山道を一杯にするように指示した。これが効き目があったのである。

強力なモンゴル軍団はかつて、馬に蹄鉄をはかせるという独創的なアイデアを使って、勝利をものにしたことがある。モンゴル軍はタングース軍の騎兵隊を氷の張った黄河に引き寄せた。タングース軍の騎兵隊は氷の上がすべるために馬のコントロールができなくなり、モンゴル軍に抵抗することが不可能となった。一方、モンゴル軍の馬はすでにひづめをフェルトで包んでいたため、モンゴル軍の思い通りに馬を動かすことができたのであった。

自分の敵を驚かす手段は応々にして、自分の大胆さからでてくることがよくある。たとえば、一七一二年のデナインの戦いでは、ド・ヴィラー元帥は経験豊富ですぐれた手腕の敵軍の指揮官、ユージン王子に対抗するために、自軍の側面を敵軍にさらし、塹壕のなかにいる敵軍の真正面から川を渡ろうと企んだ。王子はこの光景を見て、敵軍は何をばかなことをやるのかと思い、敵軍の行動を理解できないまま、何時間も座って見ていた。と同時に、これは敵軍のたんなる小部隊の移動にすぎない、と信じ込んでいた。ユージンがそこでやるべきことは自軍の部隊を前進させることで、もしそれをやっていれば、容易に勝てたかも知れない。逆に彼は自軍の部隊に夕食のために休憩するように指示し、彼も座って食事をとった。この時、彼は川の側面で攻撃態勢にあるフランス軍を見て、これから何が起ころうとしているのかに気づいた。その結果、ユージンは敵から逃げられないことを悟った。

戦争時には、事前に砲撃を加えることが敵の戦線を弱めることに役立つかもしれないが、「驚き」戦略を使って得た有利性がなくなってくることになる。この考え方について二つの意見があるようだ。ある者は砲撃の有利性を主張している。ある者は砲撃よりも「驚き」戦略を選択することを主張している。ビジネス戦争でもこれと同じことがある。ある企業は集中的なマーケティング調査を行なって、競争相手との戦いでこそこそすることを止める方を選択する。ある企業は市場にどんな需要があるかについてはっきりとした考えをもたずに、市場参入するために「驚き」的な要素の行動的な方を選択する。「攻撃準備―攻撃―目標」という順番が彼らのモットーだ。

伝統的な物の考え方を止めることが最も抵抗の少ない方針を生みだす

「なぜ、そうしなければならないのか？　それは誰が言っているのか？」ということを何度も自分自身に問いかけることによって、自分の競争相手を掌中に収めることがよくある。たとえば、ナポレオンはテュレーヌ（一六一一―一六七五年）を最もすぐれた将軍の一人と考えていた。テュレーヌの時代には、冬季には戦争をしないことが一種の不文律であり、紳士協定であった。彼らはこの季節にはゆっくりと体を休めていた。テュレーヌはこの不文律に対して、「誰がこんなことを言ったのだろうか？」と常に疑問に思っていたが、結局、戦争に勝つことの方が、自分が他人から紳士だと思われることよりもずっと重要だ、という判断を下した。ある冬期出征の間、彼は冬期用営舎に陣を張るとともに、自軍の部隊を分散させて野営させた。敵軍がこの光景を見てからは、彼らも同じことをした。テュレーヌは突然、自軍の部隊を再編成すると、吹雪のなかを南に向かって進軍し、迅速、かつ、強力な攻撃によって敵軍を倒した。

それから一世紀以上も経ってから、フリードリッヒ大王は冬期もおとなしく戦場に留まっている敵軍に直面した。この時、彼はすでにテュレーヌの戦術について十分に研究していたので、冬期戦術を真似て、戦いに勝った。アメリカ独立戦争の場合でも、イギリス軍に捕らえられたアメリカ人がひょっとしたらイギリス国王に忠誠を誓ったかもしれない。しかし、彼らはまったく「紳士」ではなかった。もし、彼らが自由の身となっていたら、すぐに武器をとっていたかもしれない。イギリス軍（もちろん、紳士ではあるが……）はすっかり腹を立てていたのだった。産業界にもこうした紳士協定があるようだ。「誰がそのように言っているのだろうか？」と自問する企業は常に競争相手に対して、イニシアティブをとっている。ある日の午後、私の友人でブローカーをやっている男が私に会いにきた。彼は私に、「ちょっと、彼を見てくれ」といった。部屋のなかには私たち二人以外には誰もいなかった。「彼って、誰のこと？」と周囲を見回して私は訪ねた。「彼だよ」と私のデスクの上にある経済紙を指して、つっけんどんに言った。彼のいう「彼」とは、新聞掲載しているシュワブ社の広告のなかの写真、つまり、チャールズ・シュワブのことを指していたのであった。シュワブが商業手形の仲買業をはじめた時、これまでの業界の慣例を破ることによって（私の友人もこれに大変びっくりさせられたうちの一人だが……）、最も抵抗の少ない方策をとった。つまり、シュワブは自分自身を広告したのであった。私の友人はただ一言、彼のことを「なんて独善的な奴だ」と言った。

競争相手の価値観・優先戦略を知ることが最も抵抗の少ない方策をつくりだす

もし、競争相手が思いもつかないような行動を起こしたとしたら、最も抵抗の少ない方策はすでに講じられていることになる。それができるのはおそらく競争相手の哲学や価値観がわかっているからかもしれない。たとえば、経理専門の会社がコンサルティング・ビジネスに移行しはじめた場合、業界の紳士協定があったために、コンサルティング・ビジネスをはじめたという広告を打つことはできなかった。

一方、経理専門の会社からではなく、最初からコンサルタント業を行なっている会社には「広告をしない」という業界の慣例は適用されてはいなかった。つまり、もともと経理を商売としている者がコンサルタント業に転換していくことは業界の紳士協定のために、その協定に抵抗することは不可能であったのだ。しかし、その後数年して、「広告をしない」という慣例は廃止された。

すでに、処方箋3で見てきたように、レーバー・ブラザーズ社とコルゲートパーモリーブ社は、いかに強力なプロクター&ギャンブル（P&G）と言えども、業界の慣例のために抵抗できないような攻撃戦略を開発した。P&Gは伝統的に「一時的に流行する」ような製品開発を行なうことを好んではいなかった。先にあげた二社は製品が一時的な流行性があるかどうか、さらに、その製品がいい製品で利益を生むかどうか、などについては、とくに注意を払っていなかった。

あなたは、一つの軍隊の規模、その軍隊が進軍している方向、さらに、軍隊が移動する時に立てるほこりの密度がわかるはずだ。もし、あなたが競争相手のほこりを見て、別のルートをとっていれば最も抵抗の少ない方策に出くわすことができる。たとえば、もし競争相手が財務サービスの多様化を重点的に行なうとしている（それをやろうとしているのは誰か?）ことがわかっていたら、あなたが四種の新製品を強力に市場導入しても彼はそれに抵抗できないだろう。彼はあなたを迎撃したいのかもしれないが、それには資金がなければ無理だ。

次に、あなたが競争相手の潜在的な製品、ポートフォリオに合致していないような製品を市場導入するのであれば、最も抵抗の少ない方策は立てることができる。ただ、企業が仕出かす一番危険なことは、自社がうまくいった時のイメージでいろいろいじることだ。成功した時のイメージとはまったく反対の製品、サービスを提供すれば、自社を有利に導くことも可能だ。

最も抵抗のあるよい方策は草の葉のようにいくつでもあるものだ。次のような条件づくりをすればほとんど抵抗なしに戦いを有利に進めることができる。①競争相手の戦略プランに合致しないようなものにあなたが投資すること、②競争相手が見逃した機会を追求すること、③競争相手が積極的に攻撃してこない、市場（地形）、競争相手が重視している顧客にターゲットを絞ったりすること。「多様化」、「細分化」、「ニッチ化」などは競争相手の最も抵抗の少ない製品ラインを発見し、追求していくにはすぐれたマーケティング・コンセプトだ。

最も抵抗の少ない製品ラインをつくりだすこと——「戦略」ではなく、「策略」の展開を！

戦争では、ライオンの皮と同じように、キツネの皮が必要になることが時折ある。戦力に問題があるような所では顔を欺くことが勝利への一歩なのだ。

——フリードリッヒ大王

約千八百の部隊から投入されている軍事戦略とはすべて将軍が敵軍を欺き、敵軍の抵抗を軽減させるために用いる「策略（戦術）」のことだ。「策略」はビジネス戦争においても重要な要素だ。もし、あなたが私に対して、すでに独占契約をしていて入札をすることが金と時間のムダだという風に信じ込ませることができるとしたら、私は入札はしない。つまり、入札の戦いに勝つチャンスをあなたには増やすことができたわけである。したがって、私にはまったく入札のチャンスがなくなるのである。それでは、あなたは何をしたのだろうか？　あなたは最も抵抗の少ない方策をまだ見つけたわけではない。つくりだしただけなのである。

さて、これと同じようなことを毎日、ビジネス活動に従事している企業の経営者はやっている。——おそらく、計算上では毎日五〜六百万以上行なわれているはずだ。これは、あなたに敵対するライバルの決定を支配するようなパワーをあなたが実際にどのくらいもっているかどうかということではなく、ライバルがあなたに対して感じているパワーをどのくらいもっているか、そのパワーを活用できるかということだ。軍事戦争と同じように、ビジネス戦争でも、敵・味方の双方が相手の考えを支配しようと努力している。衣料品のバイヤーがファッション・ショーでデザイナーの作品を賞賛する場合、彼らは自分たちの好きなデザインに対しては大きな拍手をしないようにしている。なぜかというと、自分たちがどの作品を注文するつもりなのか、ということを競争相手に知らせないようにするためだからだ。

ビザンチン帝国の賢人皇帝レオは自軍の兵士の士気を高揚させるために、兵士に実際よりも非常に強い軍隊だという風に信じ込ませることで有名だった。彼はいつもこれまでの戦績のなかですばらしい勝利をあげた戦いについて非常に詳しく書いて、自軍の部隊の間で回覧させた。兵士が知らなかったことはレオが最初から最後まで、まったく作り話を兵士に吹き込んでいたことだった。おもしろいことに、この話のいくつかには、今でも歴史家にとっても本当なのか、レオの作り話なのか、はっきりしないものがあるほど信ぴょう性を帯びていることだ。

孫子は次のように書いている。「戦争で本当にすぐれた戦いとは、戦わずして敵軍を破ることだ」と。企業戦略家のブルース・ヘンダーソンも同じような結論に落ち着いている。彼の著書、『ヘンダーソンの企業戦略論』で、彼は次のように主張している。「ビジネスマンの場合、競争相手の感情的な先入観と比べて、自分自身の感情的な先入観が危機的な要素となるような状況に直面した時、ビジネスマンは自分自身をまったく論理的だと考えがちである」と。さらに、彼は、「次の二つの点を強調しておきたい」とつけ加えている。一つは、企業のマネジメントは競争相手に対して、利益、顧客を確保するために最大の努力をする気力を失わせるように信じ込ませることだ。もう一つは、そのように信じ込ませることによって、分析とか、推論とかといった理性的なものではなく、感情とか、直観力のような感性的なものに競争相手を頼らせるように信じ込ませるようにさせることだ。

競争相手が自分の「地形」（あなたのマーケット・セグメント、顧客、地理的な地域）に侵入してくるのを防ぐ一番確かな方法は一つは競争相手よりも多くの戦力をこちらが使っていることを競争相手に信じ込ませることだ。もう一つは、競争相手は前進していくのではなく、後退しなければならないということを競争相手に感じさせることだ。大変なのは、金をかけないで、競争相手をそのように信じさせ、感じさせることだ。

歴史上のすぐれた名将はダミーの戦車、飛行機、橋を建設するとか、大軍が押し寄せているように見せるためにマットをひきずってほこりをたてるとか……などの方法も含めて敵軍の抵抗意欲を減少させるために大変な苦労をしたことだ。――たとえば、うわさをたてることからはじまって、昼は自軍の歩兵を一定の方向に進軍させ、夜にはひそかに自軍を引き戻させ、さらに、次の日には自軍の強さを見せるために、引き戻して進軍させたりすることだ。また、二重スパイを使ったりするやり方もある。ベリサリウスは自軍より強大なゴート軍を欺くために、自軍の方が多くの戦力があるように信じ込ませようと、キャンプファイヤーをどんどん焚いたそうである。

❖ゲリラ戦争

かつて、地上には巨人たちがいた

――創世記六―四

S・J・プレイスはイギリスの企業研究者であり、著作活動も行なっている人だが、最近、彼から、

『イギリスにおける巨大企業の進化について』というタイトルの本を私のところへ送ってきた。それには、「貴兄が本書をご高覧の上、お役に立てていただければ幸いです」という簡単な書状が添えてあった。この本は思いもよらぬ贈り物だったので、私としても読まざるを得ない羽目に陥ってしまった。その著作の最初の一節は次のようなもので、私の心を捉えた。「産業革命以降の早い時代から、大企業が考えもしなかったほど大きく成長したという事実は、近代化の一つの現象といってよいだろう。私たちは自分の目でこのような企業の進歩の過程を見届けている。こうした進化の過程の積み重ねは巨大なビジネスという新しい世界の誕生をもたらしたのであった……」と。

プレイスは比較的少数の企業が握っているパワーの集中化の傾向がでてきたのはアメリカが最初だ、と指摘した上で、こうした進化には次のような三つの段階がある、としている。一八〇〇年半ば以前の最初の段階では、産業的なパワーの集中化は低いレベルにあった。一八五〇年―一九五〇年の百年の間（第二段階）、平均的な大企業は小企業に比べて、スピードは遅いが、少しずつ成長していった。しかし、第三段階（一九五〇年から現在）に入ると、大企業の成長を比較的早めていくような組織的な要因が大きな力を占めるようになってきた。それは、また、かつてないほどの集中化を自由に促進していく力となった。

一部には、こうした全体的な集中化現象について、「パワーの集中化は一部の産業でのみ、巨大な規模で、しかも、猛烈なスピードで進行しつつある」として否定的な考え方をもっている者もいる。

一九八七年二月現在、アメリカの航空業界には業界の約八十パーセントを支配している巨大企業が六社（テキサス航空、ユナイテッド航空、アメリカン航空、デルタ航空、ノースウエスト航空、ＴＷＡ）ある。なかでも、テキサス航空は一九八七年のアメリカ航空業界の旅客の約四分の一の客を自社の航空機で飛ばせるほどの成長ぶりで、中小の航空会社、たとえば、コンチネンタル航空、ピープルズ・エクスプレス航空、イースタン航空、U・S航空貨物などを吸収しているほどだ。他の航空会社三社（パンナム、USエア、ピエモント）も合計すれば、全体の十一パーセントのマーケット・シェアをもつことになる。また、アメリカの航空貨物輸送業界では、十九社の航空会社を合わせても、全体の十パーセント以下である。しかし、たとえば、映画・テレビ業界では、一九九五年までには三、四社の企業に集中化されるであろうという条件は整いつつある。一九八五年十一月六日、ゼネラル・エレクトリックの会長兼CEO（最高経営責任者）である、ジョン・ウェルチはRCAの会長、ソートン・F・ブラッドショーを訪ねて約三十分ばかり、懇談した。そこで、ウェルチはこの二社を合併させて、一つの企業にしようという構想をもち出した。この構想について、彼は後に「どんな市場でも、誰とでもどこでも競争できる会社が新しい会社なのだ」と述べていた。それから六週間後、GEは六十億ドル以上の金額でRCAを買収することで合意した（この合併は石油業界以外では、これまででは最大のものであった）。

GEやそれと同程度の会社のように並はずれたパワーをもっている企業は、自分の思い通りにビジネス戦争を行なうことができる。しかし、アメリカの大半の企業（アメリカのすべての企業の九十八パーセント以上は従業員が百人以下の小企業である）は「ゲリラ戦争」以外にビジネス戦争を戦う方法はない。

こうした小企業のビジネス戦争では、ゲリラ戦争と同じように競争相手の最も抵抗の少ない部分に対して、戦略を立てていく以外に方法はない。ゲリラ戦争の戦略・戦術は敵軍の抵抗の少ないポイントを攻撃していくことが基本だ。中国の毛沢東は、「ゲリラ戦争論」の基本原則について体系化を行なった。この原則は非常に簡単なもので、毛沢東はわずか二十語の言葉で次のようにまとめている。

「敵軍は前進し、わが軍は退却する。敵軍は野営し、わが軍は間断なく攻撃する。敵軍は疲労し、わが軍は攻撃する。敵軍は退却し、わが軍は追撃する」。

この言葉には、地球上のどこでも、歴史のどの時代でも通用するゲリラ戦争上の基本的なアプローチが含まれている。「ゲリラ戦」は、最も抵抗の少ない方策を立てる場合の手本である。

軍事的な意味からいうと、「ゲリラ戦」は少数の一団から成る非正規軍によって行われるが、彼らは現地で生活し、武器も軽装備なものを身につけている。彼らには、重装備の大砲は与えられないし、補給も十分には受けられない。彼らの敵は眼前にいるからだ。正規軍が正式な軍服を着用し、十分な補給を受け、軽装備の兵器・重装備の兵器をもっているのに対して、ゲリラ軍はこれとはまったく逆だ。

「ゲリラ」とは、スペイン語で「小さな戦争」と言う意味だ。この言葉はかつてスペインで起きたペニンシュラ戦争（半島戦争）（一八〇八―一八一四年）の時に使われたものだ。この戦争では、スペインの非正規軍がイギリス軍を助けるために、七年間ほとんど毎日百人の兵士がフランス軍に対して襲撃を行なった。アメリカ人は、ゲリラ戦を正規の戦争方法とする長い伝統をもっている。ロジャースの指揮する、レンジャー部隊はフランスとインドとの戦争（一七五四―一七六三年）の際、ゲリラ戦術を使った。ジョージ・ワシントンもゲリラ戦術を使用したという事実は、毛沢東がワシントンの戦争方法からこの戦術を研究した、ということから裏づけられている。南北戦争時代、北軍、南軍双方ともこのゲリラ戦術を使用した。さらに、第二次世界大戦では、アメリカ軍のいくつかの部隊、たとえば、デービーの指揮するレンジャー部隊、メリルの指揮するマーローダー部隊などが数多く、ゲリラ戦術を使用した。

ゲリラ軍は大規模な正規軍と比べても決して弱くなく、むしろ、いくつかの面では正規軍よりも強いといってよい。「ゲリラ戦争」はまた、「蚤の戦争」とも呼ばれている。なぜかというと、ゲリラ軍は犬と蚤のように行動するからで、たとえば、犬は敵から身を守るには体が大きすぎるし、蚤は小さすぎて捕まえられないからだそうだ。

プレイスが巨大な企業の進化を三段階に分類したように、私たちも、「ゲリラ的な蚤企業」を五つの段階に分けて検討することも可能だ。まず第一段階としては、ゲリラ的な蚤企業は手はじめに、地方の田舎町で小さな規模の店舗――たとえば、地方の町の小さなレストラン、店、ホテル、小さな会社――から活動を開始する。最終段階である第五段階では、ゲリラ的な蚤企業はもはやゲリラとして戦うのではなく、正規軍として、つまり、大企業としての活動を展開することになる。毛沢東はこうした段階を経て、中国に勝利をもたらした。レイ・クロックは五十二歳の時、たった一つのレストランからマクドナルドのビジネスをはじめた。そして、彼も同じような段階を経験して、ついには一大企業をつくりあげた。ゲリラ的企業家、サム・ウォルトンは最初の店舗をアーカンサス州ニューポートで設けたが、今では全米一の大金持ち、億万長者になった。彼のウォルマート戦略とは簡単で、はっきりとした内容のものだ。それは、全米の小さな町を市場として、そこに品質のすぐれたブランド商品を低価格で供給することだ。この戦略は顧客にとってもすばらしいものだし、同業者にとっても結構なもので、商品コストの低減化にもつながるものだ。

❖第一段階――地方都市からビジネスをはじめる

一般に、ゲリラ活動は地方都市からはじまる。というのは、こうした地域には、大規模な軍隊や大企業が一番アプローチしにくい場所だからだ。こうした地方都市はゲリラ活動の基盤となるものだ。ビジネス戦争でも、ゲリラ的企業は小さな町で、小さなビジネスからはじめているようだ。たとえば、フリト・レイ社とピザ・ハットは家族から集めた五百ドル以下の元手で商売をはじめた。モリス・シーゲルは二十歳の時、健康食品の店をはじめた。その後、ハーブ・ティの製造を主とした自然食品ビジネスへと事業を拡大し、二十六歳の時には百万長者になった。彼が商売をはじめた地方都市とは、コロラド州のボルダーであった。彼が三十四歳になるまでには、自分の会社、セレスティアル・シーズニング社は二千七百万ドルの売上げを達成するようになった。一年後、同社は巨大企業、ダート＆クラフト社に推定四千万ドルで売却された。

ゲリラ活動をするための「戦争マップ（地図）」はゲリラが強い地域、大規模の敵軍が弱い地域に対して、いくつか点を記すことから作業を開始する。この段階でまだ、ゲリラの方が小さくて、戦うほどでなければ、ゲリラは大規模な戦力と戦うことは徹底的に避ける。

❖第二段階――大衆から信頼を得る

実力のある企業は、企業活動にとって必要な三つのM〈マネー（金）・マテリアル（原料）・マンパワー（人材）〉を開発することができる。小さなゲリラ的企業には大企業のもつ物的資源に対抗できるような見込みは少しもない。私はある年に二度ほど、世界的な一流銀行にいる友人を訪ねたことがある。二度とも、その銀行の入ってるビルの大部分は化粧直しされているばかりでなく、新しい家具が入っていた。私の友人が言うことには、「当社は大変営業収益がよかったけれども、その金をどう使ったらよいかわからない。そこで、カーペットの一部を新しくするのに金を使ったのさ」と。ゲリラはそれぞれ独自の活動を行なう。彼はまるでマンホールの蓋と同じように居場所を転々とする。

ゲリラ的企業に勝つ唯一の可能性は、物量で敵を圧倒しようという考えを捨て去り、ゲリラ的企業が勝つために必要としているただ一つのことに焦点をあてることだ。ゲリラ的企業は顧客の信頼を得るために、サービスを筆頭とした無形の企業活動に重点を置いている。軍事上の歴史からも、「ゲリラを支持している大衆がいる限り、遠隔地にいるゲリラを粉砕することはほとんど不可能だ」ということが言われている。このことからもなぜ、田舎のどの小さな町にも全国的なチェーン店よりもはるかに人気のある店があるのか、フランチャイズ店よりも忙しいレストランがあるのか、さらに、全国的な有名なホテルよりもすぐれたサービスを提供しているホテルがあるのか、がわかるはずである。

デビー・フィールズ女史は自分のクッキー会社を一九七五年、二十歳になった時、カリフォルニア州、パロ・アルトで始めた。顧客を獲得するために、彼女は自分でクッキーを町中に配って歩いた。彼女は派手な宣伝活動をしないで、もっぱら口コミを中心とした販売活動を展開することによって、今では三百十五の店舗をもち、自分の名前を商品名にした「フィールズ夫人のチョコレート・チップ・クッキー」を販売している。

ゲリラ的なビジネスは、自分と顧客との関係を常によい状態に保っていくことができるために、生き残ることができるのだ。同じように、戦争においてもゲリラ軍は自分たちを支持してくれている大衆のために戦いを勝ち抜いてきたために、生き残ることができる。大衆はゲリラが好きだ。ゲリラの味方になってくれていて、彼らに食事を与えてくれる。政府の軍隊が彼らを探しにきても、大衆は彼らを匿ってくれる。ゲリラにとって一番まずいことは、大衆の支持を失うことだ。ゲリラは大衆を攻撃することも、虐待することもできない。ゲリラは大衆に対しては、公平で素直な気持ちで接することが必要だ。もし、ゲリラが大衆から何かを得れば、それに対して報いなければならない。エービス（レンタカー・ビジネス）の有名な広告コピーに、「わが社は業界では第二位です。しかし、わが社はもっと努力します！」というのがあるが、この手法はゲリラ戦術をうまく使って、敗者（業界第二位）の側に顧客の心を引き寄せようとするものだ。チャックル社は全米で第三位のジェリーキャンディー・メーカーであるが、同社の製品が第二次世界大戦・朝鮮戦争の際、GI用の食糧として供給されていたことを利用して、自社のキャンディーに「愛国的な雰囲気」をもたせて、一部の顧客の心を引きつけているようだ。

ゲリラとの戦いを軍事的に決着をつけようとするのは、まったく不可能だ。政府がゲリラを倒す唯一の可能性は、戦いによってではなく、ゲリラを支持している大衆の心をつかむことだ。ビジネス戦争においても、ゲリラ的企業に勝つ唯一の方法は大企業が顧客の信頼をつかむことによって、ゲリラ的企業の顧客を引き離すことだ。

太陽は明日、昇るだろうか？　太陽はいつも昇るものだ。大企業が、成功したゲリラ的企業を倒すことができるだろうか。この答えは太陽の場合と同じだ。

戦争では、遅かれ早かれ、攻撃されることを予期することの方が有利だ。あなたの会社がこれから収益をあげようとしている小企業であるとしたら、競争相手の攻撃をできるだけ早く察知することだ。この意味からすると、競争相手が姿を現すことはあなたの会社を繁栄させる直接的な効果があるようだ。

競技者が「ゲーム・フェース」（競技中に見せる表情）は強靱で、すべてのビジネスに必要な決断力を見せているような表情だ。ゲリラは脅えた人間の表情を表すために「包囲された表情」という言葉を使っている。正規軍は常にゲリラを包囲し、粉砕しようとしているのに対して、ゲリラ側は包囲されることを避けようと懸命の努力をしている。包囲されることは、戦争であれ、ビジネス戦争であれ、ゲリラにとっては最悪の事態だ。

「包囲」のパターンには次のようなものがある。

ゲリラ的企業は自社を儲かっているように見せかける。これに対して、大企業は積極的な包囲作戦――自社の販売活動の地域化を図る、ゲリラ的企業を包囲する、競争する、ビジネスを奪い取る――をとることによって、ゲリラ的企業の活動を停止させようとする。大企業がよく使う戦略は価格を下げることによって、現在のゲリラ的企業から顧客を奪うことだ。この方法は、「マグサイサイ戦略」

と言われている。

ラモン・マグサイサイが一九五〇年にフィリピンの反ゲリラ戦争を引き継いだ時、彼はゲリラ軍から返却された武器に対して相当な補償金を支払うとともに、ゲリラ側の主要なリーダーに対しても報償金を与えた。この作戦は大変効果があり、それ以降ゲリラはジャングルから出てくることはなかった。

一九八二年、ヴラシック・フーズはシアトル地域を基盤として活動していたゲリラ的企業のファーマン・ブラザーズ・ピクル社に対して、「マグサイサイ戦略」を用いようとした。キャンベル・スープの子会社である、ヴラシック社はファーマン社が流通・製造・広告活動で保持している実力に近づくようにした。ヴラシック社の戦略は、価格の引き下げによって市場に亀裂を与えることであった。ファーマン社に対抗して、ヴラシック社は四十六オンス入りの容器のピクルス（西洋漬物）の価格を一ドル八十九セントから、一ドル十九セントに引き下げ、さらに、七十九セントというコスト割れぎりぎりの価格をつけたのであった。ヴラシック社はまた、金をかけて大々的な広告キャンペーンを展開した。一方、ファーマン社は自社製品の価格を引き下げることはしないで、これまで地域の顧客に培ってきた評判と品質を維持することによって、ヴラシック社を打ち負かす戦略をとった。ファーマン社の戦略は効果的だったのに対して、ヴラシック社の「マグサイサイ戦略」はうまくいかなかった。それから三年後、ファーマン社はヴラシック社の十倍のマーケット・シェアをシアトルのピクルス市場で獲得している。ヴラシック社が実施した大掛かりな広告キャンペーンは顧客にピクルス——それもファーマン社のピクルス——を買うように刺激を与えることになり、結局はこのキャンペーンはファーマン社に有利に働いた。

しかし、価格を引き下げるやり方はゲリラ的企業を包囲する唯一の方法ではない。リサイクルド・ペーパー・プロダクト社とブルーマウンテン・アート社はグリーティング・カードをつくっている。この二社は三十六億ドル市場にひしめくゲリラ的企業五百社のうちの一つだ。ホール・マーク社は全体の市場の五十パーセントのシェアをもつ巨大企業だ。ホール・マーク社はこの二社（ゲリラ的企業）が型破りで、斬新なアイデアの商品で若者の心を捉えたのをみるとすぐに、二社と同じようなカードを商品化することによって包囲作戦をとりはじめた。この二社の売上げは急激に落ちていった。この二社はマーケットを失うと、ホール・マーク社を訴訟に持ち込んだ。ホール・マーク社はこれはビジネス活動の成果であるとしたのに対して、この二社は著作権の侵害である、とした。

敵（大企業）の「包囲・鎮圧作戦」に対抗した作戦を行なう第一段階としては、ゲリラ側（ゲリラ的企業）は守備固めに作戦を変えて、生き残るための戦いをすることだ。戦略的にみれば、自社は大企業に対して一時的には守勢にまわるかもしれない。しかし、戦術的には、短期的な鋭い攻撃キャンペーン、戦いをはじめるべきなのである。ゲリラは戦略的に守勢的な位置にあっても、戦術的には攻撃的に敵を狙うことだ。

反攻作戦の第二段階としては、ゲリラは攻撃的な戦いをすることだ。ファーマン社のピクルスがヴラシックに対してうまくいったように、もし、ゲリラが作戦が成功したとすると、大企業は守勢にまわり、退却を余儀なくされるはずだ。たとえば、大手の競争相手は自社の製品の価格の引き下げによって「包囲・鎮圧作戦」を仕掛けてくるかもしれない。ゲリラ的企業は競合製品の価格を維持し、競争相手の価格より下の価格ラインに対しては別の製品を供給するなどの戦略をとることによって、反攻作戦に転じることも可能だ。現在、アメリカ人の間では「花に対する意識が高まってきている」現象が見られ、エキゾチックな花に対する売上げが増えてきているそうだ。しかし、小規模な一般の店ではその恩恵を受けていない。スーパーマーケット・チェーンは適切な価格を提供して、花の売上げを伸ばしているが、それは営業時間を長くしているからでもあり、大きな花のディスプレイも手持ち在庫にしているからである。ウィスコンシン州、マディソンにある花屋のオーナーである、ジョン・フェリーはスーパーマーケットの取引き条件では競争に勝てないことに気づき、植物栄養分を使って、花の寿命を伸ばす実験をした。そこで、彼は次のような販売戦略を立てた。もし、彼の店で買ったカーネーションが二十日しかもたない場合には、花の代金を顧客に返す、という方法をとった。

大規模な正規軍の「包囲・鎮圧作戦」、それに対抗するゲリラ軍の「反攻作戦」といった、この二つの作戦はゲリラ戦争で繰り返し使用される作戦パターンだ。ゲリラが敵軍よりも強くなると、このパターンは停止する。さらに、ゲリラは戦略的には攻撃に転換し、逆に敵を包囲・鎮圧する。——その場合、敵は「反攻作戦」に頼ることになる。

ゲリラは勝利が確実な場合を除いて、大企業と直接、対決しようとすることは決してしない。ゲリラは地域化を促進することが必要だ。そして、大企業に自分の所に進出させるようにすることだ。自分の力で競争相手を倒すことだ。つまり、自社製品のどれか一つ、小さな地域を一つ選んで、顧客にサービス活動をすることだ。

ウォルグリーンズは全米で千二百六十三店をもつ第四位のドラッグ・ストアだが、売上高・収益の面では第一位だ。同社の収益は、業界で約千二百店をもつレブコに比べると二倍となっている。ウォルグリーンズは全米で最もすぐれた企業の一つと考えられるが、同社はどこで戦えば勝つかを知っているから、このようにトップの位置にいるのだ。たとえば、シカゴ、イリノイの小さな町、インディアナの山あいの町のようにどんな町でもよく知っているし、知られている。

レオナード・ラビンは一九四〇年、ウォルグリーンズの店に行き、化粧品のディスプレイを見た。そして、健康・美容業界で商売することを決めた。彼はいろいろと訪ねて歩き、セールスマンとして仕事を得た。それから十五年後、彼は百種類の製品を製造している小さな美容品メーカーを買った。彼はたった一つの製品―VO5と言うブランドの頭髪コンディショナーに愛着をもっていた。この製品こそが同社あげて大々的に広告キャンペーンを推進しようとしたものだった。ラビンはこう言っている。「業界の大手企業は私たちを無視し、私たちの新製品導入計画も失敗するだろうと考えていたが、実際そうはいかなかった」。一九八五年、アルバート・カルバーは同社の創立三十周年記念日に年間売上げが三億八千六百万ドル以上（一九五五年の売上げの十倍）になったことを祝った。同社は三十年前、小さなゲリラ的企業から身を起こし、世界百カ国以上に製品を供給する大企業へと成長した。

❖第三段階――新しい地域へ移動する

ゲリラ的企業マン、ゲリラ的企業は変化に対応するために、移動性があるとともに流動性がある。ゲリラ（企業マン・企業）は競争が激しい場所から常に移動している。さらに、ゲリラは市場で発生するさまざまな機会とともに変化する。

日和見主義的ゲリラの極端な例は「気まぐれなマーケター」と言われている。たとえば、ペット・ロック、ルービック・キューブ、ウォッキー・ウォールウォーカーのメーカーなどはそうだ。「気まぐれなマーケター」は巨大企業に見られるような十年から二十年先の製品計画ではあまり店舗を置かないが、彼らは企業活動を消費者を一時的に興奮させるゲームと見ている。つまり、びっくりするほどのスピードで市場にライフサイクルの短い製品を導入することを考えている。

ゲリラ的な気まぐれなマーケターは伝統的な企業環境のなかでうまくやっていけるだろうか？　確かに、こうしたマーケターはどんな製品、どんなサービスにも周期的に販売活動に一撃を与えるような気まぐれ的な要素が必要だ、と考えている。たとえば、コルゲートバーモリーブは、ねり歯磨きにポンプ式ディスペンサーをつけるというユニークなイノベーションを行ない、短期間で収益をあげた。クレストは同社独自の市場に急速に進出せざるを得なかった。

「気まぐれなマーケター」とは市場で発生する機会とともに変化していく能力をもったゲリラのことだ。しかし、一つの機会に向けて変化し、競争から離脱していくような企業はゲリラ的企業の特質をよくあらわしている。エフコ・コーポレーションはその一つの例だ。エフコはメタル製の窓を製造している小さなゲリラ的企業で、従業員は四百二十、年間の売上高五百万ドルだ。同社は最初、居住用の窓の製造を商売としていたが、これでは今後、利益が上げられない、と考えた。値下げはひどいし、競争相手も数多くいた。そこで、同社は販売戦略の転換をはかり、市販用の窓ビジネスの専門化を進めるような方策をとることにしたが、こうした製品ラインには競争相手があまりいないこともあった。毛沢東は次のように書いている。「われわれは一般に、戦うことよりも移動していくことに時間をかけている……。われわれが移動していくのは、すべて戦うためだ。われわれの戦略・戦術はすべて〝戦うこと〟を前提としてつくられている。それにもかかわらず、われわれが戦わない方がいい場合もある」と。あなたが対決している戦力があまりにも大きすぎるか、強すぎるような場合には、戦わない方がよい。市場で競争が激しい場合には、別の戦略拠点に場所を移すことだ。もし、敵が自分の拠点を攻めてこないとすると、あなたは勝ったと同じだ。勝利はあなたのものだ。

ゲリラのなかには自分たちの戦争拠点に止まって、まったく満足しているものもいて、新たに冒険しようとする意欲さえない。マクドナルド家の兄弟はレイ・クロックからマクドナルドのレストランをフランチャイズ化する権利を買ったけれども、新しく事業を起こそうという意欲はなかった。彼らは、夕方自分の家のポーチに座って、夕日を眺めていた。「何も問題は起こしたくなかった」と彼らは言った。

ゲリラ的ビジネスに従事している人間は「どうすれば大きくなれるのだろうか?」という質問を受け

た時、第三段階の終わりに大きな選択をすることになる。もし、この答えが「大変大きく」、「できるだけ大きく」、「今アイデアはないが、前進して何が起きるか見つけるつもりだ」といったものであれば、ゲリラは第四段階に移行することになる。一方、答えが、「これまでやってきたことに満足している」ということであれば、ゲリラは自分の立場を強化しようとつとめ、これまですでに獲得したものを守るけれども、これ以上伸ばすことは拒否する。

ゲリラ的企業はだんだんと大きくなっていくにつれて、自分の力を分割し、新しい市場に前進しようとする。ウォルマートのように、新規店舗をオープンさせる例もあれば、クアーズのように、東部地域に進出するところもある。シャープナー・イメージ社はメイル・オーダー・カタログ・ビジネス（一九八五年の売上高は一億ドル以上）で成功したので、小売ビジネスに進出した。現在では、この会社は、幅広い市場の開拓に向けて企業基盤を確立している。今のところ、広範に拡大してはいないが、慎重に拡大戦略をとっている。さらに、同社は競争の激しくない地域に進出している。企業活動も安定し、進撃を続けている。ゲリラの戦争マップは戦略拠点を増やし続けている。

❖第四段階——競争相手の周辺地域を少しずつ獲得する

ゲリラ的企業は大企業の支配している地域の周辺に接近し、大企業にプレッシャーをかけることによって、自分たちの拠点を拡大していく。「無人の領土」ではなく、「両者の領土」、つまり、大企業とゲリラ的企業とが進出している「中間領土」をわれわれはもつことになるのである。ここに両者の一種の均衡関係が生じてくる。大企業はゲリラ的企業を排除することが不可能だと気づくと、取り込むことができる、と考えるようになる。一方、ゲリラ的企業は競争相手（大企業）の周辺地域に少しずつ進出するようになる。たとえば、その地域の市場・顧客・マーケット・シェアを奪い取ろうとするのである。こうした均衡状態は両者の小ぜり合い、戦いなどによって周期的に破れる。大企業はうるさい蚤に疲れて、一度だけ攻撃を仕掛けたりする。

ゲリラ戦争は長くは続かないで、すばやく決着がつく。『一分間マネジャー』という本のなかで、毛沢東はゲリラに対しては、「五分間の攻撃」をすることを提唱したそうだ。それはこういうことだ。突然の襲撃・残虐な戦い・敵が実力（相当量の資源・技術・パワー）を発揮する前に即座に接触を遮断すること、自軍の資材・要員を増強しておくこと、が必要だということだ。

どんな企業でも、実際には迅速な決断で戦争を戦おうと努力している。この目的は一早く市場に到達し、犠牲をできるだけ回避し、競争相手との戦いを長引かせようとするものだ。クラウゼヴィッツはこう言っている。「敵を征服するのはそう簡単にいかない」と。敵を包囲する作戦は非経済的だ。小さなゲリラ的企業は大企業ほど余裕がないので、早期決着をしなければならない。それしか方法はないのだ。

迅速、かつ、事態を好転させるような決断を行なうことはあなたが望んでいるものではないかもしれないが、そのための準備をしておくことは必要だ。周到な準備は早期決着のための第一条件だ。たとえば、イスラエル軍は戦場に大規模の軍隊を維持しておく余裕はないので、細心の事前計画と準備にもとづいて稲妻のような一瞬の攻撃をした。一九六七年六月五日、アラブ―イスラエルの六日間戦争が勃発した。イスラエルはエジプト、ヨルダン、シリアの軍隊に攻撃を受けた。戦争がはじまった時、イスラエル軍は常備軍はわずか五万人であったが、それから四八時間以内に常備軍の五倍の二十三万五千人の兵士を戦場に集結させ、どこでも戦える態勢をつくっていた。事前の準備計画にもとづいて、タクシー・個人の乗用車・バス・民間のトラックなどが予定されていた集結地点に予備兵を輸送するために組織化された。この集結地点では、個々の兵士は特定の戦争地域に配置された。シリアは戦争が開始されてから四十八時間後に、ヨルダンは六十時間後に、さらに、エジプトと七十二時間後に、それぞれ停戦した。

ここに、〝五分間〟のゲリラ攻撃のための五つのガイドラインを提示しておくので、参考にされたい。

（1）攻撃のための適切な時期を把握しておくこと。

（2）すぐれた戦力を集中的に注ぎ込むこと。

ゲリラは自軍の戦力を集中することに失敗すると必ず苦戦している。もし、あなたが敵の戦力の半分しか力がないとすると、フリードリッヒ大王の言うように「全軍あげて、敵と戦うことだ。決して部隊を分離させないことだ」。「集中力」は、ゲリラ戦術にとって生命線だ。企業活動の場合でも、あなたがリーダーとしての力を発揮させるためにも、あなたの戦力を一つのセグメント、地形、特定の戦略拠点に集中的に投入することだ。たとえば、プレザントヴィルにある業界第一の食品雑貨店は、最も優秀な経理サービス会社、大手の建設会社、トラック輸送会社などを自社に集結させているのがその例だ。

（3）敵軍の側面を包囲すること。

（4）有利な地形で戦闘の指揮をとること。（あなたが選んだ場所で、さらに、ごく少数の選り抜かれた兵士を使って、敵軍を阻止できるような地点から戦うこと）。

（5）敵軍の態勢が十分でない時、攻撃を仕掛けること。

以上のような五つのガイドラインに従わなければ、戦争で早期決着をつけることは不可能であろう。

❖第五段階――正攻法の戦略を開始する

ゲリラ的企業と大企業とが均衡状態に達している時に、危機的な局面が始まる。そこで、ゲリラ的企業は自分の戦略・戦術をすっかり変更する。ゲリラ的企業がイニシアティブをとろうとするのは、非正規軍としての戦力ではなく、従来、戦いで大きな役割を果たしてきている正規軍としての戦力である。かつては、ゲリラ的企業はゲリラとして、戦いを回避し、攻撃を仕掛け、戦術を駆使してきた。今でも、戦いを続け、正規軍を使っているゲリラ的企業は、伝統的な戦争の教訓、とくに、集中の教訓からいろいろなことを学んでいる。ゲリラ的企業は競争相手の弱点に対して、大胆にもすぐれた戦力を注ぎ込んで一致した行動をとらせている。

ゲリラ的企業の「戦争マップ」はごくわずかの地点に個々バラバラの印をつけることからはじまるが、次第に新しい地点（新しい地域）を増やしていく。今では、大きな地域がゲリラ的企業のものとなっている。ウォルマートのサム・ウォルトンはたった一つの店で商売をはじめたが、今では九万人の従業員を抱えるまでに成長した。

❖してはならない、二つのミス

もし、あなたの企業がゲリラ的企業であるとすると、次にあげるミスは企業にとって致命的となるもので、決してしてはならないものだ。

（1）　最初のミスは地域の人々（当該地域の消費者）との接触に失敗することだ。ゲリラ的企業は初めての場所でビジネスをする時、ほとんどの場合小さなことに神経を向けないで仕事をはじめるために、仕事がうまくいかないことがある。たとえば、ヘレムスレー・ホテルの部屋では、「もし、ヘアドライヤーをお忘れのようでしたら、フロントを呼んでホテルのヘアドライヤーを借りるようにして下さい」というメモをあなたは見つけるだろう。さらに、その他にも無料のシャワー・キャップ、乳液の瓶、シャンプー、キャンディー、そして水着を乾かすためのタオルなどがホテルの部屋においてあるのもあなたは見つけるだろう。こうしたサービスが「ゲリラ的なサービス」なのである。もし、ヘレムスレー・ホテルが長旅をしてきて疲れている顧客にこうしたすばらしいサービスを出し惜しんでいたとしたら、小さくても成長株のあるこのホテルも別の人のものになったであろう。

フランス政府は自動車メーカーのルノーを所有している。そして、このルノーは逆に、アメリカン・モーターズ・コーポレーション（AMC）の株式の四六％を所有し、経営権を得ている。ルノーはここで、人間関係に対して二つの問題を抱えている。ルノーはAMCの株式の大半を購入したが、この狙いはアメリカの自動車市場に対して足掛かりを得たということであった。しかし、この狙いはまだ成功していない。あるAMCのディーラーは顧客を車に試乗させるためのインセンティブとして五十ドルを顧客に支払わなければならないことを嘆いていた。ルノーがAMCに大量の資本投資をした一九七八年から一九八六年までの間、AMCはルノーが投資した十億ドルの四分の三を失った。

また、ルノーはヨーロッパでも重大な問題があった。ヨーロッパ第一位の自動車メーカーであるルノーはある時期、一九八〇年～八六年に、マーケット・シェアの二十五パーセントを失い、一九八四年から八五年には、二億五千ドルもの損失を計上した。フランス政府はルノーを民間企業へ売却しようとしたが、どこにも買い手はつかず、首相でさえ、「誰がこんな会社を買いたいと思うだろうか？」とさじを投げる状態であった。

（2）あなたが避けなければならない第二のミスとは、たとえあなたの戦力が敵と直接戦えるほど強くても、ゲリラとして、ゲリラ戦から正規戦へと多彩な攻撃を仕掛けるように戦えることができるかどうかだ。ドレイヤー社の〝グランド・アイスクリーム〟は低価格のスーパーマーケット・ブランドの商品やハーゲン・ダッツ、フルーセン・グラッジェのような超高級品などの価格帯以下のニッチ市場に自社のアイスクリームの販売戦略を置いた。ドレイヤーの店は、現在ではミシシッピー州の西部地域の十三州で販売されているが、中西部地域にも進出している。ドレイヤーの店のオーナーは自分の店（アイスクリーム・パーラー）を開店するのではなく、レストランや一般の店を通じてアイスクリームを販売している。このように、バスキン・ロビンズのような「ディッピング・パーラー」に対抗して、最も抵抗の少ない方策をドレイヤーの店は講じているのだ。

一方、グルメ用の料理用具のチェーンであるクックズ・マート社は最初、急速に店舗の拡大策を図るというゲリラ的なミスで失敗してから八年後、破産した。

企業活動であれ、政治活動であれ、こうしたミスを仕出でかすようなゲリラはいずれ身を滅ぼすことになるだろう。

❖ゲリラ式マネジメント

ゲリラはいかなるルールにも縛られていないという点で、ゲリラ側は有利な状況につくことができる。

——サー・A・P・ウェーベル

最近、私は動物園の小鳥小屋にあるボタンインコのいるガラス製の鳥カゴを見つけた。あなたが一羽のボタンインコを見つけると、もう一羽（友人）のボタンインコがいることに気づくだろう。二羽のボタンインコは仲良くとまり木にとまっている。もし、一羽が移動すれば、もう一羽も移動する。この二羽のボタンインコは常にペアで行動し、非常に緊密な関係にある。これと同じように、ゲリラの戦略と戦術はたえず、特殊なマネジメント・システムが存在している。あなたが会社全体を見る立場にいるか、それとも、一部門・一部課を担当している立場にいるか、いずれにせよ、もし、あなたがゲリラ的な方法で競争するとしたら、あなたは、ゲリラ式のマネジメントを使いたいと思うだろう。

ゲリラは中央集権化よりも地方分散化に重点をおく

ダイナミズム・イニシアティブ・スピード・戦術展開・新しい状況への迅速な対応、などはゲリラが勝利を得るために必要な資質だ。軍の本部でまず、チェックを受けるような行動をとっていると、不正規軍としてのゲリラの行動を緩慢にさせることになる。その結果、ゲリラは競争力を失ってくる。全米でも指折りの大手企業のなかにも、地方分散化・自制・ゲリラ式の販売部隊などの有利な点を戦略として開発している。パナソニックやクェーサーは小規模で、半自立的な市場性に敏感な企業をつくるために、大半の機能を地方分散化している。エスマークやノースウエスト・インダストリーズは同じように、企業ポートフォリオの管理をしている（各部門のマネージャーは独立して活動している）。一方、一般のスタッフは資金の配分やビジネス・ミックスに対する評価、などを行なっている。ヒューレット・パッカードや3Mは巨大企業だけれども、小規模企業の地方分散化を重点的に行なっている。組織（部門）が大きくなりすぎると、企業は組織を細分化したり、さらに、小さな単位の規模の組織に分裂させていく。シアーズはマーチャンダイジングを中央集権化したが、店のマネジメントは地方分散化している。

ナポレオンは結局のところ、すべての決定を自分で下すことを望んでいたが、ヘンリー・フォードも同じようにした。フォードは自分一人で意思決定をするようなマネージャーに対しては、スパイ活動を行ない、その結果を報告させた。フォードにしろ、ナポレオンにしろ、ゲリラ的なマネジメントの企業ではまったく役に立たない。ゲリラ的企業に対しては、本部からは意思決定することは不可能だ。

ゲリラ的企業は他の企業に比べて、攻撃的な姿勢をもっている

ゲリラ的企業は自立するのが早いし、いろいろなトレンドや機会を感知・開発するのに際して、対応が迅速だ。どんな大手企業でも、ゲリラ的企業家のもつこうした特殊な技術を評価している。たとえば、ＩＢＭのＣＥＯ（最高経営責任者）である、ジョン・エーカーズは一つの機会を感知して〝新しいＩＢＭ像〟について語っている。彼が意味している企業経営の方式とは、新製品の長い間のギャップも含めて、一つの産業を支配している企業の経営に逆らうような経営のことだ。彼は次のように言っている。「新しいＩＢＭは新しいアイデアを継続的にインキュベート（育てる）するような企業家から成る企業群的な経営をすることになるだろう」と。ＩＢＭは新しい市場を開拓するために、独立した事業組織・独立した子会社をつくってきた。「こうした組織のいくつかは失敗するだろう。事実、いくつかは失敗すべきなのである」とエーカーズは言っている。ＩＢＭは大きいが、動きがすばやく柔軟性もあるということから、〝踊る巨象〟といわれてきた。３Ｍのマネージャーは最前線の部下のマネジメントばかりでなく、五年毎に新製品を導入することに対しても責任をもたされている。ペプシコは小さな企業で、企業家的精神をもつ会社であったけれども、世界で最大の飲料会社になることを誓った。モトローラの会長、ロバート・ガルビンは次のようなことに気がついた。つまり、企業で一番成功する製品とは一億ドルかけても、二万五千ドルかけても調査プロジェクトからは同じ結果が出てきた製品だ。

ゲリラ的企業が長年かけて理解してきたテーマについて、大手企業が学ぼうとしているのは以下のようなものだ。

・小さいことは大きいことよりもよい。
・限定したマーケット・セグメントの方が広範な場合よりも利益性が高い。
・オリジナリティ・イノベーションは通常のビジネスよりもすぐれている。
・一時的な方が永久的よりもすぐれている。
・短期的に指揮を与える方が長期的な場合よりもすぐれている。

ゲリラ的企業は自分たちの戦力を個々に評価している

たとえば、イスラエルでは、首相には戦争で死傷した人たちの名前がすぐに伝えられている。ウォルマートは、最初のゲリラ的企業から大きく成長したにもかかわらず、重要な任務を担っている従業員はゲリラとして扱い続けているそうである。ウォルマートの役員たち（CEOのサム・ウォルトンも含めて）は定期的に時間給従業員を訪ねて、こう質問した。「マネージャーたちの扱いはどうですか？　あなたにはアイデアがありますか？」等。これに対して、ある従業員がこう答えている。「あなた方が百万ドルの金のように見えます」と。ウォルマートの地域別のマネージャーは週に四日、自分の店で仕事をしている。金曜日と土曜日には、彼らは本部に戻り、トップ・マネジメントに営業報告をしている。土曜日のミーティングが終わると、彼らは自分の地区のオフィスに電話をかける。

衣服の小売業である、リミテッド・インコーポレーテッドは二千四百の店舗をもっている。この会社は企業家精神を浸透させるために次のような考え方を採用している。バイヤー、その他に従業員に対して、「上司」の許可なしで、迅速に意思決定する権限を与えている。従業員が自社に対してオーナーシップをもつように心掛けている。さらに、従業員間のグループ同士に信頼関係を築かせている。

デュポンは、「従業員はすべてセールスマンだ」という考え方だ。米国内のほとんどすべての企業は次のように言っている。「デュポンは実際に計画に移すつもりのようだ」。最近、同社は社内から〝アストロン軍団〟というボランティアを募って、デュポンのアストロン・ファイバー・カーペットを販売している店に消費者用のクレジット・プランをセールスするように要請した。五百人の速記事務員、事務員、工場作業員がボランティアとして応募してきたが、そのうち十パーセントが以前に販売の経験をもつ者であった。

十五年前、ウィスコンシン州・ピーウォーキーにあるクァド・グラフィックス社は十人の従業員、一台の印刷機で一月に一冊の雑誌『フィッシング・ファクツ』を二十万部印刷していた。しかし、現在では同社は、『マッド』、『プレイボーイ』、『ミセス&マザージョン』などの娯楽誌から、『タイム』、『ニューズウィーク』、『USニューズ&ワールド・レポート』といった報道誌に至るまで、毎月六千万部の雑誌を印刷している。最近では、同社は四十一日毎に契約する、新しい契約方式を開発した。ある本では、同社のあるピーウォーキーを全米でも最もよく働く百カ所の一つとして取り上げていた。クァド・グラフィックス社の創設者、ハリー・クァドラッチは「ごく普通の人々の力で、すばらしい業績をあげることができた」と述べた。ゲリラ的企業のように、クァドラッチは組織図もつくらず、職名ももたず、職務記述書も作成せず、タイム・カードも置かず、さらに、会社の方針や手続きも文書にしない、などの画期的なことを行なった。この結果、クァド・グラフィックス社は売上高を少なくとも五十パーセント伸ばしたが、これも従業員一人ひとりが十五年間、努力してきた成果であった。

ゲリラ的企業は長時間、〝蚤戦争〟を遂行する

ゲリラ的企業はすべて、競争相手を疲れさせることによって、最終的には勝利を得る。ゲリラ的企業は徐々に勝つのだ。ゲリラは剣で敵のライフルを奪い取るのだ。ゲリラは十五丁のライフルで機関銃を一丁、奪い取る。さらに、十五丁のライフルと機関銃一丁で、七丁の機関銃と八千発の弾薬を輸送している護送車を奪い取るのだ。ゲリラの指揮官は一夜にして巨人になることは望まない。

ゲリラ的企業は〝積極的な規律〟は奨励する

従業員に積極的に規律に従わせるのは、彼らが働かないからではなく、よく働くからだ。過度の熱意・情熱から出てくるのが規律なのである。古い体質の会社はこうした規律を弱めることがよくあるが、ゲリラ的企業はむしろ、奨励している。「ゲリライズム」とは、常に、反官僚主義であることだ。

一九一四年、タンネベルグの戦いでドイツ軍は二重包囲作戦でロシア軍に大勝利をあげたが、この勝利はフォン・ヒンデンブルグ将軍と参謀長ルーデンドルフの手柄であった。しかし、実際にはこの戦いに勝利したのは若手作戦参謀、マックス・ホフマン大佐、並びに、部隊の責任指揮官、ヘルマン・フォン・フランソワなどが〝積極的な規律〟を行使した結果であった。この戦争では、数多くの戦争場面があったが、フォン・フランソワはルーデンドルフのころころ変わる命令をまったく無視した。ルーデンドルフは彼に自軍の側面移動を停止するように命令したが、彼は自軍の砲兵隊の到着が遅れていると嘘をつき、こうしたばかげた命令に従うことを拒否した。

依頼心の強いスタッフは騒動を起こさないが、独立心の強いスタッフは別だ。しかし、戦いの最中で、独立心の旺盛な戦略家はあなたに大勝利をもたらす、心強い味方だ。

処方箋6

防御を固めよ

❖徴候を察知せよ！

敵の配置を知り、味方の配置を隠すことができれば、味方は力を集結し、敵は力を分散せざるを得ない。

――孫子

孫子はその著書『兵法書』のなかで、「すぐれた君主、将軍を戦争で勝利に導き、尋常の人間ならぬ業績をあげさせるものは、予知能力である。……ゆえに、敵の策略さえわかれば、いかなる戦略を取るべきか取らざるべきかは明らかである」と言う。加えて、「味方を知り、敵を知れば、百戦危うからずや。敵も味方も知らずば、敗北を喫す」と。孫子にとって兵法とは、以下に述べる徴候を認知し、正しく解釈することである。

・敵陣に銃声が聞こえれば、敵は銃器の整備中。明日にも攻撃がある。
・敵が遠くから侮辱的な言葉を投げかけてくるのは、味方を挑発しようとするものだ。罠にはまってはいけない。
・控え目な言葉で準備おさおさ怠りないのは攻撃の前兆。反対に、過激な言葉で、今にも攻撃を仕掛けてきそうなのは、後退の前兆（アメリカの業者が気づいたことだが、日本企業は平素は愛想よく訪問者に工場見学をさせるが、新技術、新商品の導入前は部外者立ち入り禁止にする）。
・敵陣の動きが突如激しくなったら、攻撃の決定的瞬間が近い。

・水を汲みに行ったはずの者が、自分で水を飲みだしたら、敵は喉が乾いている（競争相手の従業員が職探しをはじめたら、敵が窮地に陥る前兆だ）。

・敵が有利な条件に気がつきながらそれを利用できない時、敵兵は疲れている（Xをやりさえすれば競争に勝てると自分でもわかる時は、相手もわかっている。相手がこれにつけ込んでこない時は、相手に問題がある）。

「戦いをはじめる前に、徴候を検討せよ！」と孫子は言う。さもないと痛い目に合うことになる。

朝鮮戦争に中国が介入したのは、アメリカ空軍の気がつかぬまに、中国が三十万の将兵を北朝鮮に投入したことにはじまる。徴候の解釈にあたっては、信じるに足る判断力をもつ者に頼れ。南北戦争当時、北側のジョージ・マクレラン将軍は兵士の訓練にはすばらしい才能を発揮したが、彼の唯一の欠点は戦いを怖れることであった。彼が行動に移らなかった理由は、斥候が敵軍である南部連邦側の軍を誇大に報告したからである。この時の斥候はピンカートン探偵事務所員で、戦争のことなどまったくわかっていなかったのである。

孫子とITTの前CEO（最高経営責任者）で、伝説的な人物と言われた、ハロルド・ジェニーンとの間には時間の流れからいうと二千年に及ぶ時代の隔たりがある。しかし、ジェニーンも孫子と同様、知ることの重要性を認識した。「事実は力なり！」と彼は言う。だが、ここで彼は付け加えて、「事実とされるもの、必ずしも事実ではない」と言う。著書『マネージング』のなかで、ジェニーンは、社長になってすぐ気がついたことは、事実には「みせかけの事実」、「事実と思われるもの」「事実だと報告されたもの」があって、それぞれマネージャークラスでは事実として通っているが、実際はほとんどが事実ではないことだ。マネジメントの最高の能力は、偽の事実のなかから本当の事実、「揺るがぬ事実」を嗅ぎ分ける能力である。

クラウゼヴィッツもジェニーン同様、事実には懐疑的であった。彼によれば、戦場で判断の基準となるものの四分の三は戦争という霧のなかでぼやけ、指揮官にもたらされる情報も相互に矛盾するものが多く、それ以上に偽物や疑わしきものが多い。ビジネス戦争では、どんな判断であろうと予測を含んでいる。戦争という霧のなかで、予測は全部とは言わぬまでもほとんどが霧中である。これは起こりそうだ。前にも起こったから、また、起きるだろう。これはいつか、どこかで、なんらかの形で起こりそうだが、いつのことか、場所はどこか、どんな形で起きるか予測はできない。他にも起こりそうだが、はっきりそうとも言えぬものもある。これに加え、ビジネス戦争という霧のなかには、起きてしまうまでは予測だにしないものもあるのだ。こういうものはまったく予想不可能である。クラウゼヴィッツの経験によれば、戦争という霧は決して晴れることはなく、すぐれた諜報システムや人間の判断力により薄くなるだけである。このすぐれた判断力というのは、ジェニーンが〝マネジメントの最高の能力〟と呼んだ、本当の揺るぎない事実を嗅ぎ分ける能力である。

三十年前、当時のA・C・ニールセンの社長であった、アーサー・ニールセンは最もよくあるマーケティングの失敗例を十三例リストアップした。

（1）　商品を時代に合わせない。
（2）　商品が売れるかどうか、を正確に判断しない。
（3）　市場の動向を読み間違える。
（4）　地域格差を考慮しない。
（5）　消費者の季節による需要の変化を評価しない。

(6) 仕事の大きさに見合った宣伝費をかけない。
(7) 長期的目標をあくまで貫こうとしない。
(8) 市場の新しいアイデアを検討しない。
(9) 短期的戦術と長期的戦略を区別できない。
(10) 敗北を認めて転進しない。
(11) 商品の売上げが伸びている間は、新しいアプローチを試みることができない。
(12) 大局的計画のもとに、各種の販売促進努力をうまく調整できない。
(13) 競争相手の商品を客観的に評価できない。

揺るぎない事実を求めるジェニーンにみられる兵法の原則、クラウゼヴィッツが戦争という霧のなかで探し求める明確さ、孫子の言うところの徴候、これは皆、「防御の原則」である。防御の第一目的は行動の自由を確保することである。すなわち、敵がいかなる行動をとろうとも、自信をもって確固たる行動がとれるように準備することである。

予測不能というのが戦争の特徴的条件であるから、防御の第一歩は、できる限り情報を集め、それらをつなぎ合わせて全体像を把握することにより、戦争という霧のなかにできる限り深く進入することにある。ナポレオンによれば、諜報の目的は敵のとり得る行動を予測し、それに対処する用意をすることである。第一次大戦当時のフランスの将軍、フェルディナン・フォッシュに言わせれば、「防御」とは、敵を十分知ることにより敵の攻撃を避け、奇襲を防ぎ、できる限り味方の計画を知られないことだ。このビジネス戦争における「競争のなかの競争」は主として諜報戦であり、敵、敵の指導者、および、消費者に関する正確、かつ、有益な情報を確保することである。

❖敵を知れ！

予知不能というのが戦争の特徴的条件である。

——フェルディナン・フォッシュ

イギリス人のB・H・リデル・ハートは一九一六年のゾンメ戦で負傷し、退院後は軍隊に戻ってイギリス歩兵隊の訓練マニュアルの改正という軽作業に従事した。訓練マニュアルを書いたことのある人ならわかるが、これは新しい提案でもしなければ、とても退屈な仕事だ。ところが、リデル・ハートは違った。彼はこの仕事の虜になり、これが生涯の仕事になった。大尉を最後に除隊した後も、引き続き戦略、戦術のたゆまぬ研究を続け、ついには二十世紀最大の軍史家、軍略家として認められるようになった。彼の思想を現代の司令官の多くが研究、応用の対象とした。一九七〇年に死去すると、リデル・ハートは将軍を教えた大尉だ、と言われた。

何事もでき得る限り、単純なものを好むハートはある結論に達した。戦闘は戦術も戦略も含めて、一人の丸腰の男が暗闇で一人の丸腰の敵に遭遇するのにたとえられる。敵に勝つためには、敵を発見し、偵察し、決定的打撃を与え、かつ、弱みにつけ入らねばならない。

暗闇の男は片手を伸ばし、手探りで敵を探す（発見）。
敵の喉もとを探りあてる（偵察）。
空いている手でノックアウトする（決定的攻撃）。

敵が態勢を整える前に、敵の弱みにつけ込んで追撃する（弱みにつけ入る）。

競争相手と相対する企業は、さながらこの暗闇のなかの丸腰の男のようなものだ。マネジメントは競争相手を発見し、偵察し、攻撃を加え、弱みにつけ込む責任を負っている。攻撃と弱みにつけ込むという段階はこの本の処方箋4で取り扱っているが、軍事で言えば、「攻撃と追撃の原則」である。「防御の原則」は、競争相手を発見し、偵察することである。ウェリントン卿は丘の向こうや角を曲がったところから一体、何が出てくるかということを考えながら、軍人としての生涯を全うしたという。ビジネスの世界も同様である。ビジネスマンも時には、将来はどうなるか、市場はどうなるか、競争相手は何を考えているか、こちらの動きに敵はどう対処するか、について頭をひねって過ごすものだ。

ビジネスマンは競争相手の長所、欠点、傾向、意図をできる限り探ろうとする。同時に自分の方の長所、欠点、傾向、意図は隠そうとする。フランチェスコ・ギッチアカルディーニが言うには、〝勝利は、敵の計画を予測し、こちらの計画を隠せば必ず得られる〟ということである。

❖競争相手を分析せよ！

競争相手の戦略を把握できず、対抗すべき自分の能力も把握できずに、つまずいた大企業が業界には何と多いことか。

――チャールズ・R・ワッソン著『マーケティング・リサーチ戦略』

競争相手の分析というのは何もおおげさなものではない。手はじめにまわりの人に聞いてまわるのもよい。ジョン・グラッブはサンフランシスコを基盤とした建設会社、クリヤーウッド・ビルディングのオーナーである。彼は弟と共に競争相手の会社の欠点は何か、顧客の建築家に次々と聞いて回った。建築家たちは、態度が失礼だとか、トラックが汚くて上流階級のお客は家の車寄せに止められるのを嫌がっているとか、工事の人が家のなかに泥をもち込む、などいろいろな欠点を並べ立てた。グラッブ兄弟は、この情報を利用して会社を湾岸地帯一の上流階級向けの建設会社に成長させた。新しいトラックを買い求め、ピカピカに磨き、見積もりにくる人も上着にネクタイを付け、工事作業員にもよく訓練が行き届いていて、家にはいる時は絨毯に敷き物を敷いて汚さないようにした。わずか二年足らずで、会社の売上げは五百パーセントという急激な成長を遂げ、二十万ドルから百万ドルに急増させた。

・将来、競争相手となるものは、目前には見えない。地平線の彼方に隠れている。今は見えないが、価格決定がまずかったり、顧客サービスが悪かったりすると一挙に襲ってくる。
・間接的競争相手というのは、あなたの商品サービスでなくとも、こっちのでもよいのではないかと思われるものを提供する。現在のところ、航空会社、たとえば、アメリカン航空の競争相手は他の航空会社だが、電話会社が電話会議の費用を安くすると、電話会社も航空会社の競争相手として登場してくる。

ハーバード大学のマイケル・ポーター教授は「競争相手の分析」のためのフレームワークとして次の四要素をあげた。すなわち、「目標」、「予測」、「戦略」、「能力」の四つである。

（1）先ず、競争相手が「目標」とするものを診断せよ。そうすれば、相手が現在の業界での位置にがわかる。

どの程度満足しているかがわかる。同時に、こちらの動きが相手にどの程度脅威を与えているか

（2）競争相手が自分自身について、現在の状況について、業界について、また、他の企業について

どのように「予測」しているかを探れ。諺には、「相手の立場に立って自分を見つめよ！」とあるが、この考え方に見られる、競争分析の構成要素とわれわれの考え方とは少し違うようだ。ある晩、私は世界最大のコンピュータ・ソフトウェア会社の販売担当重役と食事をしたが、彼は前菜を食べながらとうとうと会社にとって宣伝の必要性を説いた。主菜が出てくると「会社は目下、上昇気流だ」と語った。そこで、デザートが出ると今度は私が、「では、君の会社は近い将来、どんな宣伝計画を考えているのか。」と尋ねた。こちらは聞いていさえすればよかった。

（3）競争相手の「現在」の戦略を知る。

（4）競争相手の「能力」を判定せよ。それも生産、流通、マーケティング、研究、コスト、資金、生産設備、経営能力、総合計画について、長所と欠点双方を判定せよ。

次のような質問を自問してみるのもよい。

・競争相手は自社をどのように把握しているか。業界をどのように把握しているか。
・こちらの動きに呼応するのは誰か。対処の形態はどうなるのか。
・現在の目標は何で、目標達成の戦略は何か。何を求めているのか。将来の目的は何か。
・危険を冒す気があるのか。
・売上げ目標や収益率はどの程度を目標としているか。

・大企業の一部ならば、親会社の戦略は何か。
・会社の欠点・弱点は何か。
・競争相手の長所・特殊能力は何か。
・どこに戦力を集中しているか。分野か、長所か、弱点か。
・ビジネスの方法のなかで中心的なものとなっているのは何か。基幹となる戦略は何か。その戦略は技術、価格決定、販売促進などにどのように反映しているか。
・どの市場分野に進出して成功しているか。とくにうまくいっている分野、うまくいっていない分野はどこか。
・将来、競争相手となる者は誰か。

競争相手の分析がうまくいけば、右にあげた設問の回答とその他の情報を収集したファイルが作成できる。このようなファイルを利用するのに何も業界第一の大企業である必要はない。ダラスにあるミラー・ビジネス・システムズは競争相手の情報をコンピュータにファイルし、分析して競争に利用している。ミラー社の販売、および、マーケティング担当副社長は、ファイルに目を通している時、相手が十日間の間に九人ものセールスマンを雇ったことに気がついた。オフィス用家具の市場に進入してくるのではないかと判断し、販売部員に盛んに電話をかけさせて、相手の攻勢からうまく身を守った。

❖「対敵部門」をつくれ！

汝の敵はネズミほどにしか見えずとも、ライオンのつもりで見張れ！

——イタリアのことわざ

マーケティング・プランには必ず競争相手の項目があるが、詳細で、実務的なものは少ない。どんなに小さい会社にも、「競争相手の情報」と書いた封筒があるものだが、たいがい埃をかぶっているのが実情である。

戦略上、重要な地位にある人に共通の特徴は、相手の立場に立って考える能力である。すなわち、敵の戦争認識を探り、戦争に対する予測を理解し、戦闘の戦い方、ビジネスのやり方の情報を収集し、これらの知識を利用して、敵が予想もしないこと、敵が断固として力で対抗してこないことをやるのである。「対敵部門」はたとえ従業員が一人しかいなくても、役員のうちの何人かが兼任で勤めようと、次の仕事を任される。つまり、競争相手になったつもりで、自分の長所・欠点を分析し、自分に仕掛ける攻撃を準備し、こちらが仕掛ける攻撃の対抗リストをつくり、こちらに勝つ方法を考える。

ゼネラル・エレクトリックに何年間の間、「対敵部門」が設置されていたことがある。ビジネス環境部門という名で、本社に置かれ、予想される環境の変化を他の部門にレポートにしていた。他に「異議を唱える人」を計画に組み入れている会社もある。この者たちは雇われている会社ではなく、競争相手の立場に立つことにより給料を貰っている。マキャベリは『君主論』のなかで、「君主たる者たとえ平時と言えども、側近と遠乗りに出かけた場合は、敵が丘の上から襲ってきたらどうするつもりか、側近の意見をたださなければならない」と言った。また、企業によっては、競争相手がどの商品、どの市場に攻撃をしかけてくるか探るために、攻撃演習をするところもある。また、ゼロックス社は専門家やコンサルタントを雇って、役員がチャンスや脅威にどのように対処するかテストをやらせている。なかにはマネージャークラスを競争相手の影武者に仕立てあげているところも多い。この場合は、特定の会社を念頭においているのである。戦略会議の席上で、この影武者が目下問題となっている攻勢に、「競争相手の立場からどう対処するのか。」を発表することが期待されている。ＩＴＴのハロルド・ジェニーンは十二人から十六人の現場のマネージャーに競争相手の商品すべてをモニターさせた。部長もマネジメントも、常にマキャベリ風の自問自答を繰り返さなければならないだろう。「もし私が競争相手だったら、今、何を考えるのか。今、もっている情報でどこを攻撃したらよいか」。軍隊には、緊急時に情報を利用する定石がある。敵の行動を戦場の地形と気候に結びつけて判断する。地図上に図を書いて、敵の所在、敵陣の強度、敵陣の大きさ、部隊の編成などを検討する。企業も競争相手に関心があるなら、独自の定石を開発しなければならない。この定石にはきっと競争相手の一覧表と前項の「競争相手を分析せよ」で述べた設問の答えが載っていることだろう。

❖長所を探し、欠点を発見せよ！

どんな企業にせよ、必ずつけ込むことができそうな欠点が少なくとも一つはある。しかも、皮肉なことに、欠点は会社なり、企業なりの最大の長所の近くにある。

ベリサリウスは敵の長所を欠点に変える天才であった。たとえば、ゴート族の長所は力と数の上の優位であるのは明らかだった。敵にもこれがわかっていたので、敵の戦闘のやり方はいつも正面攻撃であった。そこで、ベリサリウスは敵を誘い出して正面攻撃を仕掛けさせ、ずっと少ない軍勢で、いとも簡単に敵を挟み打ちにした。一方、ペルシア人は慎重で思慮深い。これが彼らの強みだった。しかし、考えすぎる敵は行動に移らないものだ、と判断して、ベリサリウスは敵の慎重さを逆手に取って、徹底攻撃を加え、勝利を収めた。これも敵の長所を欠点に変えた例である。

一般的に言って、小企業の強みはチャンスがあれば、すばやく企業化する転進の早さである。反対に、大企業の強みはすぐに収益が上がらなくても、お金を注ぎ込めることだ。どちらの場合も、欠点は強みの近くにある。小企業はすぐに目移りして、一つのチャンスを集中して追求する機会を逃してしまう。一方大企業は、お金に関して尊大になる。勝つためには、競争相手よりたくさんお金を使うことだと考え次々にお金をばらまく。

❖敵の手紙を盗み読め！

「紳士は人の手紙は盗み読まない」と言われるが、ＣＩＡの元長官、アレン・ダレスがその著作『諜報技術』のなかで述べるには、「国家の運命や兵士の人命に関わる場合は、紳士でも他人の手紙を開封する。もっとも手に入ればの話だが……」。アダム・デービッド・オグリビーの考え方もこれに近い。彼はかつて机の反対側からクライアント（顧客）の議事録を逆様に盗み読んで、問題が提出される前にすべての答えを出して、莫大な利益をあげた。ビジネス戦争では、文字通り、他人の手紙を盗み読む例がたくさんある。

カンヌ映画祭はただたんに南国の太陽のもとでのスターの祭典ではない。ビジネスの現場であり、リスクも非常に大きい。配給会社は、競争相手の入札価格を探り出せれば、それに数千ドル上乗せしさえすれば、五千万ドルもの儲けになる。ある配給会社の役員が、うっかり入札価格を書いた紙をホテルのくず篭に捨ててしまい、相手に秘密を漏らしてしまったこともある。

英国航空の場合は、私立探偵を雇って、正式発表のずっと前から航路やスケジュールの変更を競争相手に漏らしていた役員を調べさせた。また、スイスのチョコレートメーカーの場合は、ベルン駐在のソ連、東ドイツ、中国の大使館員に製造方法を漏らしていた従業員を捕まえさせた。

ゼネラル・エレクトリック、DEC、フォード、ユニオン・カーバイトなどは競争相手向けに高度の諜報システムを開発した数少ない会社である。また、クラフト、ジレット、ロックウェル・インターナショナル、J・C・ペニー、フォード、デルモンテなどの会社も従業員に競争相手の情報を集めさせている。

セールスマンにも出番がある。競争相手の動向、消費者の好みなどに関して、うわさ話を収集するためにセールスマンが好んで使われる。商用の旅行者に情報を収集させるのは戦場での昔からの伝統である。十三世紀モンゴル帝国はベニスと秘密条約を締結した。モンゴル帝国はベニス人以外の貿易基地を見つけ次第に壊し、ベニスに貿易上の独占権を与える代りに、ベニスの商人は旅行先の国々の経済力や軍勢の動きなどの精密な情報をモンゴル側に伝える。

競争相手に関するしっかりした情報は、どこにでもあり、孫子ばりの単純な観察からも得られる。相手は何を広告して、何を誰に売っているか。何を変え、何をそのままにしているか。どこを探せばよいかがわかってさえいれば、情報は実に安く手にはいる。商品情報はその商品を買って一つ一つ分析すればよい。「情報公開法」のおかげで、政府の監督機関に提出された記録、手紙、テスト結果の類は手に入る。金融アナリストと個人的に接触しても、相手の情報は得られる。最新の情報を得るために、マーケット・リサーチの会社を雇うこともできる。

競争相手の動向のサインは次の方法で発見できる。

・情報源と常に接触する。業者とも消費者とも接触を絶やさない。
・会議や展示会に出席する。
・新聞、雑誌、たとえば、『ウォールストリート・ジャーナル』、『フォーチュン』、『ビジネス・ウィーク』、地方紙などを読む。新聞発表や、特集記事などは、新しい分野への参入、工場や会社を買収する計画など、競争相手の意図がよく表れている。時には、こちらに脅威を抱かせたり、こちらの反応を探ったり、こちらの動きに不満を表明したりするのが目的のものもある。地方紙の記事なども、こちらの頭が柔軟で行間を読む能力が備わっていれば大いに役に立つ。X社で役員二人が解任されたのはなぜか。その理由は……その背景は……。
・競争会社のCEOの発言や著作も分析せよ。ホールマーク・カード社の副社長のアービン・O・ホッカディは、教科書出版会社と放送会社の両方の事業を行なっているSFNの会長のジョン・R・パーセルを訪ねて、SFN買収の可能性を話し合った。パーセルが言うには、「ホッカディは、実によく調べてきた。私が証券アナリストにした講演から、新聞記事まで、実によく調べてきた。これには負けたよ」と。
・会計報告や事業報告も調べよ。そうすれば、競争相手が業界に資金を投入しているか、資金を引き揚げているかがわかる。相手の株を一株でも買えば、株主報告が貰える。
・エージェントを置け。競争相手の会社でもと働いていた人にいつでも質問せよ。どんなによい職場でも、マネージャークラスは辞めていく。マネージャーの離職率は平均年六パーセントである。
・工場見学に行け。見学に行けば、競争相手や将来競争相手になり得る会社の情報が得られる。世界最大のシリアルメーカーのケロッグ社は一九八六年四月に止めるまで、ミシガン州のバトルクリークにある工場を自由に見学させていた。しかし、スパイに製造上の秘密を盗まれないように、工場見学を止めた。競争相手が代表を何度も見学に送ってきて、海外に工場を建て、ケロッグの脅威になったからである。

❖敵の指導者を知れ！

敵と敵の指導者を知ることが肝要である。敵の指導者は軽率なのか、用心深いのか。進取の気性があるのか、慎重なのか。十分計算して動くのか、危険を冒すのか。

――ベジティウス（三九〇年）

ボイズ・カスケード社のある重役は次のように語った。

「われわれの戦略会議は徹底している。現状におけるわれわれの行動を分析するだけでなく、こちらの行動に対する相手の反応も分析する。敵が取り得る行動すべてをはかりにかける。敵の行動の選択についてはどれがとりやすいかみな同じではないので、そのなかでもある行動がとられる可能性はどのくらいあるかを考える。この場合、考慮するのは、その会社の地位、バランスシート、心理、進歩的か、保守的か、の性格、会社の過去の行動様式である」と。

「心理戦争」という言葉は、言葉が重複している。戦争はビジネス戦争も含めて、すべて心理的なものであり、頭と心の戦いだ。歴史上、高名な将軍も企業の社長も、「戦争の最大目標の一つは、敵の心である」という同じ結論に達した。リデル・ハートによれば、戦争の心理とは、「戦闘は対峙する指揮官の頭で戦うもので、部下の兵士の体で戦うものではない」と。高名な企業戦略家である、ブルース・ヘンダーソンは、「勝利が得られるものならば、それは経済の現場で得られるのではなく、競争相手の頭のなかで得られるものである」と言った。また、付け加えて言うには、「マネジメントはあらゆる戦略を駆使して、競争相手がお客をつかもうとする努力、利潤をあげようとする努力を諦めさせなければならない。この成否は、理性よりもむしろ感情的・直感的要因によるところが大きい」と。

一七〇六年のラミリーズの戦いでは、マールボロ卿が敗れ、人数でも力でも勝っていたフランスのビルロア元帥が当然、勝利を収めるものと思われたが、事実は逆であった。ビルロアはフランス王の命令通り、マールボロに向かって行ったが、敵陣に近づくと、怖くなって守勢に回った。なぜか。ただ考えられるのは、マールボロの評判の高さである。ビルロアは恐怖から戦いに負け、その後、精神に異常をきたした。ヘンダーソンがその著書で述べているように、途中で攻撃を止めた原因は感情的・直観的なものであった。

ただ有能なだけではなく、偉大な軍事司令官は、敵の考えを読み、敵の司令官に合わせてこちらの戦闘方法を変える能力をそなえている。たとえば、南部連邦のロバート・リー将軍は、真の意味での指導者であったが、北部のマクレラン、ポープ、ハレック将軍との戦闘ではさまざまな危険を冒したが、ユリシーズ・グラント将軍との戦いでは慎重であった。

ハンニバルの勝利は、敵の指揮官の性格に合わせて、次々に戦略や戦術を変えたことに帰する。ハンニバルは「敵の性格、資質を学ぶことほど、将軍にとって大切なことはない」と語った。彼はこの言葉を肝に命じて、処方箋5でも述べたように、敵将フラミニウスが侮辱されるといきりたって不利な負け戦も仕掛けてくるという判断にのみ頼って戦争に勝った。このように、相手の心を正しく読むことによって決定的勝利を収めることが、ビジネス戦争にもよくある。時には、ある会社、ある業界の将来が、指導者が敵の人間性や行動を正しく判断できるかどうか、によって決まる場合もある。

一九八六年二月二十一日、金曜日、テキサス航空社長のフランク・ロレンゾは、イースタン航空買収の意図を発表した。ロレンゾは頑固な組合嫌いの評判を取っていたから、イースタン航空の役員は社長のフランク・ボーマンをはじめとして、この買収計画をきっかけにイースタンの三つの組合に二十パーセントの賃金削減を呑ませることができる、と考えた節がある。組合に残された道は三つしかなかった。賃金カットを呑むか、イースタン航空を破産に追いやるか、ロレンゾに買収されるかである。ボーマンの考えでは、組合は第二、第三の道は避けて、賃金カットを受け入れると見たのである。二つの組合が賃金カットを受入れた段階では、ボーマンの判断が正しかったように思われたが、すぐ状勢が変わった。イースタンの整備士組合委員長のチャールズ・ブライアンはボーマンが辞任しない限り、賃金カットには応じないとしたのである。ボーマンの誤算だった。二月二十四日午前二時四十七分、イースタンの役員会は、六億ドルでテキサス航空にイースタンを売り渡すことに原則的に同意した。このわずか七ヶ月後の一九八六年九月十五日、ヒューストンを基盤にするテキサス航空は、経営不振に陥ったピープルズ・エクスプレス社とその関連会社のフロンティア航空の買収に同意し、取引終了時にはアメリカ最大の航空会社となり、シェアもユナイテッド航空の十六・三パーセント、アメリカン航空の十三・六パーセントを押さえて十七・三パーセントとなった。

軍隊の戦争も、企業戦争も、心理的・感情的要因が重要である。現在では、理性的な意思決定でのみことが決まるとは誰も考えていない。人間の意思決定に関する研究を通じてイエズケル・ドロールは、人間は意思決定にあたり、いろいろな可能性のなかから最善の策を選ぶというような合理的な意思決定方式を採用することは決してない、と結論した。人間は「理性的人間」ではなく、「非理性的人間」であることが多い。ビジネス上の意思決定は機械が行なうのではなく、生身の人間が行なうのである。ハーバード・ビジネススクールのC・ローランド・クリスチャンセン、ケネス・アンドリュース、ジェームズ・バウワーの各氏は、戦略的意思決定における人間の価値観の重要性について言及している。

「ここで一つ認識しなければならないのは、企業の重要戦略を決定するにあたって、意思決定者の人間としての価値観を忘れてはならないということだ。企業の運命を握る役員と言えども、企業が実現見込みのあることや実現可能なことばかり考えているわけではなく、時には、個人的に実現したいという欲求の影響を受けることもある」。

企業の戦略は指導者の人間性の反映である。ある投資銀行家は、「人を雇うということは、その人の戦略を雇うことである。その人を解雇すれば、その戦略も終わりだ」と述べた。まさにこれと同じことがベアトリース社で一九八五年に起こった。一九八五年の夏の終わり、ベアトリース社の役員会が会長のジェームズ・L・ダットを解雇した時、会社をブランド商品の世界最大の販売元にしようとするダットの戦略も終わりを告げた。競争相手の指導者は誰か、過去の実績は、個人的な好みは何かがわかれば、競争相手がどのような戦略行動をとるかはすぐにわかるものだ。過去にいくらでも例がある。

ヒトラーは自分の運命に確固たる信念をもつがゆえにどんな危険も冒すことができる、という前提に立てば、第二次大戦中のドイツの電撃作戦も予測できないものではない。モンゴメリー将軍は行動志向型の人間で、機動性の高い戦闘に向いていた。パットン将軍も同じで、機動性が彼の戦争に対する基本的アプローチであった。

ビジネス戦争史上で最も画期的な事件は、一九六八年、当時、まだ取るに足らぬほどの企業規模であった、MCIコミュニケーションズ社が巨大企業のAT&Tに仕掛けた戦いである。その結果は、AT

&Tは分割の憂き目をみることになったのである。仕掛け人は、MCIの会長のウィリアム・G・マクガバンである。彼は攻撃的な性格で、一九八〇年から、一九八五年までの五年間でMCIの売上げを十二倍にしたのも当然と思われた。この種の攻撃性は伝染するもので、MCIの社長のバート・C・ロバーツは自らを語って、「私は行動型の人間である。何かをやると決めたら、それをやって、次の行動に移ることが目標となる」と。長距離電話の分野では、AT&Tが依然として断トツの企業だが、その売上げは減ってきており、代わりにMCIが急成長しているのも無理からぬことである。

ジョゼフ・F・アリブランディはロスアンゼルスに本部を置くウィットテーカー・コーポレーションの社長である。この会社はすでに、化学、金属、エレクトロニクス分野のコングロマリットであったが、目下、〝HMOシステム（Health Maintenace Organization-「健康保険維持機構」～アメリカの民間の会員制の医療保険組織）〟の全国展開に一億ドルを投入している（注-アメリカには、公的な健康保険として、六十五歳以上を対象とした「メディケア」と低所得者を対象とした「メディケアド」の二種類があるが、それ以外の民間の医療保険組織には、HMO、PPO、POS、FFS等があるが、HMPとPPOがアメリカの二大医療保険組織である）。なぜ今、〝HMO〟なのか。アリブランディがジョギング好きで、健康の維持に熱心な男だとしたら、自分の会社の健康産業への参入を認めることはさほど驚くことではあるまい。アリブランディはまた、忍耐強く、人を信用する寛容な男で、マネージャーのやることが必ずしも正しいとは限らない、と考えている。この寛容な性格は、ウィットテーカーの〝HMO〟の戦略にも表れており、このビジネスは向こう五年間は赤字だと予測しているが、利潤があがるまでじっと待っているのである。

千五百年以上も前、孫子の『兵法書』の解説者の李張は指導者の型とその指導形態を三つに分類した。第一のタイプは「大胆な指導者」で、この場合は攻撃してくる。第二のタイプは「慎重な指導者」で、守勢に回る。第三のタイプは「分析好きな指導者」で、決定に時間がかかる。

もしあなたの会社が、攻撃的な指導者を擁する〝新生ＩＢＭ〟を競争相手としているならば、攻撃を予想しなさい。ＣＥＯのジョン・エーカーズの押しの強い性格は、どこから見ても第一のタイプだ。企業はその指導者を反映する。指導者を知れば、会社がわかる。たとえば、ＩＢＭのフランク・ファーウェルはＩＢＭを去って、アンダーウッド・タイプライターの社長に就任するにあたり、何時までもタイプライターや計算機をいじって一生を送るつもりはない、と語った。アンダーウッド社が資金も企業家精神も乏しいのに、その後、コンピュータ・ビジネスに参入した理由は、彼のこの性格で説明できる。

❖戦争における人間的要素

> 将軍たるもの戦場で敵の指導者を発見すべく努力しなければならない。その精神や性格に、どこかつけ入る隙はないかを探さなければならない。
>
> ――ポリュビウス（紀元前一五〇年）

戦争の主たる原因は常に「復讐」であった、と伝えられている。「復讐とは容赦のないものだ」とイプセンも書いている。権力、業績、名声を求める欲望がビジネス戦争も含めてすべての戦争の動機である。このどれかが企業を動かす力となる。次のような質問を企業の指導者にしてみるのもよい。

・競合相手の指導者は誰か。
・ＣＥＯはどんな人か。重役やマネージャーはどんな人か。
・彼らの信念は何か。

・彼らの今までの経歴、経験はどのようなものか。
・役員のなかで出世が早いのは誰か。どんな価値観に戦力を集中しているのか。
・会社の現状に満足しているか。それとも、不満で新しい行動をとろうとしているのか。
・攻撃志向か、防御志向か。
・現状に満足していないとすると、現在の力では、どの分野に打って出てくるのか。
・挑発に乗りやすいか。
・最大の弱点は何か（気が短いか、保守的すぎるか、軽率か、ゆっくりしているかなど）。

❖敵の指導者を理解する手がかり

ビジネス戦争を勝ち抜くには、競争相手の指導者（CEO）のみならず、ブレーン、マネージャーたちの人間性や好みを考慮に入れなければならない。敵がハワード・ヒューズばりの姿の見えない敵だと問題だが、さもなければよい方法がある。

著作から推察せよ　歴史上の偉大な将軍は、たいていのマネージャークラスの人間が決してやらない習慣を二つもっている。それは読書家だということであり、筆も立つということだ。価値観、戦争哲学、戦略などを著作として著すのだ。だから、パットン将軍はロンメル将軍の著作を読んで、その行動を予測した。経営者は本を読んでいる暇はないし、まして自分で本を書く時間はないが、講演やインタビュー記事なら時間を割いて読むことも可能だ。

観察したことを思い出せ　どんなにつまらない情報でも、それがきっかけになって大戦争も自分の有利な展開になることがままある。タネンバーグの戦いでドイツが決定的勝利を収めたのは、ソ連のレネカンフ将軍が決して同僚のサムソノフ将軍を助けにこない、との強い確信があったからである。この攻撃を立案したドイツ人の大佐は、将軍たちに以前に会ったことがあり、二人が仲の悪いのを知っていた。駅でつかみ合いの喧嘩をしたこともある二人である。相手がどんな苦境にいても、決して助けにはこないと大佐は踏んだのである。

敵の反応を試せ

敵の人間を知らなければ、ちょっと試してみるのも無駄ではない。行動を起こして反応を見よ。これは交渉の席ではよく行なわれる。敵の行動の目的がただこちらの反応を見ることだけの場合は、朝倉紀景（一四七四―一五五五年）の忠告に従うのが賢明だ。「戦場や苦境では、敵は指揮官の反応を見るために軍勢を送ってくる。指揮官は決して弱みをさらけ出したり、声をあげたりしてはならない。この点は肝に命じておくべきである」と。

聞いて回れ

アトランタ戦役中（一八六四年）、北軍のシャーマン将軍は南軍の司令官がジョンストン将軍からフッド将軍に変わったことを知った。フッドはシャーマンの二人の部下とウェストポイントで同級であった。そこで二人に尋ねると、フッドは大胆で向こう見ずな性格だということがわかった。また、ジョンストンの解任は、シャーマンの進軍を止められなかったからだともわかった。そこで、フッドは断固たる攻撃を仕掛けるだろう、と判断した。そこで、ジョンストンに対するよりもずっと慎重に軍隊を動かした。アメリカン航空のマーケティング担当上級副社長、トーマス・プラスケットのことを聞いて回れば、彼が感謝祭に家族とのスキー旅行をキャンセルして、自分たちの切符を運賃を払ってくれる一般の旅行者に譲った噂も聞くだろう。これに加え、資金部出身という経歴がわかれば、彼が一銭一厘もおろそかにしない経済的、かつ、有能な男だという判断は容易につく。

重大事件に学べ

重大事件を見れば、企業の指導者の行動様式がよくわかる。危機における行動とその他の情報を収集すれば、将来の同様の状況でいかなる行動を取るかが推測される。

伝記を読め

今、人気上昇中なのは、「人的資源の再検討」、すなわち、競争相手の人員のチェックである。とくに、経営者の過去の大きな業績、経営方法、危機管理方法、などに注目せよ。結果が予測できるような行動をとるか、それとも、たとえ失敗の危険があっても、大きな成果を狙うか、などである。

❖機密を守れ！

「防御」という言葉は二つの意味で用いられている。一つは、競争相手の情報を収集、分析する意味であるが、これについてはすでに述べた。二つ目は、敵がつけ込まないようにこちらの情報を相手に知らせないことである。

こちらが相手の情報を熱心に得ようとしていれば、相手も同じ気持ちである、と考えられる。相手の新製品プラン、マーケットプラン、予測レポート、生産スケジュール、買収プランなどをこちらが知りたいと思えば、相手もそう思っているのである。

競争相手が味方の情報を得る情報源は、味方の従業員である。酒を一杯余計に飲んだばかりに、不注意にも秘密を漏らす従業員もいれば、機会を狙っている憎むべき従業員もいる。アメリカの商工会議所によれば、ビジネスでの失敗の三十パーセント以上は、従業員の裏切りによる。最近の中小企業レポートには、機密を守るためのチェックリストがあげてある。

・商品番号を番号順にするな。
・従業員の倫理観を高めよ。

・機密情報に関与する従業員には、情報の機密性を確認させる書類にサインさせよ。
・盗難が起きた時のコンティンジェンシー・プラン（不測事態対応計画）を準備せよ。
・部外者には必要以上に情報を与えるな。
・工場見学を制限するか、撤廃せよ。
・セールスマンに与える情報を制限せよ。
・くず箱の廃棄書類は迅速に処理せよ。
・機密情報のコピー数を制限せよ。
・従業員の間で、大っぴらな議論はさせるな。
・辞めていく従業員に対して、新しい雇用主に情報を漏らさぬように誓約書にサインをさせよ。
・不満分子をつかめ。
・機密情報は必要に応じて必要な者だけに関与させよ。
・仕事をローテーション化せよ。
・競争相手の役に立ちそうな情報は、会社の広報紙や掲示板に載せるな。
・工場や事務所に機密防衛システムをつくれ。
・新規採用者の選別を徹底せよ。

❖消費者を知れ！

戦場となる国を知ることは、戦略の基本である。

——フリードリッヒ大王

効果的な防衛システムは確かに敵の情報を集めるが、消費者のニーズや将来の消費者のニーズを理解しなければ、市場の情報としては不十分である。消費者のことを理解しなければ、会社の地位は安定しない。だからこそ、企業は常に消費者の動向に注意を払うのである。

広告代理店の、レオ・バーネットの「その場、その場のシステム」は、どんな広告が消費者に影響力があるか探るシステムで、何人かの消費者がテレビの広告を見て、心が動かされたらスイッチを押すシステムである。

ニュージャージー州のイングルウッド・クリフスにあるパーセプション・リサーチサービス社は、雑誌の広告を見る時の目の動きを赤外線カメラを使って辿った。これによって興味ある結果が出てきた。雑誌を読んでいた人は、広告に出てくるブランド名は、十個の内六個にしか気がつかなかった。また、写真が印象的だと商品名は見落とされ、一般に考えられているように、雑誌の最初に出てくる広告の方が印象が強いということもなかった。

ニューヨーク大学のあるマーケティング学者が行なった「消費者の気分に関する研究」によると、機嫌の悪い人の方が機嫌のよい人よりもクッキーの広告に反応するそうだが、これは例外だ。一般的に言って、当然ながら気分のよい時の方が広告の効果がある。

タッパーウェア社と同社の親会社であるダート&クラフト社の会長、ジョン・リッチマンは、「世のなかがこんなに変化しているとは気がつかなかった。世の動きについていかねば…」と言った。そして、現行のマーケット戦略にホームパーティーを付け加えた。現在では、消費者のスケジュールに合わせて、職場で仕事のはじまる前や昼休みなど、時間を問わずにパーティーをやっている。今では、共稼ぎ用や独身男性用のタッパーウェアパーティがあらゆる階層を対象に行なわれている。

「消費者を知る」。これは業界でもできる人もいるが、できない人の方が多い。私はある時、一人のセールスマンにバッタリ出会って、消費者を理解している自動車のディーラーのユーモラスな実話を聞いた。そのセールスマンは身の回りの品への広告活動の売り込みをしようとしていたのだった。彼の会社は顧客の望むものであれば何でも、そのもの（カレンダーからペン、さらに、コーヒーカップ、ボーリングのボールまで）に印刷をしようとするものであった。ある時、彼は中古車ディーラーに立ち寄った。ディーラーは彼の売り込みを二、三分聞くと「わかった。こうしよう。君のライターを買って、〝自動車を買ってタダのライターを貰おう〟という広告を出そう。なんてデッカいプロモーションなんだ！」と言ったそうである。

セールスマンは尻込みした。明らかにこのディーラーは消費者を理解していなかった。そこでできるだけ丁寧な言い方で、「果たしてタダのライターを貰うために、自動車を買う人がいるでしょうか。ライターは確かに品質はよいけれども、気を悪くしないで下さい、せいぜい二、三ドルの代物です」。ディーラーは気が変わらなかった。そこで、セールスマンは注文を取って、商品を引き渡した。新聞に「自動車を買って、タダのライターを貰おう！」という広告が出た。するとなんと、ディーラーは十五年間のディーラー生活最高の売上げをあげることができたということだ。

自動車メーカーが、いわゆる「カメレオンカー」という「自分だけの車」を実験的に生産しているのは、消費者を知りたいがためである。この車は運転者の好みにすぐ対応できるようにつくられている。たとえば、スイッチさえ入れれば、サスペンションの動きに応じてスポーツカータイプから贅沢な大型車まで楽しめる。また、トランスミッションもスムース変速から、強力変速まである。三菱自動車のギヤランは、ショックアブソーバーをハードからソフトまで変更できる。

一九八四年、アメリカの国立衛生研究所は骨多孔症を重大な健康問題として取り上げた。骨の弱体化は毎年、とくに、女性の間に百三十万件の骨折を引き起こす。この原因は、カルシウム欠乏症なので、研究所は女性にもっとカルシウムを取るように勧告した。一九八五年には、その後の研究の結果、カルシウムが高血圧も直腸ガンも予防することがわかった。カルシウムを含む製品を生産している企業は、すぐこの事実を広告し、カルシウムを添加する企業も現れた。ハインツは「アルバ・ココアミックス」の名を「アルバ・ハイカルシウム」とした。「タム」は炭酸カルシウム錠剤であるが、タム社はこの商品を企業名とするばかりでなく、この商品にカルシウムがたくさん含まれていると広告して、売上げを五十パーセント増やし、五千五百万ドルにした。タムはここ三十年間、ロレーズに続いて第二位であったのに、一挙にロレーズを抜いた。コカ・コーラ社は、カルシウム添加ダイエットコーラ「タブ」を売り出すと発表し、ボーデン社はミルクにカルシウムを添加する、と発表した。

八大会計事務所の一つ、クーパー&ライブランド社は統計から得た事実を検討し、それにもとづく今後の動向を分析した結果、公開討論をはじめた。中小企業局の報告によれば、一九七四年から一九八四年までに、女性の事業家は百五十万人から二百六十万人に七十四パーセント増加した。この間、男性の事業家は、二十四パーセントしか増えなかった。クーパー&ライブランド社は、女性の需要に鑑みて、女性の事業家を銀行、弁護士、会計士などと結びつけようと考えたのである。

勝利の第一歩は戦場を見ることだ。これは明らかなようだが、大統領でさえ、自分が戦う戦場を見るのを怠ったことが知られている。キューバとの紛争で見られたピッグス湾の大失敗の原因の一つは、ケネディ大統領も補佐官もキューバの地図を研究しなかったためだ。地図さえ見れば、湿地帯やジャングルで、進攻作戦がとても不可能だと気がついただろう。

「企業戦争の戦場はどこか」という問いの答えには、二つの考え方の流派がある。一つは、ビジネス戦争の戦場は「競争相手だ」とし、戦争の目的は「相手に勝つことだ」とする考え方だ。処方箋2で見てきたように、この流派の人は、相手を打ち負かすという「一極戦略」をとる。相手に勝つことばかり考えている企業は、この戦う企業の極端な例である。

第二の流派は、戦場とは、「消費者だ」と考える。この考え方のマネージャーは競争相手を意識してはいるが、そればかり考えてはいない。このような考え方の人たちは、必要なら相手のことを考えるが、消費者を相手にする方が好ましい、と考える「二極戦略」の持ち主である。競争相手のことで頭が一杯な企業は的が外れている、と考える。彼らにとっては、企業努力というのは敵と戦うことではなく、消費者に近づき、消費者が会社の製品の何を好み、何を好まないか、好まれる物を提供し、好まれない物は提供しないように努力することである。処方箋3で、このビジネス戦争に関するアプローチを十八世紀の軍事専門家の戦争の仕方になぞらえた。彼らの目的は、戦争ではなく、領土であった。ビジネス戦争で領土に相当するものは、「消費者の獲得」である。これこそ企業戦争の醍醐味である。ビジネス戦争では、消費者こそ戦略、戦術の対象である。

ここで重要なのは、「国＝領土の知識」に代わって、「消費者＝競争相手の知識」をもつこと。「国＝領土」に代わり「市場の要因」を読み、フリードリッヒ大王であったならば、マーケティングに関してどんな意見を言ったのだろうかについて考えてみよう。

「将軍にとって国の知識は、歩兵にとっての銃のようなもの、幾何学者にとっての定理のようなものである。国を知らなければ、重大な誤りを犯すしかない。これがなければ、計画はたとえすばらしいものであったとしても、ばかばかしい非現実的なものとなる。だからこそ、戦場となる国を研究せよ」。

「戦場となる国を研究せよ」とフリードリッヒ大王は言う。日本企業がやっているのはまさにこれで、その結果、東京で売れた物がニューヨークでは売れない。また、その逆もあり得る、ということがわかった。ホンダの二人乗りの小型車ＣＲＸは一ガロンで五十マイルも走り、高級感もあり、アメリカの若いプロフェッショナルの間で人気が高いが、日本では売れなかった。アメリカ人の好みがよくわかっている、アメリカ人マネージャーがＣＲＸを設計した。

日本企業はアメリカ人を雇って、アメリカ人の好みをアドバイスさせている。日本軽金属は、アイスクリーム製造機を開発し、日本で売り出したが、アメリカ市場では成功しなかった。そこで、アメリカ人、ジェームス・ケーブラーと合弁企業を興した。ケーブラーは製造機をアメリカ人向けの大きさに改良することを提案した。もともとこの商品は一パイント・サイズで、日本人みたいに余りたくさんアイスクリームを食べない人にはちょうどよい、とケーブラーは考えた。しかし、アメリカ人はたっぷり食べる。そこで一クォート・サイズにしたら、一年足らずのうちに四十万個も売れた。

ブランド名には一体、何があるのか。他の名前のコークだって味は同じではないか。しかし、名前が違うと、売れるとは限らない。コカ・コーラ社が中国で売り出した時、コカコーラの四音で表し、〝Ke Kou Ke La〟とした。しかし、すぐこの名は止めて、〝Ko Kou Ko Le〟としたら売上げが急に伸びた。なぜかというと、この二つの名前は、われわれには変わらないように見えるが、中国の消費者を理解すれば、まったく意味が違うことがわかる。最初の名は、「ワックスのおたまじゃくしを噛む」という意味だが、これでは何語でも反発される。二番目の名の意味は、「口道楽」という意味で、これなら売れるのが当たり前だ。

ビジネスで重要な問題が二つある。一つは、消費者は何を欲しがっているか、という問題、二番目は、あなたは何を売ろうとしているのか、という問題である。問題は二つあるが、答えは一つしかない。会社の規模にかかわらず、競争に勝つ会社というのは負ける会社よりも消費者の要望を理解し、上手に消費者の要望に答えているのだ。

この二つの問題は、質問するのは簡単だが、答えるのは非常に難しい。市場に出てくる商品で、利益になるのは十のうち、二つしかない。ということは、一年に企業が開発する商品の八十パーセントは失敗だった、ということになる。このようなことを考えると、十分の二という数字は、商品開発成功率としては驚くべき高い数字である。言い換えれば、十種類の商品のうち、たった二種類の商品が市場に出てきて利益をあげるとすると、その裏にはいくつもの商品が、市場性あり、とされて専門家のテストを受けていたことになるのだ。これは非常に費用のかかることで、一つの商品を全国的な商品にするために要する費用は約一億ドルである、とされている。

一九八〇年、リーバイ・ストラウス社は低価格の高級紳士服を売り出して失敗したが、原因は「消費者」を理解しなかったところにあった。とくに、リーバイスはジーンズメーカーである、という「消費者」のイメージが裏目に出た。

ソニーとパナソニックは「消費者」を理解して成功した。「消費者」の好みが高品質のポータブル卓上テレビに移ったと察知して、生産をはじめた。アメリカのメーカーはこの「消費者」の動きがわからず、日本のテレビの品質にとても及ばない大型コンソールテレビを大量に生産し続けた。

一番予測の利かない気紛れな「消費者」は子供だ。おもちゃ市場には、七百社のメーカーや流通業者がひしめいているが、何が売れ、何が売れないか、皆目見当がつかない。おもちゃ業界は一発のヒット商品に左右される世界だ。レコード業界にも、ゴールド版、プラチナ版という目標があるが、おもちゃ業界は少なくとも二年間で三百万個売れるメガヒットを狙っている。しかし、どんなに業界事情に明るい人でも、何が売れ、何が売れないか、確信をもって予言することはできない。売上げ十二億ドルの世界最大おもちゃメーカー、ハスブロー社のステファン・ハッセンフェルド社長は、ヒット商品を売り出すので有名だが、商品の選択はいつも直感により、市場調査によるものはない、と認めた。競争相手が言うには、「彼は市場調査はほとんどやらない。決定はいつも気分次第だ」そうである。一九八四年のマイケル・ジャクソン人形は爆発的に売れると期待されたが、失敗だった。反対に、大男の宇宙マスター人形は、シーズンものとしてはほどほどの出来だと思われたが、三年後には、マッテル社の主力商品となり、今でも売上げが伸びている。

　多くの企業が、とりわけ、洗練された市場調査の方法論をもっている大企業までが、「消費者」の要求を理解できないのはなぜか。その理由の一つは、「消費者」が移り気で、好みが曖昧で変わりやすく、つかみどころがないからだ。そう言ってしまえば簡単だ。

　シカゴの市場調査会社、インフォメーション・リソーシズ社は、消費者の動向に関して「一つの情報源から得られるデータ」（単一のデータ源）を探す高度の技術を開発した。これは今後の広告を変える画期的な方法で、時には、まだ発見されていない情報も提供してくれる。たとえば、「明日を求めて」という昼メロの視聴者はキャンベルの「V8野菜ジュース」を飲んでいる率は平均より二十二パーセント低く、「みんな私の子供たち」の視聴者は平均より四十六パーセント高い。キャンベルの宣伝担当副社長、ジョージ・マルリッグによると、「この原因をずっと探っているが、未だにわからない」ということだ。

　タートル・ワックス社は、消費者の不可解さを転じて、ビジネスに利用した。マーケティング担当重役のチャック・トーナビーンが言うには、「調査をしていつもわかるのだが、われわれのブランドは消費者によく名が売れているが、どうも昔から家庭用品ばかり売ってきたように思われているらしい」のである。しかし本当のところは、タートル・ワックスは家庭用品ではなく、自動車の整備用品のメーカーだったのだ。市場調査で「消費者」の思い込みがわかってからはじめて、家庭用品市場に大胆にも参入したのだった。そして、エアゾール缶に入れた掃除用洗剤を五種類発売した。今、三種類のベストセラー商品を導入すれば、年間七億五千万ドル規模のカーペットクリーニング市場に参入しても成功するのではないか、と考えている。というのは、たとえ「消費者」が会社に関して誤ったイメージをもっているとしても、「消費者」のしっかりした手応えをつかんでいるからである。

「経済的人間」学派の人は品質が同じなら「消費者」は安い方を買う、と考えている。とくに、主婦は物を選ぶにあたっては、経済的な選択をするとされている。しかし、買う品物の値段をちゃんと見るのは、五十パーセントにも満たない、と調査でも明らかである。値段を全然見ない人もいる。「経済的人間」学派をさらに混乱させることには、品物によって値段を見たり、見なかったりする「消費者」がいることだ。「消費者」は、シリアルより飲物の値段の方を三倍もよく見る。今、買ったシリアルの値段はと聞かれ、六十五パーセントの「消費者」はだいたい答えられたが、コカ・コーラの方は九十パーセント正解であった。

消費者の購買動機に関しては、この他、「理性的人間」学派と「心理分析的人間」学派がある。前者は、消費者は商品を比べて自分に一番合った物を選ぶとし、後者は、消費者の好みを非理性的な意識以前の力から説明しようとする。「経済的人間」を説明した時の例外、不可解さ、矛盾がそっくりそのまま「理性的人間」にも「心理分析人間」にもあてはまる。この他に、「美的人間」と「社会的人間」を付け加えてもよいだろう。「理性的人間」にふさわしく赤身の肉は健康に悪いとなると、消費者は魚を食べはじめる。一九八〇年以来、ナマズの消費量が四倍になった。マスとナマズを並べておくと、マスの方が売れるが、その比率は三対二である。ところが、マスとナマズを一匹ずつ冷蔵ケースに並べておくと、三対一の比率でマスの方が売れる。

美的好みは最近急上昇中の、言葉は変だが「デザイナー野菜」にも影響を与えている。十三億ドルの家庭菜園市場では、青いじゃがいも、白いビート、白い人参、紫色の豆、中が赤で外が白いラディッシュ（西洋大根）などがつくられている。

一九八三年、ベイクリフ社は一連の日本食品のマーケティングを開始した。この時、黒い包装の物は売れないと包装デザイナーたちは忠告した。しかし、最初に接触した流通業者が黒でいいと言ったので、そのままにしたらうまくいった。かつて流通に携わる者の間で、黒は呪われた色だったが、今は黒こそ流行色である。今回包装デザイン協議会で入賞した作品十四点のうち七点までが黒であった。今や、GMの車から、ハインツのビネガーまで黒の包装である。

銀行のATM自動出入機の生産が落ち込んでいる原因の説明の一つとして、人間が多くは社会的であるという「社会的人間」説が指摘されている。聞くところによれば、一九八五年のATMの生産は前年の十六パーセントにもまして二十九パーセントも落ち込んだ。銀行の利用者でこれを使うのは五十パーセント以下であり、しかも、常時使うというのはその三分の一に過ぎない。生身の出納係の方がよい、と言う人が多い。

ナビスコは「愛国的人間」説に賭けて、家でつくったのと同じようなクッキー（オールモスト・ホーム・クッキー）を売り出した。「消費者」に新しいクッキーを試してもらうために、家族がそのクッキーを買った証明書三枚を送れば、軍隊にいる家族がクッキーを貰えることにした。

「軍人指向は、軍人を愛させ、忠誠心を育てる」とある役員が語った。一九八三年、アメリカン・エキスプレス社はクレジットカードを使うたびに、一セントずつ自由の女神の復元費に寄付するとして、消費者の愛国心に訴えた。その結果、取引が三十パーセントも増えた。「愛国的人間」説から、さらに「目的人間」説を取り、アメリカン・エキスプレス社はノルウェーの国鳥の保護やなにやら、五十件もの目的を考え出した。

テレビ番組の配給元は、「ノスタルジック人間」を利用して売り上げた。というのは、今や中年になっているベビーブーマーたちが、「ビーバーに任せよ」、「ハネムーン旅行」、「コンバット」、「ギジェット（生意気で可愛い女）」、「グルーチョ・マルクス・ショー」など子供の頃に見た番組を見たがっていることがわかったからである。テレビ局は「U・N・C・L・Eから来た男」を新しくつくりかえ、ノスタルジアに訴えて利潤を上げている。ターナーテレビは一九八六年秋、「新・ビーバーに任せよ」を放映し、月曜日の夜は新番組、月曜から木曜までは旧番組を放映している。

「消費者の要求がなぜ、つかめないのか」。その原因の一つは、どんなに高度なものでも、マーケット・リサーチには自ずから限界があるからである。市場のアナリストが、この商品は消費者の関心が高いといっても、それを売り出すのは一種のギャンブルだ。GMの技術担当重役が、経験豊富なビジネスマンの常で、いとも簡単にこういった時、私もはっと目が醒めた。「消費者自身だって、自分が将来、何が欲しいかどうかわかっていない」。商品開発とそれに続くマーケティング競争の霧を晴らすにあたって最大の障害は、すでにわかっている「消費者」の好みだけを相手にすることである。つまり、「消費者」の言動から理解される好みである。まだ開発されていない将来の商品を彼らが買うかどうかは、まだわからないのである。

❖現場を観察し、空気をかぎ、耳をすませ！

ベジティウスの『ローマ人の軍隊制度』という著作は、軍事書としては最もすぐれた本である。この本のなかでベジティウスは、「偉大な将軍は戦場となる国の説明だけでは満足せず、現場で作戦を立てる」と述べている。ナポレオンも現場重視の指揮官であった。「他人の目を借りてものを見る指揮官には、理想的な指揮はできない」と彼は言った。

輝かしい戦果をあげたアウステルリッツの戦いの八日前、ナポレオンは馬に乗り、側近とともに戦場を見て回った。戦場の地形をよく眺めて、小さな村が点在している、ある低いじめじめした一帯は、一時的に防衛ラインになり得る。敵からは見えない村の北側の地帯は、軍勢の終結地点になり得る。また、オーストリア、ロシア両国の連合軍が布陣している丘は、遠くから見ると険しく見えるが、近づくと軍勢でも登れることも可能だ。また、サントンという小高い丘も見えた。ナポレオンはそこが戦場になると断言し、工兵や砲兵に命じて、その丘での防衛戦の準備をさせた。押したり引いたりのあげく、フランス軍が結局は、その丘の上に押し出していき、この予言は八日後には正しいことが証明された。

このエピソードの教訓は、近代最大の英雄ナポレオンですら、自ら観察に出ていったということだ。馬を乗り回し、空気をかぎ、谷底を覗き、丘の上を眺めた。陣のテントには、地図も、将官たちからの報告も、側近から口頭の報告もあるのに、それでも自ら現場を見にいった。

コメディアンのスティーブ・マーティンは、「事実とは、何たる概念か」と言って、喝采を浴びた。役員会で皆が聞いている席で、時々この名言をはいて、並いる重役たちに事実だって所詮は自分で探してくるものだ、ということを思い出させたら、きっと役に立つだろう。戦場における地図、報告書など、ビジネス戦争における市場調査報告書、印刷物、消費者の動向に関する諸説、これらはみなシンボルであって、事実そのものではない。これらは、事実からは一歩も出たものではなく、逆に二歩離れているといっても言いくらいだ。なぜならば、他人が事実を解釈したものを表すシンボルだからだ。地形について資料を読むというのは、地形を自分の目で見るのとは違う。

私自身も「かぎ回る」ことの重要性を喚起させられた経験がある。当時、コンサルタントを率いて、ある大都市のどこに五十棟からのオフィスを建てたらよいか、政府に意見を出す仕事をしていた。あらゆる人口、交通、国勢調査資料を網羅し、六ヶ月にわたってオフィス内で集中的に検討した結果、オフィス用地として最適と思われる場所を見つけた。しかし、少し不安になって、スタッフ全員に候補地に行って見たことを電話で連絡せよ、と命じた。スタッフが直接、連絡してきたことの方が報告書よりはるかに役に立った。そこで自分で見に行ったら、もっと役に立った。データも重要だが、自分でかぎ回る方がもっと重要だ。

トム・ピーターズは、ロバート・ウォーターマン・ジュニアと共著で『エクセレント・カンパニー』という本を出したが、話を単純化しすぎるとの批判を受けたと続作『エクセレント・リーダー』のなかで語っている。ピーターズ自身の意見は正反対で、まだ単純化が足りない、と言う。やるべきことはすべてやった後、アメリカで生産性に関する最大の問題は、マネージャークラスが国民、消費者から遊離することだ、と言う。ピーターズによれば、遊離せずに密着するには、資料ばかり読んでいても駄目で、自ら探求し、交渉をもたなければ駄目だ。

私の考えでは、「密着する」というのは、「独創性」の専門家、A・D・ムーアの言う、「自分の手で確かめる」ことに関係がある。人間は独創性を発揮しようとすれば、必ず自分の手で確かめてみるものだ。実物を触って、手にもってみて、ひっくりかえして逆さまにしてみるものだ、と言う。

ムーアは「自分の手で確かめてみる」ことと、単に理性で判断することを対比させている。われわれはギリシア人の科学における貢献度を過大評価し、ギリシア方式のばかばかしい結論を見落としている、とムーアは主張する。ギリシア人の誤りは実務をやらなかったことだ。実務は奴隷の仕事だった。ギリシア人は手を使って働くことはなく、働くことは卑しいことだ、と考えていた。その結果、手を使わないギリシア人は、結論を導くのに仮説と理論のみに頼った。

「自分で確かめる」式のマネージャーは、「消費者」の要望を探るにも、手や目や耳を使う。ベジティウスが述べ、ナポレオンが実践したように、報告も判断に利用するが、五感が告げるものを排除してまで報告書に頼ることは決してない。

成功している世界企業は独自の「自分で確かめる」方法を開発している。ウォルマートの役員は毎年一週間は地方の店で働き、それも経営者として命令するのではなく、お客の相手をしたり、荷物の積み降ろしをしたりすることが義務づけられている。マクドナルドも海外に二千店以上出店しているが、出店する前には、役員が町の食料雑貨店を回って、ハンバーガー用のパンや薬味の供給状況を視察する。

ペプシコが所有するアメリカ最大のスナック菓子会社のフリトレイ社は、あくまでも消費者に密着しようとするので有名だ。九千四百人にのぼるセールスマンは、毎週三十二万五千店の得意先を七十五万回訪問することにしている。そして、美味しそうに見えるようにパッケージを膨らましたり、いろいろなサービスを行なう。注文取りと販売傾向の追跡のために、四千五百万ドルかけてセールスマンにポケットコンピュータをもたせた。

プロクター&ギャンブル（P&G）は、アメリカの食品メーカーとしては、「消費者」を理解している、と定評がある。競争相手のピルスベリーによれば、「P&Gが得意とするような伝統的主婦がいなくなった今、もう優位が保てないだろう」。調査によれば、現代の主婦は、昔の主婦とは違い、料理も掃除もあまりやらず、品質よりも便利な方が好きだ。そして、かつてないほど、子供や夫の好みの影響を受けている。夫婦でスーパーに買いものに行くと、四十三パーセントは二人が別の商品を選ぶ。十代の娘とは、もっと差が開いて、違うものを買うケースは五十パーセントである。その上、夫や子供が買物に行くケースがますます多くなってきた。

P&Gは今なお、「消費者」を知ることにかけては第一人者だ、と自負している。「わが社の強みは、どんな消費者であっても、その消費者のことを十分知り尽くしていることだ」と言う。この会社は、男性向けの広告を最初にやった。また、新しい女性がどういった行動をとるかを観察するため、家のなかにカメラをもち込んで観察した。そして、わかったことだが、昔は皿洗いの時シンクに洗剤液を貯めたものだが、今の主婦は、なべや皿に直接洗剤をかける。あまり濃くない洗剤が必要になってくる。

一九八二年から一九八五年までの間に、ポンティアックの売上げは六十四パーセント上昇した。ＧＭの他の車種や、クライスラー、フォード、アメリカン・モーターズなどが売上げ減少に泣いていた一九八六年上半期に、ポンティアックの売上げは十パーセントも伸びた。ポンティアックが消費者理解のために試みた方法の一つは、心理学者を動員して、「消費者」の車に関する夢を聞いて回ったことだ。

ケリー・ガールズのケリー・サービスは、「消費者」の意見を入れて、臨時オフィス従業員派遣業をはじめた。当初、創始者ラッセル・ケリーの考えは、タイプライターやコピー機をもち込むことだったが、事務員派遣に仕事を変更した。

❖職人志向

ビジネス戦争で、「消費者」の領域を一番理解しているのは、今は滅多にメディアで取り上げられない職人である。職人は、ナポレオン同様、自分の目で確かめて見た」上で、ギリシア人と違って、手で触れてみる。消費者とじっくり付き合い、品質と価格の関係を同時に決定する。消費者の話をよく聞き、フィードバックし、期限までに商品を納め、満足して貰ったかを確かめ、チェックする。消費者を一人一人の人間として扱い、決して類型的に一般化して考えない。そして、何よりも、職人は品質を尊ぶ。「全社的な品質管理」などという言葉は聞いたことがなくても、毎日実践している。一匹狼で、品質がよく、サービスがよければ、「消費者」の信用を得ることができ、いいかげんな仕事では信用を失うことをよくわかっている。「消費者」が満足すれば、それが最高の広告であり、「消費者」が不満だと最悪の広告になる、という言い古された言葉が彼にはよくわかっている。一人の消費者に満足して貰えば、話が十人に伝わり、一人の消費者が不満だと、話が二十人に伝わる。

最近、次の点が強調されるようになった。

・額に汗してマーケティングをやる。

・「消費者」に近づく。

・商品に八百番ではじまる料金会社払いの電話番号をのせる（プロクター&ギャンブルでは、商品改良のアイデアは八百番の電話番号から得ることが多い）。

・市場調査と同じくらい、むしろそれ以上に経験と直感を信じる。

あなたの会社がどんな大企業でも、商品が全国的に知られている場合でも、役員やスタッフが職人気質をもっていれば、その会社はうまくいく。紀元前五世紀に生きたスパルタのアルキダムス王によると、「戦争の行方はわからないものだ。だが、結果はほんの些細なことで決まる」そうである。ビジネスでは、些細なこととは、「消費者」との一対一の会話かもしれない。

ものまねに注意

世間でよくあることだが、一人が「いま何時？」と聞くと「十時三十二分」と答える者がいて、聞いた者は時計を十時三十二分に合わせる。まわりの者がこの会話を聞いていたとすると、きっとその人も時計を合わせるだろう。「自分の時計は正確で、あの時計が間違っている」とは考えず、きっと自分のが間違っていると考えるだろう。競争相手の時間、すなわち、競争相手の商品が正しい場合はこれもよい。問題なのは、競争相手の時間が間違っている場合だ。

競争相手、とくにその指導者が自分と違ったことをしていると、自分が間違っていて、相手が正しいと考えるマネージャーが多い。そして、「ものまね」する。一九八六年四月から六月までのたった三ヶ月間に市場に出てきた食品の八十七パーセントは「右へならえ型の商品」である。この商品の十のうち九つまでは、国内最大手の企業が開発したのにもかかわらず、成功の秘訣はなるべくうまいネズミとりを仕掛けて、ネズミが引っ掛かってくるのを待つことだ、という風に考えているとは情けない。

一八一五年、ネイサン・ロスチャイルドは競争相手が日和見の「ものまね」なのに付け込んで、いわゆる情報戦で言う、「ロスチャイルド家の偽情報」を流した。こちらの動きが見張られているのはわかっていた。彼はすぐれた情報機関のおかげで、競争相手より先に、イギリスがワーテルローの戦いに勝利を収めたことを知っていた。そこで、彼は政府の国債を売り、市場にあふれさせた。ロスチャイルドが内部情報でイギリスが負けたと知ったと思い、自分も国債を売り払った。競争相手は、今度は安値で買い戻し、勝利の知らせが届いて、債権が急上昇した時には、また、一財産をつくった。今でも、「偽情報」がよく使われる。たとえば、証券の先物取引では、重要な指標に関する「偽情報」を流して、利益をあげることも珍しくない。

今世紀初頭の、戦闘機か、戦艦かという白熱した論争は、他の人がやっているから自分もやりたいという誘惑がいかに強いかを示している。一九二一年七月、アメリカ陸軍の航空部隊は、バージニア岬沖で不沈と言われた旧ドイツ軍の戦艦オストフリーズランドを飛行機から爆弾を落として沈没させた。これは、鋼鉄艦も爆弾で沈没できることの最初の証明であった。にもかかわらず、クーリッジ、フーバー、ルーズベルト各大統領に任命された委員会も、イギリスの調査団も、他の国々が続ける限り、それにならってアメリカもイギリスも戦艦を製造し続ける、との結論に達した。

どんなに大きな企業でも、企業というのは「ものまね」が好きだ。一九七〇年代にオハイオ・スタンダード・オイル社（略称ソハイオ）では、業界アナリストたちが役員に対して、スタンダード・オイル社も原子力発電に参入して、多角化をはかった方がよい、と勧告した。この勧告は、エネルギー需要の増大にもとづくものではなく、競争相手がますます原子力産業に進出している、という調査結果にもとづいていた。一九七〇年代の半ば、カリフォルニア・スタンダード・オイル社は核燃料部門に参入したが、そのきっかけは、ウラニウム価格が暴騰するとの読みで、エクソンが参入したという「うわさ」をもとにまとめた内部報告によるものである。エクソンが生態学者を雇ったり、鉱山で働く夏の学生アルバイトを募集している、という報告だった。

アメリカの会社は、他の会社がリスクを冒して新商品を開発するのをじっと待っていることがよくある。商品が成功すると、どっと市場に押し寄せる。日本企業も「ものまね」をやって、成功している。アメリカに進出する最初は競争相手と組んで商品を売って貰い、地歩を築く。アメリカでの商売のやり方がわかると、今度は自分で販売流通システムをつくり、前に世話になった会社と競争をはじめる。しかし、競争相手が何をしているかばかりに気を取られている「ものまね」企業は「消費者」の要求を忘れてしまう。戦略の基礎を自分の判断ではなく、他人の判断に任せることになる。

業界第二位の企業は、第一の企業のまねをしても駄目だ。業界第二位の小売業者、ウォルマートは自分なりの競争に終始し、競争相手のＫマートの「ものまね」をしないで成功した。ウォルマートの顧客は、市場を知り尽くしているアメリカの小都市である。そこに終始しなければならない。Ｋマートの「ものまね」をはっきりと拒否したウォルマートは現在、アメリカで最も急成長を遂げている小売業者だ。おもちゃのフィッシャー・プライスも「ものまね」を拒否し、赤ん坊、幼児がん具の最大手になった会社である。会社にとって、競争相手の行動よりも、「消費者」の考えの方が重要であった。毎年定期的に三才児をニューヨークのイーストオーロラにある本部に招き、おもちゃの新製品を見て貰う。子供が興味を示さなかったら、競争相手が何をしていようと、それは商品化しない。

❖その他の脅威に気をつけよ！

「ものまね」のもう一つの側面は、知ってはいるが、恐ろしくて手が出ないことだ。競争相手がやろうとしていることがわかっても、企業のスタッフは同じ行動をとるように勧告はしない。これは軍隊でも同じだが、自分にはない相手の能力を認めることになるからである。競争の脅威は、たとえ勝ちそうだと思っても、企業を尻込みさせる。

❖グループ思考に注意せよ！

たいていのマネージャーは、会議で一人の人間、または、グループに対して、持ち時間の六十五—八十パーセントを費やす。マネージャーの機能はグループを通じて発揮される。立案、実行者の決定、人選、調整、報告、予算の計上が行なわれる。問題を指摘し、意思を決定し、解決策を練り、決定の実行部隊を動員するのもグループである。「消費者」の好みや商品開発など重要なことは、グループが決める。会社が全然うまくいかないのは、会議でのグループの状態に原因がある。

会社の各部門を統括する複数の役員に、戦略を立てさせるのがよい、とされている。しかし、ユージン公とナポレオンが言ったように、戦争がしたくなければ軍議を開けばよい。戦うか、戦わないかを軍議ではかると、たいてい戦わない方に決まる。

ユージン公もナポレオンもグループ思考には懐疑的であった。企業の経営に携わる者もこのことには十分注意しなければならない。グループ内圧力により、効率、事実認識、道徳的判断が損なわれる。生物学でも、近親交配が続くと、好ましくない劣性形質が生まれる。グループ思考は会社にも同じような影響を与える。「消費者」の要求が理解できないのも、一つにはグループ思考のためである。『グループ思考の被害者』という著作のなかで、アービン・L・ジャニスはグループ思考の弊害を六つあげた。

(1) グループ協議には選択の余地が少なく、たいていXか、Yか、二つしかない。
(2) グループ思考は、いったん多数決で決まった方針をはじめは考えなかったリスクや不利な点が出てきても再考することがない。
(3) 大多数が駄目だ、とした方針は再考されることがない。
(4) グループのメンバーは専門家の意見をあまり尊重しない。
(5) 自分たちの意見にあった情報は取り上げるが、合わないものは取り上げない。
(6) グループはうまくいかなかった場合のコンティンジェンシー・プラン（不測事態対応計画）を開発しない。

なぜ、グループ思考が奨励されるのか。一つは、皮肉にも密着度と忠誠心という企業のCEOが高めたいとしているものがグループ思考にあるからだ。「ハリーはわがチームの一員だ。われわれと一心同体だ」という言い方があるが、企業では、忠誠心ほど高く評価されているものはない。一種の企業道徳だ。よく言えば、チームスピリットが生れ、極端に走ると、まずい決定でもそのまま固執することになる。また、部外者はグループの一員ではないとして、有資格者の意見でも聞かない。大半の企業は、①コミュニケーションをよくするため、②変化を阻止しようとする動きを押さえ、③従業員の満足度を高めるため、色々な方法を考案している。これらの努力の最大の目的は、意思決定の質を高めることである。では、グループの決定の方が個人の決定よりすぐれているのだろうか。たとえば、「消費者」が何を欲しているかに関して、正誤二つの答えがあるとする。グループの考え方が間違っていると、決定も間違い、考え方が正しい時は、決定も正しい。部外者の意見を聞くまで決定を延ばす方が、すでに決まったことを知らせるだけよりもよい。これにより、「口を挟む余地のない決定」を避けられる。

グループ思考の第三の弊害は、指導者が自分の好む意見を押すことである。われわれは何も側近を皆イエスマンにしてしまうワンマン経営者のことをいっているのではなく、知らず知らずのうちに影響力を及ぼす微妙な指導者のことである。たとえば、トムばかりに意見を求めれば、暗黙のうちにトムの意見が好きだと伝わり、どんな鈍感なマネージャーでも、気づいてトム寄りの意見になる。

グループ思考を避けるにはどうしたらよいか。

・忠誠心の価値は認めるが、批判的意見の入る余地も空けておく。
・議論の最初には、指導者は公平に振る舞い、自分の好みを述べない。意見を述べるのはよいが、押しつけないことだ。
・討論に際しては、部外者、助言者などを参加させよ。
・方向転換が必要となっても、喜んで決定を変えよ。どんな決定でも、口を挟む余地のないほど強硬ではないことを徹底せよ。

❖守勢に回った時

最上の鎧は、弾に当たらぬことだ。

——イタリアの諺

どんな企業でも攻撃を受けることがある。処方箋4で述べたように、防御ではなく、攻撃こそ、戦争の大原則だ。どんな戦争でも、攻撃は最大の防御である。守勢に終始すれば、敗北を待つばかりである。常に攻撃側に回ってコストを下げ、敵の守勢に対して攻撃に戦力を集中すれば、決して負けることはない。

しかし、どんなに攻撃的な指導者、たとえば、ペプシコのビクター・キアムのような者も、常に攻勢でいるわけにはいかない。戦争では、休むことなく攻撃に次ぐ攻撃ということはない。歴史上、第一次大戦当時のフェルディナン・フォッシュ将軍ほど攻撃好きな将軍はいない。その彼でさえ、攻撃が問題外の時には、守勢に回った。

フォッシュはカリスマ性があり、まわりの人間を自分の意見に傾倒させるので有名だった。攻撃こそすべてであり、戦争では、精神力が勝つというのが、彼の揺るがぬ信念であった。「戦争は負けたと思った方が負けだ。負けたと手をあげない方が勝つのだ」と彼は言った。戦争とは相対する二つの意思の戦いであり、勝利も意思の勝利である。

フォッシュの信じるところは、戦争を決定するのは技術でなく、精神力であるということだ。ある同

僚が一九一八年当時の連合軍最高司令官としてのフォッシュを語って、

「総司令部に駆け込んできた将軍は、緊張した面持ちで体も硬直し、ぴりぴり痙攣していた。苦渋の将軍が、『敵が圧倒的多数で、我軍は後退を始めている。司令官がこなければ、何もできません』と言うと、フォッシュはただ『攻撃せよ！』と怒鳴った」。

連合軍のなかに、後退を考える者がいると、「君は戦っていない。私は戦いが好きだ。私はアミアン（フランスの北部、ソンム県の首都）の戦場の前でも後ろでもどこでも戦う」と言った。

一九一八年三月、西部戦線の指揮を取った時は、戦況は好きな攻撃を許さなかった。彼の唯一の戦略は攻撃し、敵であるドイツ軍の攻撃と一戦を交えることであった。フランス軍はどうやら二ヶ月もちこたえた。ドイツ軍は五月二十七日、シュマン・デ・ダームに突如、奇襲大攻撃をかけてきた。フランス軍は大きな被害を受けた。ドイツ軍は四年間ではじめての大攻撃を敢行し、一日十マイル行軍し、三日後には、マルヌ（フランス北部の都市）に到着した。六月十五日の二回目の攻撃の時は、攻撃を予想してフォッシュは待ち構えていた。そこで予備軍を動員し、反撃に出た。六月二十四日、新たにアメリカ軍が到着すると、フォッシュは戦いの流れが変わった、と言った。「今まで余儀なくされていた守勢はもはや終わった。いざ攻撃に転じよう！」。それ以後の三ヶ月、フォッシュはぶっ続けで戦いに戦った。敵を休めることはなかった。攻撃に次ぐ攻撃で、ドイツ軍は後退し、ついには敗れた。

長期的にみれば、結局は攻撃した方がよい。しかし、攻撃が不可能な時もある。企業も軍隊も、フットボールでボールが敵方にいっている時のように、どうしても守勢に回らなければならない時もある。攻撃する力がない時、敵が攻撃を加えた場合には、防御に回る。こういう時は、フォッシュの場合と同様、どんなに攻撃が好きでも不可能だ。その代わり、力を貯えて、市場を守り、救えるところは救うように努力しなければならない。

❖防衛戦術

次のような場合は守勢に回れ。

・敵の攻撃を阻止しようとする時
・敵の攻撃を打ち破る時
・時間を稼ぐ時
・人的資源を他の場所に結集させる時
・こちらが攻撃を仕掛ける前に、敵を消耗させる時
・自分にとって重要な〝領土〟を守る時
・味方の砲撃が効を奏するように敵を一カ所に集めたい時

敵の攻撃を防止して、攻撃を仕掛けてこないようにさせるのが、最大の防御である。敵に味方の髪の毛一本も触れさせなければ、味方の市場に入らせなければ、防御は成功だ。これができない場合は、攻撃されてもあまり打撃を受けない場所に攻撃を誘導するか、攻撃の激しさを緩和させるしかない。敵の攻撃に対しては、阻止したり、報復すると脅かしたり、攻撃自身を余り成果がない、と思わせたりする。

敵が戦力を集中するところに沿って、防備を固めよ。もしある基幹部門に集中して攻撃してきた場合

は、その部門で敵より強くなれ。ある〝領域〟を攻撃してきた場合は、その〝領域〟に戦力を集中しなさい。もしこちらの弱点を攻撃してきた場合は、弱点をさらけだして、長所に転じよ。

断固報復すると脅かすのは、攻撃に対して、手をこまねいていてはいない、と敵に知らせることだ。しつこく復讐するという評判をとると、役に立つ。攻撃を仕掛けるたびに全力で報復してくると相手がわかれば、相手も二の足を踏む。イスラエルの隣国は、イスラエルを攻撃すると徹底した報復を受けることを知っている。レバノンにある、PLOがイスラエルの民間バスを爆破した時、イスラエルの報復はバスの爆破ではなく、戦車を使ってのレバノン領土半分の占領であった。重要なのは、復讐に一貫した態度をとることである。攻撃するたびに報復の針を敵が感じる場合は、たまにしか報復しないよりはよっぽど効果がある。

ゲリラ的企業のロイヤル・クラウン社は復讐するのに必ずしも大企業である必要はない、と教えてくれた。一九八六年初頭、コカ・コーラが四億七千万ドルでドクター・ペッパーを、ペプシコが三億八千万ドルでセブンアップを買収しようとした時、ロイヤル・クラウン社は新聞広告を出して、この取引の不公平さを人々に訴えた。次に、地方裁判所に、反トラスト法違反の訴えを起こした。一九八六年六月二十日、連邦取引委員会は、両社の買収を差し止めた。

敵の攻勢を阻止するもう一つの方法は、攻勢そのものをあまり魅力的に見せないことだ。競争相手には、あなたの利潤が魅力的に見える。司令官や企業の欠点の一つは欲望である。ビジネスであまり欲張ると、相手に魅力的に映ってしまう。価格を下げ、利潤を減らし、値引きすれば、敵にとって攻撃はそれほど魅力的ではなくなる。

❖積極的防衛に終始せよ！

厳密な意味での消極的で永続的防衛というのは、得るところがない。第一次大戦は、一方的防御の空しさを証明した。処方箋4で述べた、「仕方がなければ守勢に回れ、しかし、敵が過ちを犯したり、攻撃で力を消耗したりすれば、直ちに攻勢に転じて、復讐の一突きをせよ！」ということを学んでほしい。守勢は一時的な措置であり、長期的な態度になってはならない。守勢に回るにただ一つの正当な理由は、まだ攻勢に回る力がない、という理由である。準備が整ったら攻勢に回れ。企業は攻撃に出るまで、長い間、守勢に滞ることがよくある。A&Pは二十―三十年にわたって守勢に立たされていたが、最近、攻勢の兆しがある。A&Pをはじめ、鉄鉱や石油業界は、長い間守勢を余儀なくされた。また、なかにはわざわざ守勢に回る企業も多い。

攻撃すべき企業がなぜ、こうも守勢に徹するのだろうか。いろいろ理由はあるが、一つは守勢の方が楽だからだ。マネージャーが並のできなら、間違った選択でも守勢に回る場合が多い。並の将軍やマネージャーの場合、絶対必要でない限り、決して攻勢にでない。

❖常に懐疑的であれ！

フリードリッヒ大王は「懐疑は安全保障の母である」と述べた。安全のためには、敵が攻撃の準備中だと常に考えよ。軍隊が一晩気を許すと、たいていその晩が敵襲の晩だ。防備の手薄なただ一つの道から、敵が攻めてくる。

企業の自信と熱意は、プラスの性格であるが、これに敵に対する不安が加われば、健全な企業となる。フリードリッヒ大王の側近は、大王の気分で戦争の成否がわかった、と言う。自信過剰の時は戦争に破れ、恐怖を抱いた時はすぐに勝利を収めた。

競争相手は今、あなたがもっているものにだけ興味があるのではない。敵はもっと野心的なものだ。敵はこちらが思うよりはずっと大胆で野心的だと評価しなさい。情報システムを利用して、敵の指導者を調べ、どこを攻撃してくるか想像しなさい。日本と競争しているアメリカ企業は、小規模な低価格の商品ばかりを想定している。

❖多面的防衛戦略を実行せよ!

どんなに用心深い企業でも、敵の攻撃は特定の方法——たとえば、買収とか、X商品を改良するとか、ある分野に進出してくる——とかをとると考えて、この想定に沿った防御を行なっている。安全保障としてもっと効果が高いのは、ある特定の脅威にのみ対処するのでなく、いかなる動きにでも対処できる防御システムである。

❖マジノ防衛線的な考え方は避けよ!

歴史的に見て、恒久的な防衛ラインはいつも破られてきた。マジノ戦線しかり、マナルハイム戦線しかり、ジークフリート戦線、バーレブ戦線もそうであった。モンゴル人は万里の長城は冗談かと思ったそうだ。このような「防衛線」は結果的には、敗北に至る消極的態度の意思表示であり、攻撃を忌避する態度だ。

では、どんな人が恒久的な防衛戦線を築くのか、築くのはいつも豊かな国家や会社である。ゲリラ軍や戦闘的な闘士は決して築かない。モンゴル人のように、歴史上、最も獰猛な戦士は一度も都市を城壁で囲むようなことはしなかった。多分、かつては栄光の地位にあり、その後、その地位から滑り落ちた会社が、長らく受身の防衛を続けた結果、城壁をつくるような行為にでるのであろう。

「機動的な防御」の方がどちらかと言えばすぐれている。すなわち、「柔軟な防御」は味方の防衛戦線が破られたら、敵の側面が攻撃できる、という考えにもとづいている。「機動的な防御」というのは、そもそも隙あらば、攻撃に転じるという考えにもとづくものだ。

何年か前までは、クーパーズ&ライブランドがアメリカ八大会計事務所のなかで最大であったが、その後、アーサー・アンダーセンが一位になった。一九八六年の初秋、ピート・マーウィック・ミッチェル&カンパニーはアムステルダムに本部を置く、KNGメーン・ハードマンと合併し、八大会計事務所のなかで最大となり、アンダーセンの約二倍の規模となる計画を発表した。

他の会社は直ちに守勢を余儀なくされたが、彼らは、自分たちの防御が機動性が高く、積極的なものになることを明らかにした。「ピート・マーウィックがわれわれの一番よいお客を奪おうとしたら、仕返しにあちらの一番よいお客を奪ってやる」といった者がいる。また、なかには合併に伴う企業内調整の混乱に乗じて、ピート・マーウィックの顧客を奪う計画を立てたところもあった。

❖要所を押さえよ！

一九八六―一九八七年度のテレビ番組を制作するにあたって、ABCのやったことはすばらしい。木曜日のゴールデンアワーの三十分は常にNBCに譲ることにしたのだ。二年間にわたって視聴率が最高だった「コズビーショー」と競争することやNBCに、逆らうのを止めて制作費の安いニュース番組を入れた。「アワーワールド」である。これは敗北を認めることだ、といった者がいる。確かに敗北には違いないが、これによって八百万ドルもかけて、「コズビーショー」に勝てるかどうかわからないドラマシリーズを制作しなくても済んだ。ABCは、「コズビーショー」と視聴率競争をするつもりはまったくなかったのだ。コズビーショーの視聴率が下がった時こそ、ABCが戦いを挑む時だ。

ABCの例は、ビジネス戦争で、守勢になった場合の重要な教訓を教えている。競争相手が、すべての分野であなたより強いとは考えにくい。フェルディナン・フォッシュは次のように語った。

「すぐれた将軍はたくさんいるが、みんないろいろなことを一度に考えすぎる。何でも防御しようとし、何についても優位を保とうとする。この方法は分散であり、一つのことに集中できず、全力で攻撃を仕掛けられない。その結果、無能になる」。

前に述べたことを思い出してほしい。敵が積極的に犠牲を払う意図があれば、最強の防御線でも一時的には突破されることもある。防御の秘訣は、敵軍の払う犠牲を大きくして、どんなばかでもこんな犠牲は払いたくないというぐらいに強化することだ。そして防御は、分散せず、戦略上の重点に集中することだ。敵の攻撃を受ける前に破られたくない点を強化せよ。敵の攻撃に耐え得る補強点を数多くつくることだ。処方箋3では、攻撃に備えて戦力を「集中」することを教えた。防御にあたっても、「集中」がものを言う。防御にあたっての「集中」には、次のガイドラインがある。

直ちに集中せよ

敵のもつ情報は完璧ではない。だからこそ、攻撃に備えて直ちに集中しなければならない。

資源も集中せよ

敵が戦力を集中した場合、味方の戦力が三分の一にならないようにするのが、第一原則だ。

集中点でない所は、リスクに賭けよ

ある地点に戦力を集中すれば、当然、手薄なところが出る。

支援を集めよ

防御に成功するには、攻撃されている軍やスタッフだけでなく、他の軍やスタッフの支援が必要だ。全体が力を合わせて戦え。

潜入部隊に気をつけよ

敵は攻撃に先立ち、先発隊を潜入させて、大規模な潜入行動を行なう時がある。たとえば、敵の広告会社を奪ったり、ビール会社が敵の市場に販売店をつくったりするのがこれだ。潜入者は気にも留めないような目立たない者であることに注意して、常に用心を怠らないで、潜入に備えることだ。潜入に対しては、直ちに断固奪うことが肝心である。

❖退却の際の心構え

一度戦争に敗れたら、新しく状勢が好転しない限り、再び戦争をしないことだ。退却する場合は、防御をしっかり固めたり、援軍を得たり、敵の集中攻撃が弱まったりして、敵との勢力の均衡が得られるまでは、退却を続けよ。

できれば、徐々に退却するのがよい。手負いの獅子の退却は、いざという時には敵に痛手を与えることができる。

敗走して退却する時は、味方の精神状態にとくに注意せよ。

一度、劣等感をもった軍隊はもはや信じられない。攻撃の場合も、前進を拒否する。防御する場合も、抵抗の望みをまったく捨ててしまう。怖いのは、敗北ではなく、今度も負けるのではないか、という恐怖心である。

希望をもてなくなった軍隊は、もう鋭敏には動けない。

❖攻勢に転じよ！

防御から攻勢に転じるのが、そもそも防御の目的である。この処方箋6の主題は「防御」であり、最大の防御は常に攻撃の意思をもち、次々に攻撃を仕掛けることである。

反撃に一番適した瞬間は、敵が全力で攻撃しながらも、未だ目的を達成していない時である。この時反撃を加えれば、成功のチャンスがある。

守勢にまわるよりも、反撃で得る利益の方が大きい場合は、反撃せよ。あなたにとって重要な領域を敵が占領したら、反撃して取り返せ。

フットボールでは、同時に攻撃と守備をやるわけにはいかない。しかし、ビジネス戦争ではこの二つを同時にやらなければならない。守備にまわっている時でも、攻撃に転じることを考えよ。

処方箋7

全員に任務を全うさせよ

戦いに勝つのは大きな軍隊ではなく、優秀な軍隊である。

――モーリス・ド・サックス（一七五七年）

大きいから力があるとは限らない。事実はまさにその正反対である。

――ガルフ&ウェスタン会長　マーティン・S・デービス（一九八五年）

ベンジャミン・フランクリン（B・F）・グッドリッチ博士がオハイオ州のアクロンでゴム製品の会社を設立したのは、一八七〇年の大みそかだった。その当時、国内で生産されていたゴム製品は、品質の劣るものが多い上に、その用途も限られていた。グッドリッチは製品の品質向上と新製品の開発という二つの重要問題を解決するため、心血を注ごうと決意した。

会社設立の第一年目に、最初の主要製品である綿布をかぶせた消火用ゴムホースを開発したが、これはそれまで使われてきた皮のホースよりはるかにすぐれていた。同じ年に、他の種類のホースやガスケット用のゴム、広口びん用のゴム輪、家庭用手絞り機のローラー、びんの生産工程で使うストッパーなどの新製品も加わった。製品の品質を極力高めるため、グッドリッチは自ら製造工場を監督した。製品開発と品質管理の問題を気のすむまで解決したグッドリッチは、今度は自社の優秀な製品を買ってもらう消費者を探すことに心を向けた。会社の優先課題を生産から販売に転換すると、自ら製品をかばんに詰めて売りに歩くことまでやってのけた。

グッドリッチは、ナポレオンが「偉大な戦術」と称した戦力の正しい配分法を小規模ながら実証したのだった。自分の資力を最も必要なところに注げば一番うまくいくというわけだ。会社の主要な活動が製品開発だった時には、グッドリッチはそこに重点をおき、販売が重要になるやいなや旅に出て売り歩いた。上に立つ者はいつでもその使命を果たすのに精一杯人手を送り込むべきであるが、グッドリッチの場合には自分一人で精一杯やったことになる。

これは、ビジネス戦争のなかで自分の戦力を競争相手よりもいかに有利に配分するか、という競争である。戦争の基本原則は戦力をいかに経済的に用いるか、ということにある。フェルディナン・フォッシュは、これは、「手に入る限りの資力をどのように使えばよいか、いかに有効、かつ、有益に使い切るか、最大限効率的に活用する方法を知ること」で、それには「資力のすべてを一時に一カ所に注ぎ込んで、全軍のためにに役立てる」ことが大切だ、と説明している。

小さな会社ならば、その資力のすべてを一カ所に注ぐこともできるが、多角経営の大企業になるとそうはいかない。その場合もっと役に立つのは、「軍隊では常に、各部隊が協力し合って、最大の戦力として一カ所に結集できるようにする一方、必要最小限の分隊を他の場所でも使えるように配備しておく」ことである。要するに、企業も軍隊と同じく、達成すべき優先目標、解決すべき大きな課題、勝ち抜くべき決定的戦闘などの主要な問題に対して、組織をあげて最大限の力を一時に速やかに結集できるよう配備すべきである。

戦争でもビジネスでも、結集した力が勝利をもたらすのであって、兵士や従業員の数にはよらない。リデル・ハートは、「数への信仰は近代戦争の最大の誤謬である」と述べている。決定的時点への力のかけ方がものを言うのだ。たとえ相手の方が全体の規模ではこちらを上回っていても、相手よりも多くの熟練した人材を焦点を絞った狭い領域に、相手よりもすみやかに巧みに誘導できさえすれば勝つことができる。

ところが積極的な大企業でも、結集した戦力を最大限に活用しようと企んでいる。たとえば、IBMでは重要戦力を結集するために、「人材調整」と称するシステムを利用して、適正な社員を適正な人数だけ配属している。社員を適正な部署に移すだけでも莫大な費用がかかる大仕事である。一九八五年にIBMは、一人につき平均六万ドルをかけて七千人を超す社員の配置転換を行なった。

「言ったことを実行するには金をかけろ!」という格言があるが、「戦力の経済性」の原則では、「集中してやりたいことには人材(その他の資材)を投入しろ!」ということだ。IBMの主な仕事はコンピュータである。その子会社のIBMクレジット(ICC)は出来てからまだ七年にしかならないが、五億ドルの資産を有し、毎年五億ドル以上もの売上げを達成、その年間成長率は五十パーセントを超えている。ＩＢＭがその気になれば、巨大な企業に育て上げることもできよう。しかし、どんなに成功したところで、コンピュータからあがる年間六十億ドルを超すＩＢＭの収益に比べれば取るに足りないもので、ＩＢＭの経営陣は意図的にその成長を抑えている。主要部門に集中して資力を注いでいるのだ。

　ダート＆クラフト社は組織の一本化した一つの会社で、百億ドル近くの家庭用消費材や食品を扱っていたが、特定の重点部門が二つあることがわかった時点で、二つの会社に分割することにした――クラフト社は食品に専念する一方、プリマーク社はタッパーウェアから、ウェストベンドの電気製品に至るまで、その他一切の業務を受けもっている。

　自社の人材を適切に配分しない限り、特定部門の重点化ははかれない。他の条件がすべて同じなら、社員を最も効率的に配属した会社が勝利を手中にする。ナポレオンは重点化政策の達人だった。その達人でさえそう言っている。ナポレオンは、最も必要な場所――敵との接触地点――に最大の軍勢を巧みに送り込むことにかけて相手よりすぐれていたからこそ勝つことができたのだ。味方を上回る軍勢と戦うこともたびたびあったが、特定の攻撃地点では、敵を上回るようにうまく部隊を移動させることができさえすれば、軍勢の総数は問題にならないことを心得ていたので、決して慌てることはなかった。

　一例をあげると、モンテノッテの合戦（一七九六年）は五カ所で個別に戦闘が展開された。全軍の総数では、ナポレオン側の三万七千に対して、敵は六万とかなり上回っていた。ところが、ただ一つの例外を除いて、どの戦闘でもナポレオンは相手を上回る軍勢を確実に結集した。ある戦場では、四千の敵軍に対して一万の部隊を、次の戦場では、一千に対して、八千、第三の戦場では、四千に対して、一万二千と三倍も多かった。また第四の戦場では、一万二千の敵軍に対して、二万で依然として優勢を保っていた。第五の戦場では、双方とも六千ずつの五分五分だったが、それはナポレオン軍の士官が自分の部隊を移動させるのが間に合わなかったせいで、そうでなければ、ナポレオン軍は一万の軍勢で戦いに臨めたはずだった。

決定的な時点に最大の戦力を結集できるよう配備しておくことによって、各企業はどのように「戦力の経済性」の原則を適用しているのだろうか？　次にいくつか実例をあげておこう。

・コーニング・ガラス製作所は、陶磁器やガラスの基本的分野から耐熱性のあるセラミックや光ファイバーなど一段と精巧な分野へと躍進するまでは二パーセントの粗利益で操業し、将来のために資金を投入することはしなかった。光ファイバーにはコーニングの将来がかかっていて、この分野で成功するには研究に重点をおく必要がある。このため、コーニングは昨年、およそ一億ドルの研究費を計上した。

・ハインツは、増収分を「特別基金」に繰り入れ、とりわけ、有望な新製品の開発に振り向ける研究費をこの資金のなかから引き出している。

・モンサントでは新製品がでないことがここ数年、最大の課題となっている。そこで一九八六年には、研究開発予算を一挙に五億ドル以上に増額した。

・コンピュータ業界では競争が熾烈化したため、各社は製造から販売へと重点を移した。データ・ゼネラル社は最近、管理部門と製造部門の人員を九百名一時帰休させる一方、営業部門では百名増強した。また、別のコンピュータ会社では、一九八六年に工員の四分の一近くを解雇しておいて、営業部門を百名採用した。アポロ・コンピュータ社では、一九八五年に三百名を解雇したが、営業部員は四十パーセント増やした。ヒューレット・パッカード社は、一九八六年にはセールスの人員は増やさなかったが、無駄な事務を省くことで、すでに営業部門の効率を高めていたのだ。

「決定的な場面では、いくら強くても強すぎることはない」ということを覚えておくのが、戦力の経済性を守る最良の方法である。

❖達成すべき目標に合わせた人材の配分

克服すべき障害に応じた戦力がある場合にのみ、戦争をはじめるべきである。

——ナポレオン

「決定的な場面では強すぎることはない」とは言っても、その他の場面では強すぎることはいくらでもあり得る。私は高校を卒業後、大学に進むお金が欲しかったので、小さな工場で働いた。最初に気がついたのは、四人の仕入れ係は一日のうちで二時間以上忙しいことはめったにないのに、たった一人の出荷係はいつもてんてこ舞いでちっともつかまらないことだった。一日が終わっても、荷造りをして発送するはずの荷物がたくさん残っていた——顧客はどこかで待たされていたのだ。これはほんの小さな工場の例にすぎないが、巨大な多角企業でも誤った部門が強すぎることがありがちなのに気づきはじめている。たとえば、現在では、マジソン・アベニュー（アメリカの広告代理店が数多くある街路）は重点を置くべき場所ではなくなっている。各企業の広告宣伝費は減らされ、広告代理店は力を結集すべき決定的場面を早急に他に求めている。なかにはＰＲサービスの提供に重点を移す会社もあり、オグリビー・グループはマーケティングの分野に進出している。

人員の配分と適応性

仕事がなくて暇な状態は、目標に応じた人員の配分がうまくいっていない最初の徴候である。どこかの部門がだらだらしているとか他の部門よりも暇な場合には、おそらく、そこはあまり必要な部門とは言えないだろう。配分上のもう一つの課題は、「現場」と「後方」の人員の適正な比率にある。「現場」とは、たとえば、企業戦争の場合には実際に物をつくったり、売ったりしている社員のことで、「後方」とは「現場」を支えている社員を指す。この比率はすぐに狂ってくる。第二次世界大戦の末期には戦地の兵士一人に対して、十人が「後方」で支援していた。ベトナム戦争では、一九六〇年代の終わりには七万人の戦闘部隊を六十万人の「後方支援部隊」が支えていた。

自治体の道路工事の際に決まって言われるのは「一人が外で働いている間、二人がトラックのなかでそれを眺めている」という苦情で、これは「現場」対「後方」の問題ではよくあるパターンである。大半の企業では現場に重点をおくのは当然だが、問題なのは後方の人数である――現場で働いている人数に比べて、彼らに対して文句を言う本部の人数が多すぎるのだ。

「後方」のスタッフを減らすことは売上げを伸ばすことにつながる。経営コンサルタント会社のA・T・カーニー社では、競争力のすぐれた会社の本社スタッフは競争力の劣る会社に比べて、売上げ十億ドルに対して、人員が平均五百人少ないことを示す調査をまとめた。

エドワード・J・ノーアはCNA保険会社の再建に取掛かった際、三百人いた役員を即刻五十人に減らした。「面目ないことだが、どこに何人いるのかわかるのに何ヶ月もかかった」と語っている。『エクセレント・カンパニー』にも引用されているダーナ社は、一九七〇年には五百人いた本社スタッフを現在のおよそ百人に減らすことによって「現場」と「後方」の不均衡を是正した。

主要な問題に対して、企業全体の力をフルに発揮するには柔軟な組織を必要とする。それ以外に方法はないのだ。処方箋2では、どんなに精緻なプランもひとたび実際問題を前にすると崩れてしまうものだ、ということをみてきた。実地にあたってみることはフィードバックの方法として驚くほど有効で、それには、マネージャーが現実に対応して、その場で臨機応変にすばやく調整することと、設計者が製図板に馳せ戻って図面を現物と一致させることの二つがどうしても必要となってくる。なぜなら、どんな組織でも現実に直面しても、まったく変わらずにいることはできないのが実情なのだから。経験が示す通り、勝利や危機がいつ、どんな形で訪れるかを予測することはおそらくできないだろう。考えられる限りの勝利や危機を油断なく見張り、資金や人材を競争相手よりすばやくそこに振り向ける機能を開発しておくことだけが、唯一の妥当な対応策と言える。

ローザベス・モス・カンターは、その著書『チェンジ・マスターズ』のなかで、将来成功する企業は、周囲と接する「面」をこれまでより広げ、チャンスの到来を探る数多くの機構を備えるようになるはずだ、と断言している。このような企業は、とりわけ、資力をいち速く結集させるだけの柔軟性をもつようになる。柔軟性がなければ相手の欲求についていけない。柔軟性のない会社では顧客に対して、「私どもの会社ではこのようなシステムになっております。そちらのご事情がどのように変わられても、当方のシステムの枠内のどこかにうまく合わせていただけないようでしたら、お取り扱い致しかねます」と突っぱねるのだ。適応力のある会社はそんなばかげたことはしない。ぐにゃぐにゃして形の定まらないアメーバーのように自由自在に動きまわることができる。自社のシステムを周囲の状況に応じて何度でも修正できるよう万全の用意が整っているのだ。このような会社では、「そちらのご事情が変わられたのでしたら、早速そのようにこちらで調整いたしますので……」と言える。

❖組織の重要性

フランスの大佐アルダン・デュ・ピックの生涯については、一八七〇年八月十五日に連隊を率いて戦闘中に三十八歳で戦死したことと、事実を知りたいという飽くなき渇望を抱いていたこと以外にはあまり知られていない。彼が知りたがっていたのは戦闘についての基礎的な事実だった。実際の戦闘とはどのようなものなのだろうか？　どんなことが起こるのだろう？　一方が勝ち、もう一方が負ける正確な理由は何なのだろうか？　デュ・ピックは矢継ぎ早に質問を浴びせてくる。彼の思考は明瞭活発で、それらの疑問は現実に即している。

デュ・ピックは数ある疑問のなかでも、古代ローマ人は格別勇敢でもないし、敵よりすぐれた武器で戦ったわけでもなく、その上、一般に数の上では劣勢だったにもかかわらず、ギリシア人やチュートン人（ゲルマン人の一派）のように自分たちよりも勇敢で人数も上回っていた軍隊を決まって打ち負かすことができたのはなぜだろう、という疑問に頭を悩ませていた。彼は、古代ローマ軍団の厳しい訓練と組織力という二つの要因にその答えを見い出した。軍団で訓練を受け、確固とした戦闘技術を駆使するローマ兵に対して、それほど組織だっていなかった軍隊はかなわなかったのだ。デュ・ピックは偉大な指揮官は何を心得ているのか、また、その指揮下にある人々はどれほど多くのものを日々新たに学ぶのかを悟った。それだからこそ、組織がきちんと整っている側の方が勝ちやすいのだ。きちんと整っているということは、特定の戦略を遂行するのに適した組織という意味である。

詳細な記述が残されている古代の戦闘記録でも、組織が勝利を収めることを示している。紀元前一四七九年パレスチナのメジドでシリア軍を破ったエジプトのファラオ、トトモス三世は、凹形の陣構えで攻撃を仕掛けておいてから、側面に回りこんで包囲し、敵を打ち負かした。また、アッシリア軍も相手よりも優秀な組織によって勝利を収めた。それぞれのスペシャリストが協力して調整のとれた働きをする現代企業と同様、アッシリア人は、槍兵、射手、騎兵、二輪戦車の御者などに区分された圧倒的兵力を臨機応変に、しかも、全体の調整をはかって戦場へと送り込むことができたのだ。

戦略家は誰でも——ＧＥやクェーカー・オーツの顧問も、古代ローマ軍やアッシリア軍の兵法家も——手持ちの人材を戦略に合わせてどのように組織に組み込めばよいか、重点戦略の方針にしたがって戦力を最も経済的に活用するにはどうしたらよいか、という問題に全力を尽くして取り組まなければならない。

職階制度

三十年以上も前（一九五四年）にピーター・ドラッカーが著した『現代の経営』は、効率的な組織には職階は七つ以上は要らないことを示唆している。先に述べた一九八五年のＡ・Ｔ・カーニーの調査では、競争力のすぐれた企業には平均すると七つの職階があるのに対して、劣っている企業には一般にその一倍半（平均十一・二）もあること、が判明した。今日では七つよりもっと少なくなる傾向にある。減らす目標数を五つあたりにおいているようだ。フォードでは十七、それに対して、トヨタは五つしかない。ダーナは十二年間で売上げを四倍半に伸ばしたが、同じ期間に職階を十五から五つにまで減らしている。アクメ・クリーブランド社の会長兼ＣＥＯ（最高経営責任者）の、Ｂ・チャールズ・エイムズは、「一般的ルールとしては、組織内に五つ以上の職階があるのは、どこかまずいところがあるように思う」と語っている。

チンギス・ハンは、現代の司令官やトップ経営者のなかでも比肩し得る者はほとんどいない、と言えるほどの大事を成し遂げた。彼はまとまりのない盗賊団を彼の死後、四百年間も世界最強を誇った軍隊に変容させたのだ。また、彼は主にその天賦の才によって、量よりも質に重きを置いた組織につくりかえることに成功したのだった。

チンギス・ハンの軍隊は十ずつの単位で分割されていた。

・一万人を一個師団とし、テューメと称する。
・各師団はミンハンと称する十の大隊で構成される。
・各大隊には百人から成る十の中隊（ジャグン）が含まれる。
・各中隊はアーバンと呼ばれる十人の小隊に分かれる。軍勢は組織上の職階制度の考え方は同じで、テューメ、ミンハン、ジャグン、アーバンと名称は違っても、五つの職階があった。

各小隊の十人が自分たちのなかから隊長を選び、十人の小隊長のなかから中隊長を互選した。各大隊と師団の指揮官はチンギス・ハン自身が任命した。

チンギス・ハンの考え出した十ずつの単位に分割された軍隊は、彼の機動性に富んだ戦略に適していた。任務を区分することで適応力が増した。第二次世界大戦以降どの軍隊も、軍事技術の向上や通信技術の改良やとりわけ、融通性のあるシステムの開発により、柔軟性と機動性をもたせようとする傾向にある。企業もまた、同じく順応性のある組織づくりの方向に向かっている。ハーバード大学のアルフレッド・D・チャンドラーは、その名著『経営戦略と組織』のなかで、シアーズ、デュポン、GE、ゼネラル・モーターズなどの超大企業で採用している組織機構は、経済界の変化に対応した結果である、と説明している。新しい生産ラインが開発されると、組織を分散・分割し、戦略に合わせた機構に修正する。ポール・ローレンスとジェイ・ローシュとが『組織と環境』という著書のなかで解説し、広く知られるようになった調査でも、チャンドラーとほとんど同じ結論に達している。とくに変化が早くて、しかも、それが著しい場合は、成功している企業は経済や市場の実情に合わせて、競争相手よりもすぐれた機構を開発している。

効率的な組織は必ず、次の三つの要件を備えている。

（1）戦略目標の決定

組織は目標のために働く。目標がなければ無秩序が支配し、どんなすぐれた組織形態も他のいい加減な組織と同じになってしまう。目標の変化につれて組織機構も変えるべきである。

（2）機構の設定

（3）資力の配分

企業やグループの規模の大小にかかわらず、定期的に足を止め、自社の組織について次の質問を問い直してみることが大切である。

・社内やグループ内のどの部も「絶対的」目標を達成するのに本当に必要不可欠な存在だろうか。
・この組織はどのような活動を得意としているのか。不得手なのは何か。
・各部が組織全体のために働く場合に、他の部の役割と大幅に重複してはいないか。
・コストがかさむのはどこか。どこで切り詰めたらよいのか。
・各部と全体との調整はとれているのか。

・各部は環境の変化に、それが急激な変化でも、対応できるだけの順応性があるのか。まったく予測していなかった変化でも大丈夫なのか。
・各部は人材、資金、資材、設備などを有効に活用しているのか。
・最後に最も重要な質問、「なぜ、現在のような組織にしてあるのか。」

大のなかに小を求める

この処方箋7の冒頭に掲げた「戦いに勝つのは大きな軍隊ではなくて、優秀な軍隊である」という格言は軍隊の教官が教える教訓である。大きさを抑制することは、他の二、三の要点にも増して肝要である。戦力が勝っていることと数の上で勝っていることとはなんら関係がない。千人いれば当然、一人に勝てるだろうが、たとえ相手が百人でも勝つのに千人は要らないだろう。処方箋2では、百万人を率いるダリウス王が、およそ四万七千の軍勢しかもたないアレキサンダー大王に敗れたことを述べた。また処方箋3では、歴史上の多くの天下分け目の合戦では、勝った側の軍勢の方が負けた側よりも少なかったことを知った。戦力の経済性の原則に照らしてみると、その理由は次のように説明できる。数の上で劣っていた勝者は必要な場所に全軍を集めたのに対して、数が上回っていた敗者はその軍勢を薄く広く分散していたために敗北を喫したのだ。

超大企業も大軍勢と同じく、必ずしも見かけほど恐るるには足りない。組織が巨大で扱いにくい、管理者が最終目標をはっきり捉えにくい、各部門の働きをうまく調整できない、市場の変化への対応が遅い、往々にして維持費が膨大にかさむ――以上のような大企業の欠点はどれもよく引き合いに出されている。

企業を含めてあらゆる社会システムは、本質的に大きくなろうとする傾向がある。すぐれた企業では、ただ意味もなく膨れ上がってしまう傾向に歯止めをかけている。刈り込み――仕事とスタッフの――は、「戦力の経済性」を高めようと努める経営者にとって、まず最初に、手をつけるべき仕事となることが多い。本書のなかで最初に出てきた刈り込みの仕事は、ギデオンが九千七百人を首にして、選りすぐった三百人の最強の戦士による精鋭部隊を指揮した時のことである。

塗料専門のシャーウィン・ウィリアムズ社やアライド・プロダクト社、農機具を扱うキャタピラー社は、ぜい肉を落とすために刈り込みをした企業の二、三の例にすぎない。ガルフ&ウェスタン社も同じ理由から目下再編成にとりかかっている超大企業の一例である。ITTは八十五にのぼる子会社を整理した。GE、R・J・レイノルズ、グッドリッチ、RCA、テキサコ、ベアトリス、コンチネンタル・グループ、ダウ・ケミカル、デュポン、ユナイテッド・テクノロジー、モービルなどはそれぞれこの数年間に、相当額を出費していた関連事業を手放した大企業の例である。

一九八五年にアトランティック・リッチフィールド社は、ミシシッピ以東にあるARCOのガソリンスタンドを含めて、利益の上がらない資産を十億ドル以上整理した結果、「辛うじて、損益分岐点を維持することができる」ようになった。グレイハウンド社のジョン・ティアーズ会長は、コングロマリットの資産を三億ドル以上売却している。

チンギス・ハンは分割できる軍隊を、十三世紀にアジアで創設した。フランス人は一七六〇年代にヨーロッパで、分隊の形式を考案した。その理由は、企業が組織を分割した理由と同じである。分隊のシステムによって、戦場に堅固な前線を築く一大軍団の時代は終わりを告げた。司令官の指揮下にあって、増援隊が到着するまでの間、敵に対抗して自主的に戦える戦力のある分隊の出現は、これまでの「一団」となった旧来の組織のもとでは不可能だった新たな適応力や機動力を新たに軍隊に与えた。

ナポレオンが皇帝になった手はじめの命令は、軍隊の組織を分割の方針に沿って変革することだった。

ナポレオンは分割可能な機構の発案者ではないが、彼はその機構をそれまで誰も考え及ばなかったほど有効に活用した。フランスの司令官はそれまで、かれこれ四分の三世紀近くも分隊のシステムを採用してきたが、ナポレオンは各分隊を、必要な要件をすべて備えた半独立・半自治的な部隊に仕立てあげることによって、このシステムを本来、どのように活用すべきかをはじめて示した。一八〇〇年の戦役が勃発すると、彼は二つか、三つの分隊を一つの部隊に編成して中将の指揮下におき、両翼と中央に配する他、予備軍とした。この分割機構は、シアーズの企業戦略を容易に進めたのと同じように、ナポレオンの戦略を可能にする秘密兵器となった。ナポレオンの分隊は、ゆっくりとしか前進できない厄介な大部隊と違って、個別の前線でそれぞれ縦隊を組んで前進できる、というメリットがあった。分隊なら、速やかに移動したり、ぱっと散開したりできるし、集合地点にもすばやく集結することも可能だ。

企業戦略の評論家は、「どうしたことか、組織づくりは戦略の設定に遅れをとっている。機構の改革は戦略の変更を進めるための手段として散発的に行なわれるだけで、既存の組織が新たな戦略の実施を実際に遅らせてしまうことが多い」と指摘している。ナポレオンは組織に合わない戦略につきものの危険性を見抜き、分隊を改良した。

大企業は、企業戦略の実施に最適の基本システムとして、融通性のある分割形式の新しい利用法を開発している。各社の戦略に合わせて、半自治的な小さな事業部に分割している企業が多い。

たとえば、ジョンソン&ジョンソンは十年前には八十の部であったが、現在では、百五十に増えている。アクメ・クリーブランド社は以前は五つだったプロフィット・センターを二十に増やし、今後も増やすつもりである。世界最大の石油会社、エクソンは、一九八六年に管理職を減らして決済のスピード化をはかるとともに、従業員総数を減らすための一大プログラムに着手した。

❖戦士と兵士

戦士と兵士との相違点はたくさんある。戦士は一匹狼で寄りつきがたい個人主義者である。また、多方面の知識をもつゼネラリストであって、スペシャリストではない。一人で作業をする人や個人の事業主などがこれにあたる。自分で時間の使い方や仕事の優先順位を決めなくてはならないが、組織に縛られることはない。

ところが、二人の戦士が協力して働くことに同意し、全体の都合に個人の行動を従わせるようになると――たとえば、「あなたは人づき合いがうまいから販売を担当して下さい。私が機械の操作を受け持つから」ということになっただけでも――その途端に組織が生まれ、「戦士」は「兵士」に変わる。それでうまくいくと他の兵士を雇い入れ、さらに組織が大きくなる。そうなると、分業で仕事をすることになり、歩兵、熟練した砲手、後方支援専門の兵士とかを増やし、企業で言えば、プランナー、セールスマン、マーケティング担当者、マネージャーなど、それぞれの専門の「兵士」を採用するようになる。兵士にはそれぞれ一定の権限と担当分野が与えられる。そしてやがては、ＧＭやエクソンにまで育つのだ。

職業の専門化や分業が企業や軍隊にすばらしい成果をもたらしたことは否定できない。専門化が進んでいないことは特殊な機械がないのと同じく、発達の程度が低い証拠である。その反面、職務の幅が余り狭くなりすぎると生産性が落ちてくる。

問題なのは、専門化が進みすぎると経営者は、兵士よりも戦士の方が戦闘員としてはすぐれていることを見落としがちな点である。戦士の方が力量も上で、多才である。特殊な専門分野では、それ専門の兵士には及ばないにしても、その他のあらゆる戦闘技術にかけては兵士よりはるかに長けている。

専門化をどこまでも推し進めようとする考え方は、たいていの人間は特定の職業に向く特別な才能をもっているものだ、という信念に裏打ちされている。この考え方では、大概の人はいくつもの職業に適応できる無限に近い能力があり、自分のこれまでの仕事と掛離れた仕事でも覚えてマスターし、複数の分野で見事な成果を上げることができる、という事実がすっかり忘れ去られている。才能の開発についてのベンジャミン・S・ブルームの研究は、「天才はただ一つの分野に秀でている」とする、一般的な誤った考え方を正そうとした。この研究でこのような考え方がまったくの誤りであったことがわかった。一般に天才は数多くの分野の才能に恵まれているものだ。

私はこのことを、ミシガン大学の労使関係研究所で研究チームの顧問をしていた時に学んだ。研究テーマだった「組織の生産性」が高まると、各職域の境界線が不明確になり、職務が重複する「ロール・オーバーラップ」(役割の複合化)が助長されることがわかった。たとえば、サリーは顧客関係のスペシャリストでビルは販売員であるのに、時にはサリーも売り場に立つし、ビルも顧客関係の仕事をすることがある。つまり、二人とも多才な戦士なのだ。生産性の低い組織ではこのようなことはしていない。スタッフは各自の特定の職域の枠内にできるだけ止まろうとする。

日本人は、生産技術の進歩・危機・競争相手の動きなど周囲の変化にすばやく対応できることで有名である。その上、「ロール・オーバーラップ」の面でも同じく名を馳せている。日本では特殊なスペシャリスト(兵士)よりむしろゼネラリスト(戦士)として人を使う傾向がある。プロクター&ギャンブル(P&G)は「ロール・オーバーラップ」によって利益を上げている。セールスマンが電話をかける時には、自分の部で扱うトイレットペーパーばかりでなく、他のP&Gの紙製品も売り込むのだ。こうすることによって会社は、セールスの手間をおよそ二パーセント、ないし、四パーセント省いている。

「兵士」よりも「戦士」を雇うことは、重点部署に使う「戦力の経済性」の原則に直接効果を及ぼす。複数の仕事をこなせる社員は、重点部署にいつでも移せるようにしておくのが賢明だろう。勝つ側は負ける側よりも多くの弾丸を集中的に使う。火力量がすべてを決するのだ。したがって軍隊では、コックまでが射撃訓練を受ける。コックが呼び出されて自分のライフルを射つようなことにはよもやなるまいが、万一の時には撃てるようにしておくのだ。

予備軍を使う

……決定的な時機に備えて、決め手となる部隊を温存せよ。

――クラウゼヴィッツ

一九四四年八月六日、ノルマンディ侵攻を控えてあと二ヶ月という日に、その当日戦死した兵隊の代わりに戦うためのアメリカ予備隊の総数は一人だった。たった一人である。これと同じ立場にあることに気づいている企業も多いだろう。

予備軍の目的は、戦闘がはじまっている戦線に馳せ参じることである。フェルディナン・フォッシュは予備軍のことを、成功しそうな特定の作戦――決め手となる攻撃――を遂行するために、〝大切にしまっておいた棍棒〟と呼んでいた。スパルタ人は紀元前四二二年には、増援隊は敵にとって現在交戦している軍勢よりも恐るべき存在となることに気づいていた。

司令官は戦闘の前に予備軍を選抜し、決定的な時点まで後方に控えさせておくのが普通である。企業もこれと同じく「万一の場合」――こちらの攻勢が阻止された時、相手の攻撃を防がなくてはならない時、ビジネスの条件が変わった時――に備えて、特定のグループや社員を予備軍として選任しておけばよい。一九七〇年代に日立では、情報ビジネスの分野に予備の技術者を必要としたが、数ある製造部門の一部から技術者を配置転換させただけですんだ。一九八六年、松下電器も人事の再編成を試みた。従来のエレクトロニクスや家庭電気製品から、将来性のある半導体やプラント・オートメーションやOA機器への転換をはかるため、松下では四十人の中年の技術者をセールス・エンジニアに転向させた。仕事を下請けに出したり、臨時の派遣社員を使うことも、予備軍の利用例である。ヒューレット・パッカード社は忙しい時期には、技術者やプログラマーや熟練工を臨時契約で雇っている。ジョン・ハンコック社では殺到する仕事を臨時の従業員に頼っている。企業が臨時社員を使う傾向は明らかに増えている。平日には、全体で七十万人が臨時の仕事に就いている。一九七五年にはこの数は一八万六千人だった。

❖人材育成

自分の喉の渇きを癒すように、部下の望みも満たしてやるべきだ。

——武田信玄

「戦力の経済性」という戦争原理は味方の戦力に大きく貢献するが、この原理はまた、管理者の問題とも関わってくる。その管理者の社内での役割がどのようなものであろうとも、社内の一部署をあずかる管理者は軍隊の司令官と同じく、今すぐにでも勝てる用意のあるグループを育成しなくてはならない。企業戦略にはそれにぴったり合ったシステムが伴うべきで、戦略とシステムとの結びつきを支えるには適切な責任者を決めて、その管轄下に戦略を遂行するために育成した部下を配することが必要である。管理者の訓練と養成を含めて「人材育成」（ＨＲＤ）の問題はどの面から見ても、「戦力の経済性」の原則と絡んでくる。

従来の管理者訓練では管理能力の強化を目的としていた。一般に訓練コースには、会議の司会、作業の単純化、速読と理解、品質管理、人事、報告書と手紙の書き方などが含まれている。多くの企業ではこのようにずらりと並んだ講座の一覧表に疑問を感じ、幹部社員の養成を企業戦略に直接結びつけるよう努めている。ゼネラル・フーズ、ゼロックス、百貨店連合、モトローラなどでは、管理能力を高めるための訓練を重視するこれまでの方針を転換して、企業戦略を実行に移して、これを成功させるための特別訓練コースに重きをおくようになっている。

哲学者のウィリアム・ジェームズは一九〇六年に「世の人々は、……国の宝は何よりもまず、その国に住んでいる多数のすぐれた人間だということに気づきはじめたばかりである」と述べている。現代の企業についても同じことが言える。企業も軍隊もすべて、競って才能ある人物を求め、その人物を使って競い合うのだ。クラウゼヴィッツはその著書『戦争論』のなかで、「……戦略には新たな努力と粘り強い行動とが必要で、とりわけ、最後に成功をかち得るための主要な手段として特に忘れてはならないのは、絶えず新たな戦力を開発することである」と述べ、戦略活動を続行する主な方法は新たな人材の育成にあることを指摘して、人材の育成と戦略の成功とを結びつけている。

「人間の性格」を理解するのはむずかしい

部下の能力をフルに活用することも管理者の仕事である。それだけの力量がない人や性格的に向いていない人にその仕事を頼むのは明らかに無謀である。生理学的、もしくは、解剖学的には人間はみな似通っている。一人一人の違いが目立つのは心理学や心の領域である。

それまで文明人が誰も暮らしたことのない北極点に近い地点で、孤絶した生活を試みようとして一八八一年八月、レディ・フランクリン湾にキャンプを設営した二十三人のアメリカ軍人と二人のエスキモーの話は、人間の性格の違いを最も端的にあらわにしている。

この探検隊はA・W・グリーレー陸軍中尉の指揮のもとで、一年か、二年後に救助艇が連れ戻しにくるのを待つことになっていた。ところが厳しい冬が続いて海面が厚い氷で閉ざされ、救出作戦は二度共失敗に終わった。隊員が団結しなければ、死が待っている。隊員は一年目はずっとまともな精神状態で、二年目に入っても時折不眠、いらだち、憂鬱、倦怠感などに陥ることはあっても、まだかなり節度を保っていた。厳しい統制のもとに上下関係が守られ、隊員を鼓舞するためにクラスも編成された。食糧は十分あり、友情がみなぎっていた。隊員の士気に最初の亀裂が生じたのは、グリーレー中尉が浅はかにも許可なくキャンプから五百ヤード以上離れることを隊員に禁じた時だった。グループの士気と団結の骨組みにかすかな裂け目が現れたが、それもまだ大したことはなかった。

救助艇がやってくる兆しもないままに、二年目の八月が過ぎ去った。グリーレーはこれ以上待たずに、補給食糧が貯えてあるはずだったベースキャンプに移動する決定を下した。この時を境にグリーレーの探検隊には次々と災難が降りかかってきた。一八八四年六月二十二日にようやく救助された時には、生き残っていたのはたった七人で、しかも食べ物の不足が原因で、風で吹き倒されたテントが体の上にかぶさっているのをもち上げる体力も気力もないほど弱っていた。もう死ぬものと諦めていたのだ。そのうちの二人は救出後間もなく死亡し、五人だけが生還した。

死亡した二十人の大半は徐々に餓死したのだったが、銃殺された者も何人かあり、他の人の命を救おうとして死んだ人たちもいた。隊員の一人がもっていた日誌には隊員の一人一人が演じたさまざまな役割が記されている。

グリーレーは厳格な指揮官で隊員の肉体は支配したが、その支配は精神や忠誠心にまでは及ばなかった。ともかくも何人かの隊員が生き残れたのはグリーレーの功績ではなく、生還して後に準将になったデビット・Ｌ・ブレナード軍曹のおかげだった。ブレナードは最後までグリーレーを支持したが、グリーレーには欠けていた人間的な暖かみや思慮分別をもち合わせていた。彼は精神的打撃を和らげ、救いの手を差し延べ、落ち込んでいる隊員を元気づけた。肉体的には一番頑健だったわけではなく、また、必ずしも最も勇敢だったわけでもないが、思いやりがあり、不屈の精神の持ち主だった。

キャンプの医者は経験豊富で教養もあり、隊員ともうまくやっていけるというので、とくにこの任務に抜擢されたのだが、試練のもとでは、一番身勝手な利己主義者になり果てた。餓死しなかったとしたら、おそらくグリーレーに処刑されていただろう。エンズは純朴なエスキモーで誰よりも慎み深かった。彼は救出の使命を果たそうとして死んだ。他の隊員のなかには自分よりも弱っている隊員をいたわることをせず、義務や規律をまったく守らない者もいた。彼らは罵ったり、欺いたり、奪ったり、他の隊員を殺そうとして武器を盗むことさえした。そうして、乱暴を繰り返したあげく銃殺刑に処せられた。

しかし、たとえ一日でも長く生き延びたいという自己保存の衝動がどんなに強くても、大多数の隊員は人間としての威厳と誇りを失うことはなかった。一兵卒のシュナイダーは、自分の誠実さを気にかけるあまり、餓死する寸前に次のように記したノートを残した。「たとえ私が最近、この地で不誠実なことをしたと訴えられるようなことがあっても、私はここに臨終の言葉として、私がした唯一の不誠実な行為は、自分のアザラシの革のブーツとズボンの一部を食べてしまっただけだと言い遺すことができる」と。

また、別の兵卒のフレデリックスは、最初の年は粗暴で邪険な男だったが、状況が悪化するにつれて実に立派な人間に変わった。彼は、体が弱ってぐったりしたりぼうっとしている人たちの心の支えになり、倒れた仲間を助け慰めた。ロックウッド少尉ははじめのうちは力強く毅然としていたが、最後にはすっかり意気消沈してしまった。ガードナー軍曹は自分の食事の残りを誰であれ、もっと必要としていると思う人に分け与えた。一兵卒のウィスラーは、ベーコンを二、三片くすねたことを許してくれるように頼みながら死んでいった。一兵卒のベンダーは、代わる代わるに、英雄になったかと思うとならず者になった。

なかでも一番勇敢で高潔だったのはライス軍曹である。彼の精神は決してくじけず、態度は清廉潔白で不屈の意思をもっていた。彼は次から次へと無私の英雄的行為を成し遂げ、そして、最後に仲間たちのために、吹雪をついて隠匿場所にアザラシの肉を取りに行くという決死の任務を果たそうとして凍死した。彼が死んだ時、傍らにいた兵卒のフレデリックスはライスと別れる時の模様をこう記している。「私は、死んだ仲間に対する心からの敬意と感謝を込めてかがみこんで遺体に接吻してから、極北の凄まじい風が吹きすさぶなかに遺体を残して立ち去った」と。

これがアメリカ特別探検隊の顚末記である。どんな共同体も直面したことのない苛酷な条件に耐えざるを得なかったことは明らかである。それでもなお、このチームは何年間もともに働くうちに隊員の一人一人が実にさまざまな性格を露呈したという点で真に人間らしいチームだった、と言えよう。典型的な権威主義の支配者だった、グリーレーの右腕として動いていた人物として、これもまた、別の一典型を示しているブレナードがいた。その一方では、寛大で公正で、しかも、有能な管理者と忠実で勤勉で意気盛んな隊員たちがいた。そのなかには仲間に尊敬された者もいたし、愛された者までいた。また、度々の試練をくぐり抜けるうちに真の意味での偉大さを身につけた者もいた。そうかと思うと、怠け者、規律を乱す者、士気を阻喪させる者、グループへの忠誠心をかけらももたない者など――「わが身が大事だ、他人のことなど知っちゃあいない」という手合もいた。その他にも、悪かった者がよくなったり、はじめは機嫌がよかったのがだんだん気難しくなったり、時によって善玉になったり、悪玉になったり、といったように、豹変した連中もいた。

能力や行動パターンの個人差を知る必要性は、文明に先立つ大昔の共同作業にまでさかのぼる。旧石器時代の洞窟人が何人かで組んで、夕食のために猛獣を仕留めようとする際には、オプーはデルフよりも巧みな棍棒の使い手だが、デルフは獲物の跡をつけるのがセンフよりうまいし、策を練るにはセンフは一族のなかで随一だ、というようなことがすべてわかっていたに違いない。カルデア人は、人を雇う際には生年月日による運命——天宮図——にもとづいて決めていたし、十九世紀に至るまでの長きにわたって、骨相学による人物評価を広く行なっていた。骨相学では、頭蓋骨の頭相を調べて、その人の性格や気質や行動パターンを客観的に鑑定する。中国では、官吏の選抜や昇進の決め手となるのは主として書く能力だった。ベジティウスは、新たに補充兵を選ぶ時には目つきの鋭い男を探すべきだ、と言っている。

何も頭蓋骨を触ってみなくても、人の性格はちゃんと判断できると考えるのが普通だろう。それなりの経験や常識があれば、ほとんどのマネージャーはどこの部が他の部より多くの業績をあげそうか、どの社員が一番のやり手で一番びりは誰かということ、をかなり正確に予測できるものだ。たとえば、メアリーは毎日ビルの五割増しの仕事をやってのけることもわかるし、新しいプロジェクトのために、独創的なアイデアが必要な時にはハリーがあてにできるとか、他人とうまくやっていける人が欲しいならチャーリーが最適だ、ということもわかる。自分の部下をよく知って、その能力を的確に査定できれば、人が驚いて目を見張るほど巧みに適任者を選任することができよう。一例をあげると、イギリスの内閣がラングーン攻略のために、ビルマへの軍隊派遣を考えていた時、誰が司令官として最適か、をウェリントン公爵に尋ねた。「コンバーミア卿を派遣したまえ」と卿は答えた。

「畏れながら、確か閣下はいつもコンバーミア卿は愚か者だと仰せられていたと思いますが……」と政府の役人は聞き返した。

「いかにも、あれは愚か者だ。度し難い愚か者だが、あの男ならラングーンを落とせるだろう」というのがウェリントン卿の答えだった。

しかし、人間の性質を理解するのはまことに厄介で、とりわけ、いざという時に人は何をしでかすやらわかったものではない、という見方を支持する報告も非常に多い。たとえば、グリーレーの探険隊の医者は、とくに、隊員と折り合いよくやっていく能力があるという理由で選ばれたのだった。ところが、次々と事件が起こるにつれて、彼には思いやりの心がまったく欠けていることがわかった。一九一八年の二回目のル・キャトーの合戦の時のことだが、イギリス歩兵連隊の指揮官は、この部隊は疲れ切っていて二度と再び戦えまい、と考えていた。ところが騎兵隊が攻撃にかかろうとして通りかかると、上官の予想に反し、歩兵は立ち上がって威勢よく前進をはじめた。

その人が将来どんな仕事をするか予測したい時、何を目安にするだろうか? おそらく、まずはじめに、その人がこれまでやってきたことに目をつけるだろう――その結果は、人は境遇が変わると奮い立つこともあるのだということがわかるにすぎない。フリードリッヒ大王は皇太子の頃、詩と園芸に熱中していた。ところが、一七四〇年にプロシアの王位につくと「優雅な趣味」を止め、突然、世界でも屈指の偉大な戦士に変身し、ひたすら強大なプロシアを築き上げることに没頭してみんなを驚かせた。シェークスピアの『ヘンリー五世』という戯曲は、人をその過去から判断するのは、薄氷を踏むように危ういということを思い起こさせてくれる。無能な皇太子だったヘンリーは立派な王になったのだ。

第二次世界大戦中の戦闘について調査したところ、訓練中は怠け者で乱暴でいつも手に負えなかった兵隊が、戦場では規律正しい優秀な戦闘員に変わった例がどの隊でも続々とでてきた。彼らは戦闘が終わると例外なくまた、元のずぼらな兵隊に戻ってしまう。戦闘中は立派でも、訓練中はひどいものだった。この事実はいつも私に、多数のセールスマンを養成した時のことを思い出させる。以前マネージャーが私に向かって、あの男は成績のよいセールスマンではあるけれども、レポートを提出するのも遅いし、規則は曲げるし、扱いにくくて頭痛の種だ、とこぼしていたが、その男こそが当人であることが珍しくなかった。

仕事のことでいつもぼやいている人はあまりやり手ではない、と考えがちであるが、大きな保険会社と電気器具工場での調査によると、最も腕のよい社員はあまり働きのない社員に比べて、会社の方針を批判することがかなり多いことがわかった。

学校での成績にもとづいてその人の管理能力を予測することが多いが、果たして正しいだろうか？そ れは誤りだ、とする人が日増しに増えている。たとえば、『ハーバード・ビジネス・レビュー』誌に掲載されている「学歴の高いマネージャーの神話」と題する記事のなかで、J・スターリング・リビングストンは、これほど多くのＭＢＡ（経営学修士）の資格を有するマネージャーが「昇進を阻まれ」、その一方、それほど学歴のない人が経営のトップにまでのし上がることが多い理由を説き明かそうと試みている。彼は、取得した単位の数や成績表の平均点や出席していた経営学の講座などの教育上の成果は、その人の管理能力を予測する物差しにはならない、と断言している。そして、経営者の座にまでのぼりつめるのは教育の場では教えてもらえない技能を身につけた人たちで、学歴の高い人にはその種の技能を習得するのはむずかしいとさえ言える、との結論を下している。

学校の成績は、誰がその仕事を上手にむらなく仕上げるかを判定する材料として引き合いに出される一種の信用証明書である。その他に従来の信用証明のシステムとしては、これと似たようなタイプの再評価が行なわれてきた。独創的で革新的な仕事を成し遂げるのはどういう人なのだろうか？　ポラロイドカメラを発明した、エドウィン・Ｈ・ランドによれば、必ずしも最高学歴（彼自身も学校を卒業前に中退している）の人やＩＱが最高の人とは限らない。「自分より頭がよくて、学歴も高く、ずっと厳しい訓練を受けてはいるものの、従来の知識を新鮮で曇りのない目で眺める術をマスターしていない友人や仕事仲間の思考回路から抜け出せた者が、新しい発見を成し遂げるのだ」とランドは語っている。

天宮図も、頭蓋骨も、鋭い目も、訓練での卓越した成績も、文句を言う度合も、学校の成績も、知能指数も、必ずしもその人の将来性を占う材料になるとは限らないならば、どうすればよいのだろうか？　将来の業績を占う目安として何を使えばよいのだろう？　また、マネージャーは自分の部下に実際、何を教え込みたいと願っているのだろうか？　軍隊の歴史を注意深く見ると、最も的を射た唯一の要件はその人自身が独自に身につけている能力、すなわち、「射撃と行動の習慣」である。それは人によってかなり異なるが、すぐれたリーダーシップがあれば伸ばすことも可能である。

射撃と行動の習慣のある人を探し出し、前進、発射させる

ベル＆ハウエル社のドキュメイルが率いる部門は、たった四ヶ月の間にアメリカ郵便サービス（USPS）向けの高性能の選別機を完成させた。これを設計し、組立ててつくり上げるには、並の会社なら一年はかかっただろう。この会社は社員を郵便局に派遣し、十一週間の間、週五日半、一日二十一時間も働かせて、USPSからまた、もう一つの契約を勝ち取った。ベル＆ハウエル社は期日を違えず、USPSに機械を納入した唯一の会社だった。ドキュメイルは大西洋を挟んでひしめく数多くの競争相手よりも懸命に働くことによって勝ったのだ。

戦争の場合には、前進して銃撃した側が勝利を収める。軍隊では、射撃の習慣のある兵隊は命中率を高めようとして必然的に前方の地面に注目している。優秀な部隊はいつでも行動を起こせる態勢をとっている。ビジネス競争ではどちらの側が、射撃の腕と行動力とを兼ね備えた、生産性の高い優秀な人材を抱えているか、が勝負の決め手となる場合が多い。生産性の高さが攻撃用の武器となるのだ。どちら

も同じであることは絶対にあり得ない。

「前進」と「射撃」とは、攻撃作戦（処方箋４）や戦力の集中（処方箋３）の原則と同じものだが、両方とも個人レベルの問題である。軍隊と同じく企業でも、社員がその気にならない限り攻撃にはかかれないし、一インチたりとも前進することはできない。どんな企業でも労使双方が努力を集中して「銃撃」しない限り、集中競争に勝つ見込みは露ほどもない。戦争の場合にも同じことが言える。歩兵部隊が敵と交戦する時、八十五パーセントの兵は銃をまったく発射しないか、上官が厳しく目を光らせている時だけ、発射するか、のいずれかだ。いつでもどこでも、どの陸軍のどの隊でも、発射する習慣をもっているのは十五パーセントの隊員にすぎない。空軍の場合にはこの比率はもっと低くなる。撃墜された敵機の半数は、たった五パーセントの戦闘機のパイロットが撃墜したもので、残りの半数を九十五パーセントのパイロットで撃墜している。ビジネス戦争の場合も事態はそれほどひどく違っているわけではない。受けた注文の八十パーセントは二十パーセントのセールスマンが取ってきたものだ、という会社は枚挙にいとまがない。一部の職種ではセールスマンの九十パーセントは商談をまとめようともせず、注文取りに出掛けようともしていない。エスキモーの戦いでは、一方が戦いを中止したい時には、合図として毛皮の上着を棹の先に掲げさえすればよいことになっている。企業の生産性の低下についての報告は、ビジネス戦争の場合にも、やはり射撃する人に対して射撃しない人の割合が高く、棹の先にたくさんの毛皮の上着が掲げられていることを暗示している。

同じタイプの仕事をしているグループ同士を注意して比べて見さえすれば、最優秀のグループは最下位のグループの二倍から十倍の業績をあげていることがわかる。これは驚くべき統計だと思うが、この数字をマネージャーに示すと、「なるほど…」という答えが返ってくることが多い。彼らは、自分のスタッフのなかには他のスタッフに比べて、もっと大きな差をつける者もいる、と断言している。このような大きな開きはどの職種にも見られる。仕事のペースに関する調査によって、大部分の人間に適した「平均的」ペースを設定するのは無理だ、ということが明らかにされた。仕事のペースは指紋のように一人一人違っている。攻撃志向や前進行動の個人差もまた、疑いもなく生まれつきのものである。フォックス・テリア型やビーグル犬型のマネージャーや社員がいる、ということだ。犬の品種としてはビーグルの方が大きいが、戦うにはフォックス・テリアの方が向いている。同じ日に生まれたビーグルとフォックス・テリアの一腹の子犬を半々に混ぜ合わせてまったく同じやり方で育てると、四ヶ月もたたないうちに一番小さいビーグルでも一番大きいフォックス・テリアより大きく育つ。それでもビーグルとテリアとで一本の骨の奪い合いをさせると、ほとんど例外なく小さい方のテリアが骨を奪い取る。ビーグルとまったく同じ月齢で寸分も違わぬ方法で育てられたにもかかわらず、テリアの方が小さくても攻撃的に育つのだ。

最も有能な管理者は、おそらくビーグル型の社員がビーグルになりたがっていることを察知してビーグル向きの仕事を見つけてやり、フォックス・テリア型の社員にはまた、それにふさわしい仕事を与えるはずである。ロスチャイルド家の始祖、メイヤー・ロスチャイルドはそういうタイプの管理者だった。彼には四人の息子がいたが、能力も性格もそれぞれ大きく異なっていた。彼は息子たちの短所を気に病むことはせず、その必要に迫られるとそれぞれの力量に見合った地位に就けた。

ネイサンは一番有能、かつ、勇敢で、その上、逞しく、積極的だった。彼の性格にぴったりなのは、手ごわく抜目のないビジネスマンが権謀術数に明け暮れている〝ロンドン〟である。ジェームズは策謀をめぐらして成功し、何年にもわたって一族の政治的戦略家の役目を果していた。彼に最適の地は、ビジネスと政治とが入り交じって陰謀の網を張っている〝パリ〟である。三男のソロモンは、その上品な物腰と魅力的な人柄が貴族社会に向いていると考えて〝ウィーン〟に振り向けた。アムシェルは、〝フランクフルト〟に任命した。ここは経済の中心地ではあっても競争はさほど苛酷でないので、勤勉だが、生彩を欠く彼の生活態度が一番有利に働きそうだった。

積極性があるというのは、言い換えると動機が与えられているということになる。射撃の習慣にこれほど幅広い個人差があることを説明する上で、「動機づけ」は最も有力な要件である。それ以外の個人差の要素がすべて一定ならば、「動機づけ」の効果は決定的になる。知能指数の等しいメンバーをもつ二つのグループに一つの問題を与えて解かせると、高い動機をもつメンバーの方が成績がよい――はるかによいのだ。

ベジティウスは「よい軍隊でも悪い軍隊でも、かかる費用は同じである」と記している。実際には駄目な社員の方が高くつく。ある製造会社では、労務費の二十一パーセントは製造工程でのミスを正すために使われる、と推定している。

いつでもその場にじっとしている理由を見つけて動こうとしない人がいる。アメリカ・インディアンのチョクトー族の勇士は戦いを避けたい時には、たとえば悪夢のような不吉な前兆を引き合いに出しさえすればよかった。不吉な夢を見たという理由でみんな一斉に故郷の村に引き返してしまうのだ。ビジネス戦争でも、チョクトー族の悪夢にあたるものが引き合いに出されて人を尻込みさせる。そのアイデアはあまりコストがかかりすぎるとか、会長の気にいらないだろうとか、労使間がまずくなる、などと意思決定者に思い込ませるのは、あまり勇敢でない勇士の悪夢の現代企業版と言えよう。

次に「行動力」と「射撃」についての名将の教訓を要約しておく。

・行動力と射撃の腕が抜群の者を先頭に立て、残りの者は後に続くよう配備すること。
・配下の実践部隊になにごとも気にかけない健全な気風を植えつけること。死をも気にかけない文化をもつ国は多々ある。アメリカ・インディアンは死ぬことをものともしない勇士を「逃げださない男」と呼んだ。彼らは戦うために戦場に赴くのであって、逃げだすためではない。そのような男たちのグループを「撤退しない集団」と称した。ビジネス戦争ではこのタイプの社員（男女）は、目標を達成したり仕事を進めたり、プロジェクトを実施したりすることだけを気にして、その結果、どうなるかということは気にも留めない。すっかりのめり込んでしまうのだ。彼らは決して諦めたり、逃げだしたりはしない。

・射撃の習慣をつけること。無意識にやれるようになるまで反復練習することで習慣が形づくられる。積極的な行動・射撃をしないような人はその逆の習慣が身についてしまったのだ。反復練習によって、それをよい習慣に変えてしまおうという考え方である。戦場で兵隊に、訓練中、一度も出会ったことのないような場面に遭遇させてはならない、というのは戦争の鉄則である。「平時によけい汗を流しておけば、それだけ戦時に血を流さずに済む」ということになる。「訓練」はビジネス戦争でのもう一つの競争なのだ。日本の社会が社員教育にアメリカの企業の五倍から七倍もの費用をかけるのはたんなる偶然ではない。フリードリッヒ大王のプロシア軍が優位に立てたのは、すぐれた教練の賜物である。プロシア兵は相手側の兵隊の二倍のスピードで小銃に弾を込めて発射することができた。

・昇進は内部から、という方針を貫くこと。この方針は士気と生産性の向上につながることが多い。

・現場を視察すること。一人一人の射撃の仕方を修正する作業に時間がかかっても、全員がきちんと行動し、射撃しているかどうか、を自分の目で確かめなさい。各自の仕事や役割について――たとえ数分間でも毎日――一人一人に話しかけて、励まし、力になってやれば、生産性は上がるだろう。

・行動しない原因を取り除くこと。アメリカ陸軍省は兵隊が銃を発射できない原因を五つあげている。

それらの原因はどれもみなビジネス戦争にもあてはまる。

（1）自分の銃とそれを扱う技術に自信がもてない場合。これは訓練によって解決できる。

（2）弾丸を死蔵している場合。ビジネスの場合には、時間の死蔵（今日できることを明日に延ばす）にあたる。「今日の千手（先手）は明日の万手」という考え方を浸透させること。

（3）戦う意思がない場合。社員はあまり安穏だととかく生気が乏しくなりがちである。各自の努力が直接収益につながること、収益のみが安穏を保証してくれること、会社がドルを稼げば稼ぐほどそれに応じて競争も激しくなることなどを教え込むこと。

（4）敵の報復を触発することを恐れて前線の平穏を願っている場合。一般的に言って、平穏を保とうとする側が負け、先に攻撃の火ぶたを切った方が勝つことをはっきり知らせること。

（5）陣地を明け渡す羽目になったり、銃火を誘う懸念がある場合。ビジネスでみんなが恐れるのは、たいていは上司や仲間の非難である。たんに波乱を呼びそうだからというだけの理由で、敢行すべき作戦を断念することがよくある。ビジネス戦争で銃火を誘う恐れとは、誰かの怒りを買う恐れということになる。ジョンソン・ワックス社（S・C・ジョンソン&サン）は日本人によって終身雇用制度が広く知られるようになるずっと以前から、このシステムを採用している。この会社では革新の妨げとなる障害を明らかにするための一つの調査を実施した。その結果、社員が誰かの怒りを買うのを恐れていることがわかった。同社のCEO（最高経営責任者）であるサミュエル・ジョンソンは「失敗して非難されることを恐れるあまり、みんな新しいアイデアを抱えたまま塹壕に身を潜めていたのだ」と語っている。

・地位よりも業務の遂行能力を重視すること。階級意識が強い軍隊や企業は最後にはうまくいかなくなることが多い。本当に信頼できる指導者は、必ずしも当然それを担当すべき立場にある、とみんなに思われている人物でなくても、その仕事に一番適した人を選ぶものだ。ジョージ・ミード少将がゲティスバーグで勝利を収めた主な理由は、一つには、ハンコック将軍を彼より年上だが能力の劣る将軍たちをさしおいて三個軍団を指揮する地位に抜擢するだけの度量があったからである。

・束縛を減らし、もっと自由にさせること。自分がことの成否の鍵を握っている、と信じている時の方が、支配権が誰か他の人の手にあると思っている時より、粘り強く仕事に取り組み、よい成果を上げることができる。

・志願兵制に重点をおくこと。志願兵は概して優秀な戦闘員になる可能性が高い。企業の場合にも同じことが言える。自ら進んでその仕事を買って出た人の方が立派に仕事を成し遂げるし、困難な問題にぶつかっても粘り強く解決しようと努力する。

・自分は認められている、という自信をもたせること。ローマ軍の兵士は個人的に認められていると信じていたからこそ必死で戦ったのだ。献身的な努力を引き出し、もっている技能をフルに発揮させるには、その人の狭い権限の範囲を越える課題を与えなさい。

・大きな仕事にチャレンジさせること。どうすればそんなに多くの優秀な人材を集められるのかと聞かれたプロクター＆ギャンブルのＣＥＯ、ジョン・スメイルは、「まあ、何りもまず、各自が今取り組んでいる仕事に楽しんでチャレンジできるように仕向けることが先決で、それがあってはじめて、できることでしょうな。才能のある連中は生れつき何かに挑戦せずにはいられないんだから……」と答えている。

・それもなるべく若いうちにチャレンジさせること。たとえば、ある調査によると、最初に経験した仕事が挑戦に値する技術を必要とする仕事だった場合には、その技術者はすばやく知識を吸収し、生涯にわたって高い能力を保ち、堅実に仕事をこなすようになる可能性が高いことがわかっている。

平凡な人間を非凡な人間に変える

自分の任務に精通すると兵士の勇気は高まり、すっかり習い覚えた、と確信していることを実行に移す機会をひたすら待ち望むようになる。

――ベジティウス

名将から得たあまたの卓見のうちでも、ひときわ抜きんでているのは、ごく「平凡な」部隊でも非凡な戦闘軍隊になれること、また、非凡になれるかどうかは兵卒ではなく、主として指揮官が何をするかにかかっている、という洞察である。松下幸之助は、パナソニックその他のナショナル製品のメーカーである、松下電器という強大な企業帝国の創始者であるが、「自分の役目は平凡な人間を非凡に変えることだ」と語った。彼はこの言葉を今から三百年も前に生きていた徳川家康という日本のサムライから借用している。

「平凡な人間が非凡な人間」に実際に変わることがあるのは疑う余地がない。『青年の才能を開発する』と題する書物は、三十五歳以前にさまざまな分野で高い業績をあげた百二十名の成人についての五年間にわたる調査研究にもとづいて書かれている。研究主任のベンジャミン・S・ブルームは、他の研究員と共に調査にとりかかった時点では、「高い業績をあげるのは〝立派な素質〟のある人で、後になってもそれほど成功しない人よりも生まれつき恵まれているという結果が出るものと理論上、想定していた」と語っている。ところが、ごく一般的なこの〝素質〟説は調査が進むにつれて、もちこたえられなくなった。素質よりもはるかに重要なのは、好ましい環境条件――励まし、支持、教育、訓練などの長期間にわたる熱心な働きかけ――だったのだ。どんな性質の人でもこのような環境条件が整わなければ、それぞれの分野で最高の能力を発揮することはできなかっただろう。

レベルの高い業績を維持することは、レベルが低い場合よりもさらにレベルを高める結果につながることもわかっている。目標はなるべく高く設定し、期待されていることを自覚させ、立派にやっていることを絶えず認めてやり、さらに、業績をあげるにはどうすればよいかについて助言することだ。

「平凡な人間を非凡に変える方法」については、いわゆる「自己達成感」が得られる見通しとか、「ピグマリオン効果」を与える必要がある、とする別の報告もある。この報告書は、人間には本質的に偉大な権威者によって掲げられた目標のレベルに近づこうとする傾きがあることを実証している。デュ・ピックは「どんなタイプの戦闘でも、二つの物質的戦力というよりはむしろ二つの精神的戦力が戦っているのだ」と言っている。前進しようと決意している側が勝利を手にする。そうは言っても、勝てる見込みがまるでなければ誰も進んで前進しようとは思わないだろう。成功の望みがなければ、努力する気にはなれないものだ、とデュ・ピックもつけ加えている。勝てそうだと思うからこそ前進するのだ。信頼できる調査結果によると、みんなが勝利への期待感を抱くのは多くの場合、管理者が勝利の予想を伝えた結果に他ならない。

期待感の威力をよく知っている人でさえ、それを百パーセント利用してはいない。一般に管理者が一人の社員か、せいぜい数人の作業グループに対して適用できるだけだ、と思われている。ところが実際には、たとえば、軍隊とか企業のような大規模な集団でも、たった一人のリーダーの期待感がそのグループ全体を、リーダーの期待の実現をめざす戦力に変えてしまうこともあるのだ。

攻撃型チームをつくりだす

・「思い切ってやってみることが大事なんだよ」とイーストマン・コダック社のコルビー・H・チャンドラー会長は語った。その後、彼はコダックの事業を個別のプロフィット・センターである十七の事業部に分割した。コダックの「新製品開発」戦略の一環として各事業部は、事実上、その部に対して、絶対の権限をもつ若手の管理職の管轄下におかれている。各事業部の目標は本来の写真の仕事から敢えて抜け出して、とくに、エレクトロニクスの分野へと、新しいコダックに脱皮する可能性を追求することにある。

・プロクター&ギャンブルのCEO、ジョン・スメイルは、全社レベルで各課から集めた特別なグループである「ビジネス・チーム」を編成した。これらのチームは、問題点を解決し新製品のアイデアを開発し、プランを用意する。

・一九八六年の「カー・オブ・ザ・イヤー」となった売れ足の速い新車、フォード「トーラス」は、フォードの経営陣が従来の組織機構を撤廃して「トーラス・チーム」を創設した結果、開発された。このプロジェクトに参加しているプランナー、デザイナー、エンジニア、製造工員などが一つの仕事を終えてから、次の仕事に取掛かるという従来の引き継ぎ方式に替えて、「トーラス・チーム」にはあらゆる部門の代表が同時に集められた。

・生命保険会社のシェナンドアでは、一枚の申し込み書を保険証書に作成するのに二十七日間もかかり、その事務処理に三十二人の事務員がかかりっきりでいること、が判明した。事務員をグループ別にわけて、五人から七人でチームを組んで全部の段階の事務を手掛けるようにしてからは、事務処理に要する期間はたった二日間に縮まり、サービスについての苦情は見事に消え失せた。

これらは、戦争や競争に勝つのは誰か、ということを説き明かす数多くの実例のうちのほんの一部にすぎない。「自己管理」型の言わば、半自治的チームの活用について調査した結果によると、このチーム方式を活用すれば、従来の組織形式に比べて三十パーセントから五十パーセントも生産性があがること、が明らかになった。その理由は？「たとえ技術がどんなに多くの物を変えようとも、どちらの側が勝ち、どちらが負けるかという問題の答えはいつも、絶対に変わらない唯一の物、すなわち、人の心のなかに見つかるはずだ」とデュ・ピックは語っている。勝利を勝ち取るための主要なポイントは「人の心」であって、戦略や戦術ではない。

競争に勝ち抜く才能のある名将や企業経営者たちが教えてくれる、勝つための教訓はどれもみな同じである。小さいグループが勝つ――一つの会社ではなくて、ともに働いて製品をつくったり問題を解決したりしている何十何百ものグループが勝つのだ。すなわち、「プロジェクト・チームの分隊」である。それでは共通の目的の下に集まった従業員はなぜ、力を尽くして努力するのだろうか？それは、彼らがお互いに知り合い信頼し合っていて、隣りあって働いている仲間の評価を下げたくない、と思うからだ。「勇敢な男が四人いてもお互いに見知らぬ者同士の場合には、敢えてライオンを仕留めようとはしないだろう。それほど勇敢でなくてもよく知り合っていて、確かに信頼できるし、お互いに助け合えるとなれば、決然と仕留めにかかるだろう」とデュ・ピックは言っている。要するに、それが働く人たちを組織する術なのだ。

訳者あとがき

現代の企業活動の源泉である、近代産業社会は十八世紀のイギリスの産業革命を起点として、欧州、さらに、日本等へグローバルに展開されてきた。近代産業社会は社会発展思想（社会進歩思想・社会進化思想・実証主義思想）と技術発展思想（分業思想・能率思想・合理化思想）等の産業主義思想を基本としているが、その根底の価値観は競争による社会発展という、「競争原理」である。「競争」によって、企業活動における生産現場における「労働生産性の向上」を推進するとともに、営業現場では、競争力のある商品の販売を通じて、他社との「競争的優位性」を確保していくことが重要となってきている。

二〇〇八年のリーマンショック以来、世界の経済活動や企業活動が長期低迷期を迎えている今、企業はグローバル化という荒波のなかで、企業活動の「競争的優位性」を獲得すべく、他社との激烈な戦いを強いられている、まさに、「グローバルなビジネス戦争」時代の到来と言ってもよいだろう。言い換えると、ビジネス戦争はまさに軍事戦争と言っても過言ではないだろう。その意味で、本書に登場してくる、ハンニバル、アレキサンダー大王、フリードリッヒ大王、ナポレオン等は歴史上の重要な戦争を勝ち抜いてきた、稀代の名将であり、すぐれた軍事戦略家からの教訓はきわめて示唆敵である。戦争の世界とビジネスの世界は相手との激烈な戦いを通じて雌雄を決するという点では同じである。こうした名将が歴史上の戦争を通じて得た、さまざまな「戦争・戦いからの教訓」は、現代のビジネス戦争においても有益な示唆を与えてくれる。どんなに時代が変遷しても、戦いの主役は人間である。人間はさまざまな経験を通じて得た成功と失敗を学ぶことによって、次なる戦いに備えるのである。本書は一九八九年にＴＢＳブリタニカ（現在は、阪急コミュニケーションズ）から刊行されたが、ビジネス戦争の戦略家である、企業のトップリーダや兵士たる、数多くのビジネスマンに愛読されてきた。

著者、デービッド・ロジャーズは『武士道』（原題“FIGHTING TO WIN”川勝久訳、ＴＢＳブリタニカ）では、日本の武士道から得たさまざまな教訓をビジネス戦争に勝つ実践的な指針として提示している。本書『古今の名将に学ぶ経営戦略』では、こうした考え方をさらに進めて、古今東西の名将の軍事戦略・戦術から得られたさまざまな教訓を七つの処方箋、①「リーダーシップを発揮せよ」（処方箋1）、②「目的を維持し、プランを調整せよ」（処方箋2）、③「決定的なポイントに主要な戦力を集中させせよ」（処方箋3）、④「攻撃側に立ち、機動力を維持せよ」（処方箋4）、⑤「抵抗が最も少ない方策に従え」（処方箋5）、⑥「防御を固めよ」（処方箋6）、⑦「全員に任務を全うさせせよ」（処方箋7）、に分け、アメリカの「ビジネス戦争」における実践的な事例を分析しながら、「ビジネス戦争に打ち勝つ方法」を読者にわかりやすく語りかけている。

一般に、こうした「ビジネス戦略書」は代表的な戦略家、たとえば、「孫子」「クラウゼヴィッツ」、「リデル・ハート」等の軍事戦略に即したビジネス戦略をマーケティング的視点からのみ取り上げていることが多い。しかし、本書はハンニバル、アレキサンダー大王、から、フリードリッヒ大王、ナポレオン等に至るまでの有名・無名のすぐれた軍事戦略家の実践的戦略・戦術から得た教訓を検討した上で、現代ビジネス戦争に役立つ「総合的・包括的戦略」をアメリカの「ビジネス戦争」の実例として、より実践的・具体的な教訓を示してくれている。また、戦争の基本的な八つの法則、（1）「目的」、（2）「集結」、（3）「攻撃態勢」、（4）「機動力」、（5）「奇襲」、（6）「防御」、（7）「戦力の経済性」、（8）「協力」、を取り上げた上で、その法則が歴史上、すぐれた将軍たちのどのような実践的戦略・戦術として成功・失敗したのかについて明らかにしている。「とりわけ、すぐれた名将の魂が法則の一つ一つに答えを出し、それを実際に行動に移していく過程がそこに見られるはずだ。……ハンニバルやフリードリッヒ大王やその他の人々が戦争で用いたのと同じ法則とアプローチをとり、会社の経営者はそれを応用することで同じように勝利を勝ち取ったのだ」（本書十一〜十二頁）という、著者の言葉に表されているように、歴史上のすぐれた将軍の表面的な戦略・戦術を扱っているのではなく、指導者としての将軍の精神力にまで分析を行うことによって、たんなる「技術的な戦略論」に終始していないところがもう一つの特長である。第三番目の特長は「競争のなかの競争」という著者独自の競争的視点を提示していることだ。著者によれば、「競争」には「対外（外なる敵）競争」と「対内（内なる敵）競争」とがあって、とりわけ、自社の戦略態勢を強化していく方策として「対内競争」こそが組織を活性化していくための方法であり、競争的優位に立つ戦略・戦術を産み出す源泉である、としていることだ。今日でも「競争原理」を効果的に活用することによって、企業活力を取り戻した例はいくつもある。歴史的な戦いにおいてもこうした方法がとられていることは傾聴に値することだ。第四番目としては、「個別的な差別化」（マイクロ・スペシャリゼーション）という要素で、これは企業のさまざまな個別の活動領域（小売業で言えば、商品選択から、広告・店舗デザイン等まで）を通じて、顧客の個別ニーズに対応した「差別化戦略」を集中化してくという考え方だ。アレキサンダー大王はこうした戦略を「主要な戦力の集中化」という形で実践し、戦いに勝利を収めた。「個性化」が一つの社会現象となっている現在、この「個別的な差別化戦略」は重要な企業戦略の一つである、と言えよう。

本書では、アメリカの巨大企業（GM・エクソン等）から、小さなゲリラ的企業まで数多くの「ビジネス戦争」の例が取り上げられているが、経済活動・企業活動のグローバル化の進行、あるいは、M&A（企業買収・合併）という戦略が「ビジネス戦争」の新たな要素となりつつある今日では、こうしたアメリカの「ビジネス戦争」から得る教訓、あるいは、歴史上の「軍事戦争」から得る教訓、はわが国の企業にとっても、グローバル化時代に対応した総合的な経営戦略の立案にはもちろんのこと、個別戦略としての「リーダーシップ論」・「人材開発論」・「組織論」・「経営企画論」・「マーケティング論」等の新しい展開を推進していく場合でも大いに役立つはずである。本書で取り上げられている企業は一九七〇年代～一九八〇年代の米国企業が多いが、その企業もグローバルなビジネス戦争によって、今では淘汰されている場合もあるが、そうした企業がなぜ、淘汰されたのか、ということを「反面教師」として参考にする意味でも本書は意義深いものである。

現代の熾烈なビジネス戦争という状況のなかで、総合的な観点からの経営戦略の指南書としての本書が企業の経営者・管理者・一般社員の方々の今後の企業戦略の展開に少しでもお役に立てば幸いである。なお、本書は一九八九年に刊行されたＴＢＳブリタニカ版の原稿を大幅に修正・加筆したものであることに留意していただきたい。

ご多忙のなか、本書の索引を手伝ってくれた、明海大学経済学部専任講師の岡村龍輝先生には心より御礼を申し上げたい。最後に、本書復刊の企画に賛同していただいた、ミネルヴァ書房・杉田啓三社長、並びに、本書の編集作業を丁寧にやっていただいた、編集部の東寿浩氏に感謝の意を表しておきたい。

二〇一三年一月十五日

松野　弘

古今の名将に学ぶ経営戦略
——グローバル・ビジネス戦争を勝ち抜くための七つの処方箋——

2013年3月30日　初版第1刷発行　〈検印省略〉

定価はカバーに
表示しています

訳　者　松　野　　弘
発行者　杉　田　啓　三
印刷者　江　戸　宏　介

発行所　株式会社　ミネルヴァ書房
607-8494 京都市山科区日ノ岡堤谷町1
電話代表（075）581-5191
振替口座 01020-0-8076

共同印刷工業・新生製本

ISBN978-4-623-06567-7
Printed in Japan

〈訳者紹介〉

松野　弘（まつの・ひろし）

千葉大学大学院人文社会科学研究科教授。博士（人間科学，早稲田大学）。千葉大学CSR研究センター長。千葉大学環境健康フィールド科学センター教授／予防医学センター教授も兼務。
1947年岡山県生まれ。早稲田大学第一文学部社会学専攻卒業。山梨学院大学経営情報学部助教授，日本大学文理学部教授・大学院文学研究科教授／大学院総合社会情報研究科教授等を経て，現職。東京農業大学客員教授，千葉商科大学大学院政策情報学研究科客員教授，新潟産業大学客員教授等を兼務。
日本社会学会，環境経済・政策学会，環境思想研究会，ソーシャル・マネジメント研究会，日本経営学会，企業と社会フォーラム（学会），ISA（The International Sociological Association），ASA（The American Sociological Association），AESS（Association for Environmental Studies and Sciences）等の学会所属。環境思想研究会代表，ソーシャル・マネジメント研究会会長，ソーシャルプロダクツ普及推進協会副会長，企業と社会フォーラム（学会）理事等。
専門領域は，環境思想論／環境社会論，産業社会論／CSR論・「企業と社会」論，地域社会論／まちづくり論。現代社会を思想・政策・マネジメントの視点から，多角的に分析し，さまざまな社会的課題解決のための方策を提示していくことを基本としている。
ビジネス関係の著作では，1991年に刊行したW. S. ブラウンの『管理職13の大罪』（訳，TBSブリニカ）が約5万部のベストセラーとなった。（後に，小学館から『管理職べからず教本』（1998年），日本経済新聞出版社から『マネジャー　13の大罪』（2010年）としてそれぞれ刊行された。また，フィリップ・コトラーの『ソーシャル・マーケティング』（共訳，ダイヤモンド社，1995年）も刊行している。本書『古今の名将に学ぶ経営戦略』（TBSブリタニカ，1989年）も約2万部を刊行した。
［主要著訳書］
⑴『大学生のための「社会常識」講座』（編著，ミネルヴァ書房，2011年）
⑵『大学教授の資格』（単著，NTT出版，2010年）
⑶『大学生のための知的勉強術』（単著，講談社現代新書，講談社，2010年）
⑷『環境思想と何か』（単著，ちくま新書，筑摩書房，2009年）
⑸『現代地域問題の研究』（編著，ミネルヴァ書房，2009年）
⑹『「企業の社会的責任論」の形成と展開』（編著，ミネルヴァ書房，2006年）
⑺『環境思想キーワード』（共著，青木書店，2005年）
⑻『地域社会形成の思想と論理』（単著，ミネルヴァ書房，2004年）
⑼『企業と社会（上・下）』（J. E. ポスト他，監訳，ミネルヴァ書房，2012年）
⑽『ユートピア政治の終焉』（J. グレイ，監訳，岩波書店，2011年）
⑾『マネジャー　13の大罪』（W. S. ブラウン，訳，日本経済新聞出版社，2010年）
⑿『緑の国家』（R. エッカースレイ，監訳，岩波書店，2010年）他多数。

〈著者紹介〉

デービッド・ロジャーズ（David J. Rogers）

1942年，アメリカ合衆国イリノイ州生まれ。

ルーズベルト大学で英文学の学士号，経営学の修士号を取得。

セールス，マーケティング，自己開発などの研修事業に取り組み，企業のコンサルティングを主な業務とする，サービス・イノベーションズ社社長として長年，活躍。クライスラーをはじめとする多くの企業のコンサルティングを行い，欧米各地でビジネス戦争を勝ち抜くための方法について講演・レクチャーを続けてきた。また，ノースウェスタン大学，プリンストン大学，ルーズベルト大学などで教壇に立ち，学生たちに実践的な講義を行い，好評を博してきた。

本書『古今の名将に学ぶ経営戦略』の他の著作には，『武士道――「気」の心理術』（川勝久訳，TBSブリタニカ，1985年）などがある。

人名索引

あ 行

か 行

さ　行

た　行

な 行

は 行

ま　行

や　行

ら　行

わ　行

事項索引

あ行

か行

さ　行

た　行

ま 行

や　行

ら　行

わ　行

アルファベット

企業名索引

か 行

さ 行

た 行

な 行

は　行